기독교문서선교회(Christian Literature Center: 약칭 CLC)는 1941년 영국 콜체스터에서 켄 아담스에 의해 시작되었으며 국제 본부는 미국 필라델피아에 있습니다. 국제 CLC는 59개 나라에서 180개의 본부를 두고, 약 650여 명의 선교사들이 이동 도서차량 40대를 이용하여 문서 보급에 힘쓰고 있으며 이메일 주문을 통해 130여 국으로 책을 공급하고 있습니다. 한국 CLC는 청교도적 복음주의 신학과 신앙 서적을 출판하는 문서선교기관으로서, 한 영혼이라도 구원되길 소망하면서 주님이 오시는 그날까지 최선을 다할 것입니다.

# 추천사 1

### 김 운 용 박사
목사, 장로회신학대학교 총장 | 예배학(Th.D.)

　그리스도인들은 예배를 통해 하나님의 임재와 역사하심, 그분의 현존을 경험한다는 점에서 그것은 그리스도인에게 주신 최고의 선물로 여겨왔습니다. 교회는 그 소중한 보석을 지키기 위해 생명을 걸었고, 예배가 온전히 드려질 때 그 시대는 부흥을 경험하며 충만했습니다. 예배가 하찮게 여겨지거나 소홀히 여겼을 때 교회는 그 생명력이 약화 될 수밖에 없었습니다. 그런 점에서 교회는 바른 예배를 보존하고, 바른 예배 신앙을 다음 세대에 전달하여야 할 책무를 가집니다. 교회와 성도들의 영적 건강을 결정짓는 사역이기 때문에 성경은 예배에 대한 많은 지혜를 전해 줍니다.

　코로나 팬데믹 때문에 함께 모여 예배할 수 없는 초유의 상황을 경험했고, 그런 어려움을 극복하기 위해 다양한 매체를 활용하여 예배를 드리기도 했고, 안간힘을 쓰면서 어려움의 시간을 헤쳐 나왔습니다. 다시 예배를 회복해야 할 때입니다. 우리가 서 있는 개혁교회 예배 전통은 개혁의 기준이 성경이었고, 성경이 말씀하시는 예배의 '본질'을 정확히 이해하고, 근원으로 돌아가려고 했습니다. 우리는 그 전통에 서 있습니다.

　이 책은 이런 상황적, 신학적 맥락에서 성경이 알려 주는 예배에 대한 다양한 가르침을 성도들과 나누기 위해 집필된 책입니다. 예배 회복과 부흥을 꿈꾸는 현장 사역자가 그가 전공한 성서신학의 지식을 모아 창세기부터 요한계시록까지 '예배'라는 렌즈를 통해 펼쳐지는 다양한 스펙트럼을 일목요연하게 잘 정리하였습니다. 예배의 본질과 상황에 따라 생성되는 그것의 다양성을 성경이 제시하는 구속사적 관점으로 제시하고 있어 예배에 대한 깊은 이해와 통찰력을 얻게 합니다. 예배 회복을 꿈꾸는 사역자와 성도들에게 좋은 길라잡이가 되리라 확신합니다.

　기독교 예배는 약속대로 현존하시는 그분에게 우리가 온전히 정복당하는 자리이며, 자신을 포함하여 모든 것을 하나님이 다스리시도록 내어놓고 그분의 통치하심 앞에 부복하는 자리입니다. "이것이 하나님에게 드리는 나의 최상의 것입니다"라고 고백할 수 있다면 그 예배자는 지금 예배를 잘 드린 것이 될 것입니다. 이 책을 통해 더 좋은 예배가 예배와 삶의 자리에서 나올 수 있기를 바라고, 예배에 대한 열망과 예배자들 속에 예배 부흥이 터져 나올 수 있길 바라는 마음으로 일독을 권합니다.

# 추천사 2

### 채영남 목사
예장통합 증경총회장, 본향교회 원로목사

벌써 50여 년이 되었습니다. 신학교 입학 후 시작한 목회도 반세기를 꽉 채우고서야 은퇴했으니, 예배만큼은 예사말로 도가 텄다는 말을 들을 법도 하겠지요. 그러나 과거에도 그렇지만, 지금도 여전히 어려운 것을 꼽으라면 단연 예배라고 말할 수 있습니다. 그만큼 예배는 목회의 출발이자 마지막이라고 감히 말씀드릴 수 있습니다. 최상의 예배로 존귀와 영광과 찬송을 하나님에게 올려 드리기 위해 얼마나 노력했는지 모릅니다. 그런데도 항상 더 나은 예배를 목말라했습니다. 예배가 곧 삶이요, 삶이 곧 예배가 되는 것이야말로 최고의 가치이자 행복이라고 믿었기 때문입니다.

이제 고민의 짐을 내려놓고 예배자의 위치에서 두 달이 지났습니다. 지난 두 달 행복을 누리고 있습니다. 영혼을 울리며 깊은 감동이 있는 예배 그리고 그 안에서 예배자로 함께한다는 것은 행복 자체라 할 수 있습니다. 2대 담임목사로 부임한 윤석이 목사님과 함께하는 예배가 항상 기다려지기만 합니다. 윤 목사님은 참으로 난해한 이론들을 어찌나 재미있고 흥미롭게 잘 풀었는지 모릅니다.

예배에 대한 이론을 깊은 영성에서 나오는 통찰력과 현장 경험으로 녹여낸 『예배 스펙트럼』은 독자들에게 깊은 감동을 선물하게 될 것이라 믿습니다. 특히, 창세기에서부터 요한계시록에 이르기까지 성경이 전하는 예배를 따라 읽어 가다 보면 행간 사이에 숨겨져 있던 하나님의 은혜를 발견하게 될 것입니다. 무엇보다도 독자를 향한 하나님의 사랑의 언어를 통해 예배자로 세워지게 될 것을 믿어 의심치 않습니다.

## 추천사 3

**장 흥 길 박사**
목사, 장로회신학대학교 명예교수, 신약학(Th.D.)

    2019년 12월 '코비드 19'가 발발한 이래, 그동안 한국 교회는 예기치 않고 원치도 않은 전염병 때문에 대면(對面)으로 드리는 예배에 어려움과 제약이 많았습니다. 이제 겨우 다시 '대면 예배'가 가능한 상황이 되었지만, 지역 교회에서 목회하는 목회자마다 걱정하는 걱정거리 가운데 중요한 하나는 다름 아닌 '대면 예배'의 참여 문제입니다. 다양한 동영상 매체를 통해 '비대면 예배'를 드리던 데 익숙해졌던 성도들이 대면 예배를 멀리하는 경향마저 보이는 것 같아 안타깝고 걱정과 우려가 앞섭니다. 이런 때, '예배'에 관한 좋은 책이 나오게 되어 기쁘기 그지없습니다.

    이번에 세상에 빛을 보게 된 윤석이 목사님의 저서 『예배 스펙트럼』은 추천인이 기쁘게 추천할 수 있는 '예배 가이드북'입니다. 이 책에 신·구약 성경 말씀이 증언하는 예배의 소중하고 다양한 가치들이 담겨 있습니다. 저자인 윤 목사님은 추천자가 장로회신학대학교에서 신약학 박사 학위 논문을 지도한 자랑스러운 제자로 신약학 박사입니다. 그 박사 학위 논문 주제는 예루살렘 성전과 제의의 의미에 관한 것입니다.

    윤 목사님은 이 책에서 창세기에서 요한계시록까지 성경 말씀에 나타난 예배의 다양한 의미와 속뜻을 자세하고도 명확하게 밝히고 있습니다. '에덴에서 새 예루살렘까지'라는 부제(副題)에 암시되어있는 것처럼, '에덴으로부터 시작된 예배'가 '마지막 새 예루살렘 예배'에 이르기까지 신·구약 성경의 핵심적인 25개의 성경 본문을 분석하면서, 예배의 다양한 가치들을 찾아 정리하였습니다.

총 3부에 걸쳐 25장으로 구성된 '예배 안내서'는 각 장마다 예배의 가치와 의미가 요약적으로 정리되어 있습니다. 이는 독자로 하여금 핵심 메시지가 무엇인지 분명하게 알게 합니다.

　이 책을 읽는 모든 분이 예배의 참된 의미와 가치를 알고 하나님을 바르게 섬길 수 있기를 바라며, 재차(再次) 본서를 추천하며 일독(一讀)을 권하고 싶습니다.

# 추천사 4

**이용남 목사**
장석교회 원로목사

'예배가 죽으면 교회는 죽습니다.' 그리고 '예배가 죽으면 개인의 신앙도 힘을 잃게 됩니다.' 그래서 예배는 그냥 쉽게 넘겨서는 안 되는 주제입니다. 하나님이 인간을 창조하시고 에덴에서 하나님과 사귐을 통해 참 생명을 누리게 하셨습니다. 그러나 범죄 함으로 사귐이 깨어지게 되어 범죄 한 인간과 하나님 사이를 연결하기 위하여 제사 제도를 만드셨습니다.

그러나 불완전한 제사를 통해 근본적인 문제의 해답을 얻을 수 없었습니다. 그래서 하나님은 하나밖에 없는 독생자를 보내사 십자가에 제물을 삼으심으로 예배를 완성하셨습니다. 그래서 예수를 통해 완성된 예배로 참 생명의 역사가 일어나게 되었습니다.

이런 예배의 중요한 의미를 창세기로부터 요한계시록까지 관통하는 주제로 연구하여 귀한 글을 이번에 윤석이 목사께서 출판하게 된 것을 진심으로 귀하게 여깁니다. 신실한 목회자로서 그리고 학자로서만이 아니라 깊이 기도하며 고민한 신앙인으로 체험을 근거하여 고백한 글이기에 접하는 이들에게 큰 감동과 깨우침을 줄 것입니다.

웅장하고 화려하며 잘 짜여진 예배는 있지만 생명력을 잃어 가는 예배를 회복하는 일이 시급한 이때 그리고 코로나로 예배의 기능을 상실하여 힘을 잃어가는 이때 정말 귀한 글이 출판되었다고 생각합니다. 목회의 바쁜 일정 가운데서도 기도하며 고민하고 때로는 감격하며 쓴 귀한 글을 통하여 이 글을 대하는 모든 분에게 큰 힘이 되기를 소망하여 기쁘게 추천합니다.

# 추천사 5

### 노영상 박사
前 호남신학대학교 총장, 한국외항선교회 회장, 기독교윤리(Th.D.)

본향교회 윤석이 목사님의 책 『예배 스펙트럼』의 발간을 축하드립니다. 저자는 장로회신학대학교에서 "신약성경의 '예루살렘' 주제에 관한 전승사적 연구"라는 논문으로 신약학 박사 학위(Th. D.)를 받으신 분입니다. 제가 호남신학대학교와 장로회신학대학교의 교수로 재직할 때 제자로서, 꾸준히 학문을 연마하여 온 그의 이력을 잘 알고 있습니다.

목회하는 목회자가 학문적 위상을 다지기가 쉽지 않은데, 저자는 자기 신학적 작업을 목회 현장 특히 예배를 통해 풀어내어 그 결과물을 냈다는 점에서 그 노고에 치하를 드립니다. '예루살렘'이란 신학적 주제에 대해 신·구약을 전승사적으로 추적하여 그 의미를 밝혀낸 방법론을 '예배'란 주제에 적용하여 이를 다시 풀어낸 그의 신학적 능력을 이 책을 통해 보게 될 것입니다.

창세기의 '에덴'에서 시작된 예배가 요한계시록의 '새 예루살렘'의 예배로 완성되는 과정을 추적하면서, 새 예루살렘이 에덴의 회복이라는 관점에서 예배는 사귐 즉, 에덴의 삼중적 사귐이 새 예루살렘의 온전한 사귐으로 완성된다는 입장은 예배의 가치에 대한 탁월한 통찰력이라 여겨집니다.

조만간 저의 책 『예배: 하나님을 향한 복종, 인간을 향한 섬김으로』 출간을 앞두고, 같은 주제로 한국 교회를 섬기게 될 저자의 책에 추천사를 쓰게 되어 감회가 새롭고, 저자와 저의 책이 오늘의 시대에 예배의 두 측면, 곧 하나님과의 만남과 이웃에 대한 사랑의 균형을 강조하고 있는데 대해 보람을 느낍니다. 이 책을 통해 많은 신앙적 유익함을 얻을 수 있을 것이라 확신하며 마음을 모아 추천하는 바입니다.

# 추천사 6

### 김 영 권 박사
목사, 대전신학대학교 총장, 예배학(Th.D.)

　알렉산더 슈메만(A. Schmemann)은 "예배란 세상에 생명을 주는 예식이며, 예배자는 세상에 생명 있는 실천을 하는 존재"라고 말했습니다. 이러한 관점에서 볼 때, 『예배 스펙트럼』은 예배가 주는 생명의 고귀함과 존귀함을 다시 한번 경험하게 하는 책입니다. 저자는 '고귀함을 잃어버린 자신에게 다시금 생명을 불어넣어 주었던 것이 바로 예배'였으며, 그 감격적인 경험이 '참된 예배자로 거듭난 사건'이었다고 고백합니다. 참으로 경이로운 일입니다.
　저자는 이러한 경험을 바탕으로 성서 신학적 통찰력을 덧입혀서 성경 전체에 흐르고 있는 예배에 대한 스펙트럼을 제시하고 있습니다. 스펙트럼은 말 그대로 빛이 프리즘을 통과할 때, 다양한 색깔을 냅니다. 이렇듯 예배라는 빛이 상황이라는 프리즘을 통과할 때 다양한 가치로 분화된다는 저자의 말은 더욱 가슴 설레게 합니다. 이러한 시도와 도전이 이 책이 주는 매력입니다. 또한 성서학자의 입장에서 신·구약에 흐르고 있는 예배의 맥을 예수 그리스도의 관점에서 보고, 새로운 의미와 가치를 제시하고 있다는 점이 이 책의 탁월함입니다. 무엇보다도 예수 그리스도 중심적 가치 기준을 가지고 분석하고 있다는 점이 매우 감동적입니다.
　이제 이 책을 읽으면서 예배의 감동이 식은 사람들, 형식적인 예배에 머물렀던 사람들, 생명의 고귀함과 가치를 잃어버린 사람들이 '생명 있는 예배자로 거듭나는 사건'이 일어나기를 바라며, 이 책을 추천합니다.

# 추천사 7

### 김 선 종 박사
前 호남신학대학교 교수, 정읍중앙교회 담임목사, 구약학(Th.D.)

 목회자이자 신약학자인 저자는 신학교 시절 아프리카 단기선교의 경험을 통해 인생에서 예배가 차지하는 절대적인 위치를 깨닫게 되었습니다. 단지 이론상으로 예배의 중요성을 말하지 않고, 삶에서 우러나온 삶 자체로서의 예배의 절대성을 강조합니다. 저자가 스스로 밝히고 있듯이 수많은 학자와 목회자가 예배에 대해 많은 저서와 논문을 남겼습니다. 이들의 업적 위에 저자는 그동안 쌓아온 성서학적 기반과 현장 목회를 바탕으로 예배 신학을 펼칩니다.

 저자가 발견한 흥미로운 사실은 창세기와 요한계시록이 예배의 정신으로 수미쌍관을 이루어 결국 첫 창조와 새 창조 세계에서 신앙인이 해야 할 일은 하나님에게 영광 돌리는 예배라는 점입니다. 예배학자들이 예배의 역사를 구약의 성소 제사로부터 성전 제사, 그 이후의 회당 예배, 더 나아가 종교개혁 이후의 예배에서 찾는 것과 관련하여 저자는 성경에 나오는 25개의 본문을 선정하여 목회의 관점에서 예배의 근본정신을 성서학적으로 추적합니다.

 3년 이상 지속되고 있는 코로나 시대에 대면 예배와 비대면 예배라는 논쟁으로 예배에 대한 정의를 새롭게 설정하고 정립해야 하는 이때 이 책은 그 야말로 시의적절하다고 봅니다. 한국 교회의 성도와 목회자들이 이 책을 통해 다시 한번 예배의 본질을 깨닫고 예배라는 스펙트럼을 통해 저자가 제시한 예배에 대한 40개의 가치와 정의와 실천 사항을 곱씹어 하나님과 백성과 피조 세계의 관계가 예배 가운데 회복되기를 바랍니다.

# 추천사 8

**양 형 주 박사**
바이블백신센터 원장, 대전도안교회 담임목사, 신약학(Th.D.)

　예배는 성도에게 이 땅에서부터 천국에까지 계속되는 가장 소중하고 가치 있는 것입니다. 하지만 늘 드리는 예배에 익숙해서인지, 이 예배가 담고 있는 다채롭고 심오한 세계에 대해서는 무심한 이들이 많습니다. 포스트 팬데믹 이후 본격적인 대면 예배가 시작되면서 그동안 잠자던 성도들은 보다 깊고 풍성한 예배를 갈망하며 하나님에게 나아갈 필요가 있습니다.

　이 책은 이러한 시대를 사는 성도들에게 성경에 담겨 있는 예배의 다양한 스펙트럼을 풍성하고 깊이 있게 보여 줍니다. 이 책을 따라 창세기로부터 요한계시록까지 펼쳐진 다채로운 예배를 살펴보다 보면, 더 깊은 예배를 갈망하고 당장이라도 자리를 박차고 하나님을 예배하고 싶은 충동에 사로잡힐 것입니다.

　이 책 곳곳에 수록된 저자의 개인적인 간증은 예배의 현장에서 하나님을 예배하며 경험한 것으로, 이는 이 책이 단순한 이론이 아니라 삶의 능력으로 경험될 수 있는 실재임을 알려줍니다. 성서학자로서 본문을 깊이 있게 다루는 솜씨가 삶의 생생한 체험과 직조되어 성도들을 위한 탁월하고 유용한 예배 안내서를 펴내게 되었습니다. 이 책은 예배를 사모하고 갈망하는 성도들이라면 예배의 풍성하고 깊은 세계를 친절하게 안내하는 반드시 읽어야 하는 소중한 가이드입니다. 이에 일독을 적극 권합니다.

# 예배 스펙트럼

*Worship: From eden to New Jerusalem*
Written by SukYi Yoon
All rights reserved.
Korean Edition Copyright ⓒ 2023 by Christian Literature Center, Seoul, Korea.

### 예배 스펙트럼

2023년 6월 30일 초판 발행

지 은 이 | 윤석이

편　　집 | 도전욱
디 자 인 | 박성준
펴 낸 곳 | (사)기독교문서선교회
등　　록 | 제16-25호(1980. 1. 18.)
주　　소 | 서울특별시 동대문구 천호대로71길 39
전　　화 | 02-586-8761~3(본사) 031-942-8761(영업부)
팩　　스 | 02-523-0131(본사) 031-942-8763(영업부)
이 메 일 | clckor@gmail.com
홈페이지 | www.clcbook.com
송금계좌 | 기업은행 073-000308-04-020 (사)기독교문서선교회
일련번호 | 2023-56

ISBN 978-89-341-2563-1(93230)

이 책의 출판권은 (사)기독교문서선교회가 소유합니다.
신저작권법에 의하여 한국 내에서 보호 받는 저작물이므로 무단 전재와 무단 복제를 금합니다.

성경 본문이 증거 하는
예배의 고귀한 가치들

# 예배 스펙트럼

WORSHIP: FROM EDEN TO NEW JERUSALEM

**윤석이** 지음

CLC

## 목 차

### 추천사

| | |
|---|---|
| 김운용 박사 \| 목사, 장로회신학대학교 총장 \| 예배학(Th.D.) | 1 |
| 채영남 목사 \| 예장통합 증경총회장, 본향교회 원로목사 | 3 |
| 장흥길 박사 \| 목사, 장로회신학대학교 명예교수, 신약학(Th.D.) | 4 |
| 이용남 목사 \| 장석교회 원로목사 | 6 |
| 노영상 박사 \| 前 호남신학대학교 총장, 한국외항선교회 회장, 기독교윤리(Th.D.) | 7 |
| 김영권 박사 \| 목사, 대전신학대학교 총장, 예배학(Th.D.) | 8 |
| 김선종 박사 \| 前 호남신학대학교 교수, 정읍중앙교회 담임목사, 구약학(Th.D.) | 9 |
| 양형주 박사 \| 바이블백신센터 원장, 대전도안교회 담임목사, 신약학(Th.D.) | 10 |

**머리말**     16

**들어가며**     20

### 제1부 에덴에서 성막까지     30

| | | |
|---|---|---|
| 제1장 | 에덴 | 31 |
| 제2장 | 에덴 동쪽 - 가인과 아벨 | 41 |
| 제3장 | 제단 | 48 |
| 제4장 | 성막 | 63 |
| 제5장 | 성소 | 78 |
| 제6장 | 지성소 | 93 |
| 제7장 | 번제 | 102 |
| 제8장 | 소제 | 115 |
| 제9장 | 화목제 | 124 |
| 제10장 | 속죄제 | 131 |
| 제11장 | 속건제 | 140 |

## 제2부  성전에서 회당까지     149

    제12장   청종     151
    제13장   경외     159
    제14장   능력     168
    제15장   찬양과 경배     182
    제16장   정의     193
    제17장   인애와 앎     215

## 제3부  예수에서 새 예루살렘까지     222

    제18장   예수 이름으로     224
    제19장   영과 진리로     234
    제20장   찬송     249
    제21장   기적     256
    제22장   산 제물     268
    제23장   성찬     279
    제24장   나눔     290
    제25장   새 예루살렘     301

## 결론   예배 스펙트럼     315

## 참고문헌     323

# 머리말

그리스도인들이 가장 많이 사용하는 기독교 용어가 있다면 단연 '예배'일 것이다. 기독교 출판물 중 가장 많이 다루는 주제 역시도 '예배'가 아닐까 싶다. 예배는 그만큼 그리스도인에게 있어서 중요하다는 의미이다. 예배가 신앙생활에 끼치는 영향은 실로 지대하다. 예배를 통해 거듭나기도 하고, 삶의 전환이 일어나며, 인생의 가치관이 바뀌기도 한다. 그러기에 대다수 그리스도인이 예배를 갈망하고 있다.

예배를 향한 강렬한 목마름이 지금 이 순간에도 수많은 이를 예배와 관련한 글쓰기의 자리로 인도하고 있다. 이는 예배와 관련한 주제가 성경 속에 그만큼 풍성하다는 반증이기도 하다. 수많은 연구가 이루어졌어도 아직 발견하지 못한 예배와 관련한 내용은 여전히 무궁무진하다.

이렇듯 홍수처럼 쏟아지는 예배 관련 출판물 속에서, 왜 다시 '예배'를 쓰는가?

가장 큰 이유는 예배에 대한 개인적인 체험 때문이다. 신학교 시절 일 년 동안 단기 선교사로 해외에 나간 적이 있다. 말이 통하지 않는 아프리카에서의 일 년은 이 땅에서 너무 익숙한 나머지 고귀함을 잃어버린 나에게 예배는 생명임을 뼈저리게 깨닫는 시간이었다. 귀국하여 첫 번째로 드린 예배는 스스로 '예배자로 거듭난 날'이라고 부를 정도로 강력한 임재의 경험이었다.

예전과 전혀 다른 바 없는 예배 현장이었지만, 예배 시작부터 끝날 때까지 멈추지 않는 눈물은 이전과는 전혀 다른 차원의 예배로 나를 인도하였다. 그 후로 몇 년간 멈추지 않는 예배의 감격으로 인해 예배를 귀하게 여기고, 예배에 대한 사모함이 더 강렬해졌다. 예배와 관련된 서적을 탐독하기 시작했고, 영적으로 많은 유익이 되었다.

그러는 가운데 박사 학위 논문 주제를 정하는 과정에서 지도 교수로부터 창세기에서 요한계시록까지 관통하는 신학적 주제를 제안을 받았다. 이미 하나님 나라, 언약, 율법, 성전과 같은 주제는 성서학적으로 연구가 진행되었기에 '예루살렘'이란 주제로 논문을 쓰게 되었다. 그때 습득한 방법론으로 나중에 '예배'를 연구하는데 적용하리라 다짐하면서, 교회 현장에서 성도들을 대상으로 예배 학교를 개설하여 강의를 시작하였다. 강의를 위해 예배의 주제와 관련된 본문을 중심으로 연구하면서, 몇 가지 중요한 사실을 깨닫게 되었다.

**첫째**, 창세기에서부터 요한계시록까지 예배와 관련된 성경 본문을 분석하면서, 예배는 성경 전체를 하나로 감싸 주는 인클루시오(*inclusio*) 역할을 하고 있다는 점을 발견하였다. 예배는 단순히 종교적 의식으로 한정될 수 없으며, 그리스도인의 삶 그 자체이기에 창세기에서부터 요한계시록에 이르기까지 나타난 성경의 핵심 가치들이 예배의 범주로 엮여 있다는 점이다.

**둘째**, 예배는 예배의 대상과 예배자의 만남이요 사귐이다.

그런 의미에서 성경의 시작인 창세기의 에덴동산은 예배의 원형이다. 성경의 마지막인 요한계시록의 마지막 새 예루살렘은 예배의 완성이다. 에덴동산(창1-2장)과 새 예루살렘(계 21-22장)이 성경을 묶어 주는 인클루시오 기능을 하는데, 이 둘의 공통적인 메시지가 예배의 본질적인 가치인 '사귐'이다.

창세기의 에덴은 하나님과 인간 그리고 피조물까지의 온전한 삼중적 사귐을, 요한계시록의 새 하늘과 새 땅은 예수 그리스도와 신부인 새 예루살렘(하나님의 백성)이 하나님의 장막에서 온전한 연합(사귐)을 이룬다.

이는 새 예루살렘이 에덴의 회복을 의미하며, 이 둘은 사귐으로 연결되어 있기에 성경은 예배의 원형으로 시작하여, 예배의 온전한 회복으로 마무리되고 있다. 마치 하나의 물줄기가 다양한 지류로 나누어지기도 하고, 마침내는 거대한 물길을 형성하듯이 '사귐'이라는 예배의 본질은 타락 후에 성막과 성전, 회당이란 지류를 통해 하나님과 만남과 사귐이 이루어졌다.

예수 그리스도의 이름으로 장대한 물길을 형성하여 교회라는 지류로 뻗어 나가면서 온 땅에서 충만하신 하나님의 주권을 인정하는 삶의 현장으로 이어졌으며, 그곳에서도 하나님을 의식하면서 만나는 이웃과 세계 그리고 피조물과 사귐으로 구체화 됐고, 결국은 새 예루살렘이란 거대한 물줄기의 종착역에 다다르고 있다. 그래서 이 책의 부제를 '에덴에서 새 예루살렘까지"(From Eden to New Jerusalem)으로 정했다.

**셋째**, 예배와 관련된 성경의 모든 본문을 다룰 수는 없었지만, 신·구약 전반에 걸쳐 핵심적인 25개의 성경 본문을 선정하였다.

이 본문을 분석하면서 떠오르는 한 단어는 '스펙트럼'이었다. 하나의 빛이 광학 도구인 프리즘을 통과할 때 굴절 현상을 일으켜 다양한 색깔로 분화되는 것을 스펙트럼이라고 한다. 놀랍게도 '예배'라는 하나의 빛이 상황(context)이라는 프리즘을 통과할 때 다양한 가치들로 분화된다는 점이다.

이 프리즘은 에덴으로부터 시작하여 족장 때는 제단이라는 프리즘, 출애굽 이후 역사에서는 성막, 왕정 시대는 성전, 바벨론 포로 후로는 회당, 신약은 예수와 교회라는 프리즘을 통과할 때, 다양한 가치들이 생성되고 있었다.

본문 분석을 통해 예배의 다양한 가치들을 찾고 정리하였고, 새로운 예배 가치(의미)들을 발견하기도 하였다. 따라서 본서를 일명 '성경 본문이 증거 하는 예배의 고귀한 가치들'로 요약할 수 있다.

이 책은 총 3부에 걸쳐 25장으로 구성되어 있으며 창세기부터 요한계시록까지 성경 전체를 파노라마처럼 볼 수 있도록 하였다. 분석하는 방식은 예배의 분기점이신 예수 그리스도의 관점에서 구약을 재해석하였고 이 과정에서 신약에 나타난 예배의 가치들이 구약의 전승과 연속성이 있으며, 그것들을 구체화하고 있음을 발견하게 되었다. 기술하는 방식 또한 학문적인 접근보다는 한 편의 설교를 전하는 심정으로 정리하였다.

무엇보다도 이 책이 나오기까지 함께 기도하고 기다려 주고 수고해 준 분들에게 진심으로 감사드린다. 이 책의 시작은 장석교회 청년 사역 시절 다리를 놓는 사람들이 주최한 『찬양과 경배학교』에서 '성경에 나타난 예배'란 주제로 강의를 맡으면서 시작되었다. 이후 성민장로교회에서 예배학교를 개설하여 참가자들과 주제를 토론하면서 내용을 다듬어 갔다.

원고를 정리할 수 있도록 안식월을 허락해 주신 당회원들과 성도님들의 배려에 진심 어린 감사의 인사를 드린다. 또한, 본서의 내용으로 예배 강단에서 설교로 나눌 때, 예배자의 마음으로 공감해주시고, 뜨거운 예배 열정으로 응원해주신 본향교회 성도님들에게 감사의 마음을 전한다.

또한, 참된 예배자의 마음을 품을 수 있도록 이끌어 준 교회 그리고 단체, 동역자들이 떠오른다. 올네이션스 경배와 찬양, 해남중앙교회(김대용 목사님), 증산제일교회(조천기 목사님), 동안교회(김형준 목사님)와 청년4부, 장석교회(이용남목사님)와 청년부 그리고 끊임없는 기도와 사랑으로 격려해 준 사랑하는 아내와 나의 분신 예린이와 강은에게도 감사를 전한다.

이 책은 박사 학위 논문인 "예루살렘 주제에 관한 전승사적 연구"의 방법론을 '예배'의 주제에 적용하였기에 부족한 사람을 지도해 준 장흥길 교수님 그리고 기꺼이 추천사를 써 주신 김운용 총장님, 채영남 총회장님, 이용남 목사님, 노영상 교수님, 김영권 총장님, 김선중 목사님, 양형주 목사님 그리고 이 글이 나올 수 있도록 도와 주신 기독교문서선교회 편집부 도전욱 목사님, 세심하게 다듬어 주신 박성숙 디자이너님 그리고 무엇보다 출판을 허락해 주신 박영호 대표님에게 이 자리를 존경의 마음을 담아 감사드린다.

에덴으로부터 시작된 예배가 마지막 새 예루살렘 예배로 마치는 장대한 흐름 속에 때로는 굽이치며 지류로 갈라지기도 하고, 때로는 합쳐지기도 하는데, 이 모든 것은 시대와 상황에 직면하면서 종착역에 이르기 위한 긴 여정인 셈이다.

　이제 그 여정의 첫발을 내딛어 보자.

## 들어가며

청년부 사역을 하던 교회에서 주일 교역자 회의를 마치자 문자가 와 있었다. 부서 청년들이 번개 모임에 나를 초청한 것이다. 발걸음을 재촉하여 대학로의 한 카페에 도착했다. 그곳에서 청년들과 함께 진지한 토론과 가벼운 농담을 섞어가며 회포를 풀었다. 밤이 늦은 시간에 헤어져야 하는 아쉬움을 뒤로 하고 우리는 각자의 방향으로 흩어졌다. 지하철을 타고 가던 일행 중 한 자매가 자신의 핸드폰을 열어 바탕 화면을 보여 주었다.

거기에는 'Precious Worship'이란 두 단어가 새겨져 있었다. 순간 이것을 보여 준 이유가 궁금하여 다음과 같이 말을 건넸다.

"참 멋지네요!"

그러자 그 자매는 이렇게 말하는 것이 아닌가!

"몇 주 전 목사님 설교를 들으면서 바로 입력한 거예요. 핸드폰을 열 때마다 참된 예배자를 생각해요."

뒤통수 한 대 맞은 듯 잠시 머뭇거리는 사이 환승역에 도착하여, 자매와 헤어지고 나서 숙소로 발걸음을 재촉했다. 그 날 밤 쉽사리 잠을 이루지 못하고 뒤척이다가 청년부 예배 때 나누었던 간증을 떠올렸다.

신학대학원 기간 학교에서 신학 수업과 선교 단체에서의 훈련을 병행하였는데, 졸업을 일 년 앞두고 자연스럽게 내 시선은 선교지로 향하고 있었다. 결단을 내리고, 견습 선교사란 이름으로 생소했던 아프리카 에티오피아로 떠났다. 선교지에 도착하자마자 선교사님은 저에게 대뜸 견습 선교를 마치고 다시 에티오피아 선교사로 올 것인지 물으셨다. 저는 자신 있게 말을 하지 못하자 이곳에 선교사로 오지 않으려면, 이곳 말을 배우지 말고, 영어 공부를 하라고 조언하셨다. 생각할 겨를도 주지 않고 이미 결정을 통보하신 것이다.

선교사님은 수도인 아디스아바바에 거주하셨는데, 한인 교회는 물론 한인들과 거의 접촉을 하지 않으시고, 현지인 그것도 빈민촌에 교회를 개척하여 목회하고 있었다. 도착하고 얼마 후 나는 해발 2400미터 고지대의 일교차에 적응하지 못하고 두 주간 거의 순교 당할 지경의 지독한 감기 몸살을 앓았다. 평일에는 선교사님의 댁이 있는 선교 센터에서 지냈지만, 금요일이 되면 현지인 교회에서 주일까지 지내야 했다.

그곳에서 다시 현지 신고식을 호되게 치렀는데, 바로 벼룩이란 복병이었다. 아침에 깨 보니, 다리 전체가 물집이 생길 정도로 부어올라 있었다. 잠을 자면서 피곤했는지 나도 모르는 사이에 가려움 때문에 긁어 댄 모양이다. 위험한 피부병이 생긴 줄 알고 걱정했는데, 선교사님은 현지 신고식을 치렀다고 놀려댔다.

일 년 동안 열악한 환경, 위생 상태, 적응하기 쉽지 않은 날씨, 에티오피아의 독특한 음식 문화, 치명적인 식수 문제(귀국 후 대대적인 치아 복구 공사를 해야 했다)라는 어려움도 있었지만, 나를 가장 고통스럽게 한 것은 따로 있었다. 바로 예배였다.

에티오피아 개신교의 경우 오순절의 영향과 아프리카 특유의 토속적인 경향까지 가미되어 형식이 있지만, 시간 제한을 두지 않는 말 그대로 열광적인 예배였다. 보통 주일 예배가 2~3시간은 기본으로 찬양과 기도회와 설교를 몇 번이고 반복하였다. 현지어를 배우지 않았으니, 아무리 영어가 공용어라고 하더라도 빈민촌 현지인들이 영어로 예배할 리 만무했다.

타문화의 환경에서 새롭게 하나님을 만나고 교제할 것이라는 기대는 산산이 조각나고, 예배 드림이 임재와 은혜가 아닌 고문 그 자체였다. 아무 말도 알아듣지 못하고, 아무 말도 그들에게 하지도 못하고, 말씀도 전하지도 못하고, 일 년 동안 거의 바보가 되어 있었다. 아마 예배에 대한 갈망이 큰 만큼, 예배 현장에서 느끼는 막막함도 컸던 것 같다.

귀국 후에 전에 섬기던 교회로 다시 청빙이 되어 귀국한 다음 주일부터 사역을 시작하였다. 귀국 후 처음 드린 예배. 그 예배를 결코 잊을 수 없다. 아마 내 생애에 그런 예배는 다시 경험하지 못하리라. 예배를 시작하면서 터진 눈물샘은 예배가 마칠 때까지 마르지 않았다. 이전의 예배드리던 모습이 스크린처럼 지나갔다. 그러면서 우연처럼 경험한 사건이 하나로 엮어지기 시작했다.

견습 선교사로 파송되기 전에 얼마 기간 선교 훈련을 받은 적이 있다. 선교 훈련생 전체를 대상으로 하는 내적 치유 강의를 듣는 중 폭발해 버린 것이다. 갑자기 통곡하며 흐느끼자 강사도 놀라 일시 강의가 중단되고, 훈련생들은 내게 다가와 격려하면서 기도하기 시작했다. 얼마 후 정신을 차리고 나서 보니 강의는 이미 끝나고 혼자 강의실에 엎드려 있었다. 강의를 듣는 가운데 하나님의 깊은 만지심이 있었다. 만지심보다는 말씀의 예리한 검으로 내 심령을 가르셨다.

미숙한 신학 잣대로 교회의 예배에 대한 이런저런 비난을 쏟아 내고, 설교를 설익은 성서학적, 설교학 관점으로 평가하고 있는 나를 하나님이 낱낱이 벌거벗기시고, 강사의 비수 같은 외침으로 어그러진 심령을 도려내셨다.

에티오피아에서의 일 년의 예배와 선교 파송 전 훈련에서의 경험이 겹치면서, 마르지 않는 회개의 눈물 속에 심령 깊은 곳에서 울려 나오는 탄성 소리!

주님, 내가 우리말로 예배하고 있다니요!
이것이 얼마나 큰 축복임을 이제야!!!

더 이상 찬양팀의 사운드, 예배 분위기, 설교 시간 초과하는 것 등등의 것들은 내게 문제가 되지 않았다. 놀라운 점은 목사님의 설교가 들리기 시작했다는 점이다. 예배드리는 말미에 전에 어떤 책에서 읽었던 문구가 강하게 귓전을 때렸다.

네가 사역자이기 전에 나를 예배하는 예배자이기를 원한다.

이런 감동이 마음에 오자 더욱 견딜 수가 없었다. 다시 한번 심령 깊은 곳에서 주님에게 이렇게 고백했다.

> 예배자의 마음을 회복시키기 위해 주님은 저를 일 년 동안 저 아프리카 오지로 보내셨네요.

그 순간을 나는 스스로 '예배자로 거듭난 날'이라고 부른다. 그 체험이 있고 난 후 방학을 이용해서 다른 예배 전통을 가진 곳들, 기도원 등을 돌아다녔다. 놀랍게도 그곳에서도 동일하게 예배의 감격이 있었고, 설교가 들리고 은혜를 풍성하게 먹을 수 있었다. 그 이후 계속 그날의 감동은 쉽게 식지 않았다. 이 년여 동안 예배 때마다 억제할 수 없는 눈물과 함께했다. 그 경험으로 인해 내면적으로 한 가지 변화가 생겨났다. 너무나도 당연하지만, 예배를 귀하게 여기기 시작했다.
Precious Worship!!!

> 나를 존중히 여기는 자를 내가 존중히 여기고 나를 멸시하는 자를 내가 경멸하리라 (삼상 2:30).

제사를 집례하고, 백성들을 중보 하는 제사장이 하나님에게 드릴 것을 먼저 자기의 것으로 취하는 모습에 하나님이 예배를 멸시함이 곧 나를 멸시함이라고 말씀하시지 않는가!

예배에 너무 익숙하여 예배를 소홀히 준비하고, 소중하게 여기지 못한 것이 얼마나 두려운 일인가!

그 이후 예배에 대한 말씀들이 눈에 들어오기 시작했다. 평소에 보던 말씀들이 예배와 연결되어 생생하게 다가오면서, 그 속에서 하나님의 마음이 느껴졌다.

하나님이 우리를 만든 목적이 하나님 자신을 위하여 지었다니!

창조주 하나님이 그 지으신 피조물에게 가장 원하는 것이 찬송과 그분의 행하심을 높이는 것, 그분께 합당하게 영광 돌리는 것이라니!

온 땅과 만물은 철을 따라 각기 다른 모습을 보이며, 마치 새 노래로 하나님의 섭리를 찬양한다.

이처럼 피조물들은 자신의 존재를 통해 창조의 목적을 수행하고 있는데, 과연 피조물을 관리하도록 위임받은 인간은 그 창조의 목적을 온전히 수행하고 있는가!

> 나는 여호와이니 이는 내 이름이라 나는 내 영광을 다른 자에게, 내 찬송을 우상에게 주지 아니하리라(사 42:8).

이 얼마나 간절한 하나님의 마음인가!

모든 것에 풍성하신 하나님에게서, 택하신 성도들을 위해 모든 것을 아끼지 아니하시고 베푸시는 그분께서 성도들이 돌릴 영광과 찬송은 단 하나도 다른 것들에게, 다른 우상에게 빼앗기지 않겠다고 하시니 구구절절 간절한 하나님이 마음이 전해 온다.

> 너는 애굽의 바로에게 가서 이르기를 히브리 사람의 하나님 여호와께서 나를 왕에게 보내어 이르시되 내 백성을 보내라 그러면 그들이 광야에서 나를 섬길 것이니라(출 7:16).

출애굽 즉, 구원의 목적이 무엇인가?

"그들이 나를 섬길 것이다."

'섬긴다'(히)는 단어는 '예배한다'는 의미이다. 고통 받는 자기 백성을 구원하기 위해 여호와 하나님이 행하신 열 가지 재앙을 보라. 그 크기는 측량하기 힘들다. 구원을 위한 열 가지 재앙의 크기는 바로 우리가 하나님에게 드려야 할 예배의 비중과 비례한다.

독일어로 예배를 'Gottesdienst'라고 한다. 하나님의 섬김이란 뜻이다. 소유격을 주격으로 번역하면 하나님이 섬긴다는 뜻이 되고, 목적적으로 번역하면, 하나님을 섬긴다는 의미다.[1] (우리가) 하나님을 섬기기 전에 (하나님이) 우리를 먼저 섬기셨다. 출애굽을 위한 열 가지 재앙의 크기가 이스라엘 백성이 드릴 예배의 크기라면, 하나님의 독생자를 우리를 위해 희생하신 그 섬김의 크기가 우리가 하나님을 예배해야 할 크기이다.

구원받은 우리가 생각하는 예배의 크기는 어느 정도인가?

잠잠히 성찰해야 할 문제다.

> 주를 섬겨 금식할 때에 성령이 이르시되 내가 불러 시키는 일을 위하여 바나바와 사울을 따로 세우라 하시니 이에 금식하며 기도하고 두 사람에게 안수하여 보내니라 (행13:2-3).

안디옥교회 가운데 하나님이 중요한 명령을 주신다. 선교사를 파송하는 일이다. 바나바와 바울을 따로 세워서 이제 이방인들에게 하나님의 복음을 증거 하는 막중한 선교의 사명을 주려고 하신다.

이 사명을 주시는 때가 언제인가?

"주를 섬겨 금식할 때"이다. 주를 '섬긴다'는 단어는 '예배한다'이다. 주님을 예배하는 중에 성령이 그 공동체에 말씀하신다.

안디옥교회는 어떤 교회인가?

초대 예루살렘교회에 스데반 집사가 순교 당한 후에 핍박의 칼바람이 몰아친다. 많은 헬라파 유대인 출신 그리스도인이 예루살렘을 떠나 각 지역으로 흩어진다. 그 한 무리가 안디옥에 정착해서 세운 피난민 교회가 안디옥교회다.

---

[1] 이 단어를 영어로 표현하면, God's service and our service to God(하나님의 인간에 대한 봉사그리고 인간의 하나님에게 대한 봉사)이다. 김충환, "예배: 하나님과 만남", 『예배란 무엇인가』 호남신학대학교 편, (한국장로교출판사: 2003, 8), 11-12.

얼마나 힘들고 어렵겠는가!

하지만, 그들은 그곳에서 예배하고, 그리스도인으로 인정받으며, 지금의 교회로 발돋움했다. 거기에는 바나바의 헌신적인 목회와 바울의 열정적인 가르침이 있었다.

이 상황에서 안디옥교회 기둥 같은 두 사람을 선교사로 세워 파송하라니!

결코, 쉽지 않은 일이다. 그래서 그들은 이 하나님의 음성을 듣고 다시 금식하고 기도했고, 그 후에 두 사람을 선교사로 파송할 수 있었다. 안디옥교회가 큰 결단을 내릴 수 있었던 데에는 성령의 음성을 공동체 예배 가운데 들었다는 점이다. 그만큼 그 공동체는 예배의 기름 부으심이 있었고, 하나님과 영적으로 소통하는 임재공동체였다. 예배 때 들린 하나님의 음성이었기에 모든 공동체가 순종하며 최초의 선교사 파송이라는 대업을 이룰 수 있었다. 예배를 통해 온 성도가 한마음이 되고, 한마음으로 하나님의 음성을 듣고 영적으로 소통할 수 있는 통로가 예배라면, 교회는 이 예배에 목숨을 걸어야 마땅하지 않겠는가!

> 아버지께 참되게 예배하는 자들은 영과 진리로 예배할 때가 오나니 곧 이 때라 아버지께서는 자기에게 이렇게 예배하는 자들을 찾으시느니라(요 4:23).

얼마나 많은 사람이 예배하는가?

얼마나 자주 예배하는가?

하지만 예수님은 이사야의 말씀을 인용하면서, "주께서 이르시되 이 백성이 입으로는 나를 가까이하며 입술로는 나를 공경하나 그들의 마음은 내게서 멀리 떠났나니"(마 15:8)라고 탄식하신다. 일주일이면 몇 번씩 예배드리고, 전 세계 교회에서 수천, 수만의 예배를 드리지만, 반드시 생각해야 할 것은 하나님은 예배하는 자를 찾고 있다는 것이다. 공동체로 드려지는 예배에 내가 속해 있다고 해서 하나님이 받으신다고 생각하면 그건 착각이다. 하나님의 관심은 그 공동체에 참가하여 예배하고 있는 한 사람에게 있다.

구약성경에 이스라엘 백성들이 하나님에게 최고의 예배를 드릴 수 있도록 하나님이 예배 사역자들인 제사장과 레위인을 임명하신다. 이들에게는 기업이 주어지지 않는다. 하나님 자신이 그들의 기업이라고 하신다.

무슨 말인가?

다른 것 신경 쓰지 말고 예배를 섬기는데 전념할 수 있도록, 성도들이 온전한 예배를 드릴 수 있도록 준비하라는 것이다.

오늘날 이 구약의 아름다운 전통을 계승하고 있는가?

교회가 다른 그 무엇보다 성도들이 하나님에게 예배하는 데 있어 도움이 될 수 있도록 섬기는 자들과 여러 가지 제반 사항들을 잘 세워져 있는가?

교회의 예배가 기름 부음이 있는 예배가 되도록 이 부분에 가장 우선적인 계획과 투자를 하고 있는가?

신학대학원 재학 시절 3년 동안 모 선교 단체에서 토요일 오전 9시부터 오후 6시까지 매주 헌신자 훈련을 받은 적이 있다. 그때 서울 근교의 찬양 집회와 특히 목요 찬양 중보자로 섬기곤 하였다. 당시 목요 찬양은 예배당에 들어서는 순간 성령의 임재에 사로잡힐 정도였다.

그 이유가 어디에 있는가?

교회 찬양단을 섬기면서 금요 심야 찬양 인도를 했는데, 그때 서울에 악기 상가에서 키보드를 구매하기 위해 반주자와 함께 갔다. 그때 악기사 사장의 말에 의하면 경배와 찬양 열풍이 불 때, 낙원상가 일대 키보드와 악기들이 거의 동났다는 것이다. 너도나도 찬양 사역을 하기 위해다.

경배와 찬양에 엄청나게 청년들이 몰리니까!

교회에서는 부흥의 수단으로 너도나도 찬양팀을 구성한 것이다. 그런데 2~3년 후에 대부분 악기가 중고품으로 돌아왔다는 것이다. 왜 목요 찬양으로 젊은이들이 모이는지 그 모임을 옆에서 지켜보고, 중보자로 섬기면서 깨달았다. 목요일 오전부터 오후까지 헌신자들이 준비 기도회를 하고, 조를 편성해서 의자를 붙들고 중보 한다. 많은 사람이 오해했다. 그 숨겨진 헌신과 영적인 준비는 보지 못하고, 외적인 화려한 세션과 사운드만 보고 뛰어든 것이다.

이러한 개인적인 경험은 자연스럽게 예배에 관한 관심으로 이어졌고, 성경을 읽을수록 예배의 다양한 스펙트럼(Spectrum)[2] 에 놀랄 수밖에 없었다. 성경에 나타난 예배 본문 자체를 공부하고 싶었다. 예배의 가치와 정신을 정리하고 싶었다.

이 글은 그렇게 출발하였다. 성경의 모든 본문을 다 다루었다고 할 수는 없다. 여전히 예배는 진행 중이고, 더 나은 예배를 위한 우리 모두의 몸부림 또한 진행 중이다. 하나님에게 드리는 예배와 예배자의 삶을 위한 하나의 디딤돌이 되었으면 좋겠다.

---

[2] Spectrum이란 단어는 라틴어 명사다. 직역하면 "보이는 것", 혹은 "나타나는 것"으로 여기서는 예배에 나타나는 고귀한 내용과 의미 그리고 가치를 뜻한다.

**제1부**

# 에덴에서 성막까지

제1장     에덴
제2장     에덴 동쪽 - 가인과 아벨
제3장     제단
제4장     성막
제5장     성소
제6장     지성소
제7장     번제
제8장     소제
제9장     화목제
제10장    속죄제
제11장    속건제

## 제1부

# 에덴에서 성막까지

하나님이 인간을 창조하시고, 에덴을 창설하셔서 그곳에 거주하게 하셨다. 에덴은 단순한 공간이 아니라 하나님과 인간 그리고 피조물의 삼중적 사귐의 장이었다. 하나님과의 온전한 사귐, 이것은 예배의 정의이며, 원형이다. 하지만 인간의 타락으로 인해 모든 관계는 깨어지게 되고, 에덴의 동쪽으로 쫓겨났다. 이는 예배의 단절을 의미한다. 이후 최초의 의식으로서의 예배가 나타나지만, 정작 예배자의 삶을 잃어버린 형식적인 예배에 불과했다. 예배의 단절은 곧 타락으로 이어졌고, 노아 홍수라는 심판을 맞이한다.

홍수 이후 노아에 의해 이루어진 예배는 그 이후 족장들로 대표되는 제단을 쌓는 예배가 되었다. 제단을 쌓을 때 하나님은 친히 예배 가운데 임재하셨고, 자신을 계시하시므로 족장들은 제단을 통해 하나님을 만나고 경험하게 되었다.

족장 시대를 마감하면서, 족장의 후손인 이스라엘은 출애굽을 경험하면서, 새로운 전환점을 맞게 된다. 출애굽 후 광야에서 시작된 성막 예배는 이전과는 다른 차원의 예배 발전을 보여 준다. 예배의 제도와 형태의 일대 혁신이었다. 성막은 이스라엘에게 영적인 구심점이 되었고, 개인과 가족 중심의 제단 예배와는 다르게 회중 예배가 시작되었으며, 레위인과 제사장이란 제사를 주도하는 새로운 그룹들이 생겨났고, 구체적이고 다양한 제사 제도와 제사의 방법, 더 나아가 절기 예배까지 확대되었다. 예배의 확대는 예배가 가지는 가치와 의미도 그만큼 확대되었다.

= 제1장 =

# 에덴

에덴은 원형이다. 창세기가 창조를 말한다면, 요한계시록은 새 창조를 말한다. 새 하늘과 새 땅의 모습은 다름 아닌 에덴으로의 회복이다.[1] 하나님이 창조하심으로 혼돈과 공허가 물러가고, 에덴은 질서와 조화로 꽃 핀 창조의 완성품이었다.

타락으로 어그러진 에덴을 회복하기 위해 예수님이 오셨다. 그의 십자가와 부활로 새 창조의 서막을 알렸다. 이제 완성될 새 창조를 향해 역사의 수레바퀴는 움직이고 있다. 그리고 그 방향성은 에덴의 회복임을 알기에 우리는 그 원형을 간직하고 있는 창세기를 더듬어 보아야 한다.

> 하나님이 이르시되 우리의 형상을 따라 우리의 모양대로 우리가 사람을 만들고 그들로 바다의 물고기와 하늘의 새와 가축과 온 땅과 땅에 기는 모든 것을 다스리게 하자 하시고(창 1:26).

하나님의 창조는 "보시기에 좋았더라"로 귀결되고, 그 절정은 하나님의 형상인 인간 창조다. '형상'이란 의미를 추적하는 수많은 신학적 진술 속에 한 가지 분명한 사실은 하나님과 인간 사이를 연결하는 단서가 된다는 점이다.[2] 하나님의 성품을 공유할 수 있는 피조물 중 유일한 존재요, 영적

---

1 새 하늘과 새 땅은 물리적인 재창조(recreation)가 아니라 본질적인 갱신(renewal)을 의미한다. 처음 하늘과 땅이 없어졌지만, 그 의미는 "보라 내가 만물을 새롭게 하노라"(계 21:5)로 뒷받침되고 있다. 이필찬, 『내가 속히 오리라』(이레서원, 2006, 12), 872-875)

2 "인간은 하나님의 실재에 대해 우리에게 무언가를 말해 주는 유일한 피조물이다. 하나

으로 그분과 소통할 수 있는 존재로서의 인간 이것이 하나님의 형상이 담고 있는 의미이다.

우리가 이점을 주목한 이유는 바로 지금 드리고 있는 예배가 에덴의 흔적이기 때문이다. 찬양과 기도로 반응하며, 설교와 강복을 통해 주님과 소통하는 것이 비록 지금은 희미하지만, 장차 얼굴과 얼굴을 맞대는 완벽한 에덴의 회복을 향한 여정이란 점이기 때문이다. 에덴 그 자체가 예배였다. 에덴의 예배 의미는 사귐이다.

## 1. 하나님과의 완전한 사귐

> 그들이 그 날 바람이 불 때 동산에 거니시는 여호와 하나님의 소리를 듣고 여호와 하나님이 아담을 부르시며 그에게 이르시되 네가 어디 있느냐(창 3:8-9).

에덴동산에서는 하나님과 인간 사이가 마치 연인과 같았다. 늘 하나님이 바람처럼 아담 곁에 다가오시고, 아담은 여호와를 알아차리곤 했다. 하나님이 아담을 부르시고, 아담 역시도 반응하면서, 벽이 없이 소통하는 사귐의 장이 바로 에덴이었다.

## 2. 사람과 완전한 사귐

아담은 하와를 보자마자 "이는 내 뼈 중의 뼈요, 살 중의 살이로다"(창 2:23)라고 하면서 '여자'라고 불러 주었다. 최초의 인간이 또 한 인간을 보면서 자

---

님은 특별히 자유로운 역사의 영역 안에서 존재하는 인간 피조물을 통해만 알려진다. W. Brueggemann, 『창세기』 Interpretation(현대성서주석), 강성열 외 역, (한국장로교출판사, 2000, 3), 70.

신의 존재처럼 여기고, 그에게 존재의 의미를 부여해 준 것은 이상적 관계의 출발점이 되었다.

> 아담과 그의 아내 두 사람이 벌거벗었으나 부끄러워하지 아니하니라(창 2:25).

두 사람 사이에 부끄러움이 없는 완벽한 하나 됨!
네가 내가 되고, 내가 네가 되는 완전한 조화!
서로의 모습 속에 부끄러움이 보이지 않을 정도로 바라보는 순수한 시선!
비록 너의 연약함마저도 다 품어 주는 넉넉함!

이것이 에덴에서 사람 사는 모습이었다.

## 3. 피조물과 완전한 사귐

창세기 1장과 2장은 창조의 진술에 있어서 차이를 나타낸다. 1장은 하나님이 말씀으로 천지와 만물을 창조하셨음을 진술하지만, 2장에서 흙으로 인간을 빚으신다. 인간만이 아니라 동물과 새들도 흙으로 지으셨음을 기록하고 있다.

> 여호와 하나님이 흙으로 각종 들짐승과 공중의 각종 새를 지으시고 아담이 무엇이라고 부르나 보시려고 그것들을 그에게로 이끌어 가시니 아담이 각 생물을 부르는 것이 곧 그 이름이 되었더라(창 2:19).

그리고 각 생물의 이름을 아담에게 지으라고 하신다. 하나님이 창조하셨으니, 하나님이 이름까지 지을법한데, 아담에게 양보하신다. 아담이 그들의 이름을 부른다. 이 장면은 김춘수의 '꽃'을 떠올리게 한다.

내가 그의 이름을 불러주기 전에는 그는 다만 하나의 몸짓에 지나지 않았다.
내가 그의 이름을 불러주었을 때 그는 나에게로 와서 꽃이 되었다.

이름을 부른다는 것은 그 존재에 의미를 부여하는 것으로 그는 더 이상 하나의 몸짓이 아니라 의미 있는 존재가 되는 것이다.

인간과 피조물의 관계를 더 이상 어떻게 표현할 수 있을까?

그래서 에덴동산에서 인간에게 육식이 허락되지 않고, 오직 식물만이 먹을거리로 허락하지 않았을까?

에덴은 짐승마저도 인간에게는 의미 있는 존재가 되고, 사귐의 관계였음을 드러낸다. 에덴의 회복을 노래한 예언자들은 그 징표로 인간과 피조물 간의 사귐을 노래했는지도 모른다.

그 때에 이리가 어린양과 함께 살며 표범이 어린 염소와 함께 누우며 송아지와 어린 사자와 살진 짐승이 함께 있어 어린아이에게 끌리며 … 젖 먹는 아이가 독사의 구멍에서 장난하며 젖 뗀 어린아이가 독사의 굴에 손을 넣을 것이라. 내 거룩한 산 모든 곳에서 해됨도 없고 상함도 없을 것이니 이는 물이 바다를 덮음같이 여호와를 아는 지식이 세상에 충만할 것임이니라(사 11:6, 8-9).

에덴은 하나님 나라의 완성이 무엇인지를 보여 주는 원형이다. 비록 의식으로서의 예배는 아니지만, 도리어 예배를 의식으로 제한하려는 관점에서 폭넓은 시선을 보여 준다. 무엇보다도 예배의 본질이 무엇이고, 추구해야 할 방향을 분명하게 제시한다.

에덴은 그 자체가 예배이다. 에덴은 삼중적 완전한 사귐, 즉 하나님과의 관계, 사람과의 관계, 피조물과의 관계가 막힘이 없이 서로가 서로에게 의미가 되는 예배의 자리이다.

## 4. 에덴의 동쪽

에덴은 경계가 없다. 다시 말하면, 벽이 존재하지 않는 자유 그 자체였다. 누구와도 다가갈 수 있고, 대화할 수 있는 소통과 교제의 자리였다. 하지만 절대 넘지 말아야 할 경계선이 있었다.

그것은 창조주와 피조물 간의 건널 수 없는 경계다. 넘으려고 해도 넘을 수 없다. 그 경계선이 하나님의 존재 위치를 확보해 주고, 인간과 피조물의 위치를 바로잡게 한다. 그 자리를 인정하고, 그 속에서 마음껏 자유를 누리는 것이 에덴이다. 서로의 행복을 위한 경계를 다음과 같이 정해 주셨다.

> 여호와 하나님이 그 사람에게 명하여 이르시되 동산 각종 나무의 열매는 네가 임의로 먹되 선악을 알게 하는 나무의 열매는 먹지 말라 네가 먹는 날에는 반드시 죽으리라 하시니라 (창 2:16-17).

이 경계선은 훼손되었고, 이로 인해 하나님과 인간 사이의 언약에 금이 갔다. 넘고 싶어도 넘을 수 없고 넘어서도 안 되는 피조물의 한계를 망각하고 스스로 조물주가 되어 보려는 탐욕과 교만이 죄가 되어 모든 관계는 깨어지고 에덴과 그 동쪽 사이에는 넘을 수 없는 경계선이 세워지게 되었다.

## 5. 하나님과 깨어진 관계

선악과 사건은 하나님과 같이 되려는 인간의 교만이 불러낸 비극이었고, 그로 인해 하나님과 인간 사이는 어떻게 되었을까?

> 이르되 내가 동산에서 하나님의 소리를 듣고 내가 벗었으므로 두려워하여 숨었나이다
> (창 3:10).

하나님 앞에 범죄 한 인간은 하나님의 거니시는 소리를 듣고, 그를 부르시는 음성도 들었지만, 더 이상 반응하지 않는다. 하나님의 시선을 피한다. 이미 스스로 죄인임을 자각하는 것이다. 하나님이 주신 선악과(善惡果) 언약에 따라 그들에게는 죽음이 엄습해 왔다. 죽음은 불안을 야기하고, 하나님을 스스로 두려운 존재로 인식하기 시작한다. 자신의 죄를 감추고 싶었지만 감출 수 없다. 하나님 앞에서의 순수함이 이제는 감출 수 없는 인간의 추함으로 변질되고 말았다.

하나님을 예배함에서 최대의 적은 하나님에 대한 왜곡된 시각이다. 하나님을 두려워한다면, 그 앞에 나갈 수 없다. 하나님이 두려웠다고 하더라도 예배의 자리에서는 동정하시고 긍휼히 여기시는 아버지로 받아들여야 한다. 마태복음 25장 달란트 비유에서 한 달란트 받은 종의 말을 들어보라.

> 한 달란트 받았던 자는 와서 이르되 주인이여 당신은 굳은 사람이라 심지 않은 데서 거두고 헤치지 않은 데서 모으는 줄을 내가 알았으므로 두려워하여 나가서 당신의 달란트를 땅에 감추어 두었었나이다. 보소서 당신의 것을 가지셨나이다(마 25:24-25).

한 달란트 받은 자가 왜 그것을 가지고 이윤을 위해 장사하지 않고, 땅 속에 묻었을까?

그 이유는 주인을 두려워했기 때문이다. 자신이 가진 것을 갖고 남길 것을 생각하기 전에 손해라도 보면 어찌할까, 그로 인해 무서운 주인에게 먼지 혼날 것을 걱정했기 때문이다. 그러면서 주인님은 뿌리지 않는 데서도 거두실 수 있는 분임을 알았다고 핑계를 댄다. 주인의 전능함에 대한 인정 같지만, 그 이면에는 자신을 합리화하려는 타락의 속성이 그대로 스며들어 있다.

두려움은 하나님에게 다가가지 못하게 하는 타락의 징후이며, 하나님 맡겨 주신 사명을 감당하지 못하게 하는 치명적인 독소다. 종말의 비유라면, 마지막을 준비해야 하는 시점에서 여전히 아담을 극복하지 못한 자의 모습을 본다.

## 6. 사람과 깨어진 관계

　하나님과의 관계의 단절은 결코 그것으로 끝나지 않는다. 아담은 먼저 자신과의 관계가 깨어진다.

> 이에 그들의 눈이 밝아져 자기들이 벗은 줄을 알고 무화과나무 잎을 엮어 치마로 삼았더라 (창 3:7).

　유혹자의 말대로 눈이 밝아진 것은 분명했다. 눈이 밝아졌다면 하나님처럼 되어야 하는데, 실상은 반대로 나타났다. 보지 말아야 할 것이 보이기 시작한다. 자기 부끄러운 모습에 감당할 수 없는 수치감에 사로잡힌다. 하나님과의 관계 파괴는 자기를 있는 모습 그대로 바라보지 못하고, 수치감에, 열등감에 사로잡히게 한다.
　그것을 가리기 위한 도구가 무엇인가?
　무화과나무다. 그것은 잠시 가릴 수는 있어도 궁극적인 해결책이 아니다. 감추고 싶다고 해서 감출 수 없는 것이라면, 있는 그대로의 자신을 먼저 받아들이는 것이 해답의 출발점은 아닐까!
　자기만이 아니라 관계의 단절은 이웃에게까지 확대가 된다.

> 아담이 이르되 하나님이 주셔서 나와 함께 있게 하신 여자 그가 그 나무 열매를 내게 주므로 내가 먹었나이다(창 3:12).

아담은 하와에게 자기 선택에 대한 책임을 전가한다.

아담이 하와를 보고 "내 뼈 중의 뼈요 살 중의 살이라"고 했던 그 고백은 어디로 갔는가?

마치 자기 자신인 것처럼 의미를 부여했던 그녀의 탓으로 돌리는 아담의 모습에 씁쓸함을 감출 길이 없다.

어찌 이것뿐인가!

## 7. 피조물과 깨어진 관계

> 아담에게 이르시되 네가 네 아내의 말을 듣고 내가 네게 먹지 말라 한 나무의 열매를 먹었은즉 땅은 너로 말미암아 저주를 받고 너는 네 평생에 수고하여야 그 소산을 먹으리라 (창 3:17).

땅은 아담의 범죄 때문에 저주를 받는다. 아담의 범죄에 대해 아무런 상관이 없을 것 같지만, 땅과 아담과의 관계는 하나님이 위임해 주신 명령에 근거한다.

땅을 정복하고 다스리는 청지기로서의 사명이 있었기에 아담의 타락은 결국 청지기 사명을 감당하는 것이 아니라 착취하고 억압할 수밖에 없는 땅의 현실을 보여 주는 암시는 아닐까!

땅은 인간을 위한 하나님의 최고의 선물인데도 자연이 내어 준 것으로 만족하지 못한 인간의 탐욕과 지배욕으로 인해 자연의 질서가 깨지고, 깨어진 자연의 혼돈은 이제 환경 재앙으로 인간에게 역습하고 있다.

마지막 시대가 가까이 올수록 하늘이 풀리고, 자연과 우주의 질서가 깨지는 혼돈이 온다고 했던 예수님의 예언과 요한계시록의 예언은 인간이 뿌린 결과의 산물이 아닐까!

그렇다면, 막연한 종말론적이고 묵시적 두려움이 아니라 언제든지 원래의 위치로 돌아간다면, 회복의 소망은 열려 있다.

그 회복의 소망은 어디에서 찾을 수 있을까?

하나님과 단절된 표상은 바로 그들이 에덴의 동쪽으로 쫓겨났다는 것이다.

> 이같이 하나님이 그 사람을 쫓아내시고 에덴동산 동쪽에 그룹들과 두루 도는 불 칼을 두어 생명 나무의 길을 지키게 하시니라(창 3:24).

에덴의 동쪽으로 쫓겨난 그들은 생명 나무로 들어오지 못한다. 그룹들과 두루 도는 불 칼이 막고 있기 때문이다. 하나님에게서 오던 생명을 받아 온갖 자유를 누렸던 에덴의 삶이 마감되고 있다. 하지만 에덴의 동쪽으로 쫓겨나기 전에 하나님은 그들에게 가죽옷을 지어 입혀 주신다. 무화과나무로 가릴 수도 없었던 그들의 수치와 더러움을 하나님이 친히 덮어 주셨다.

우리가 회복의 소망을 바랄 수 있는 근거는 하나님의 긍휼이다. 인간의 교만으로 인한 죄에 대한 분명한 공의가 에덴의 동쪽이라면, 가죽옷은 그 속에서 희망의 여지를 주며, 회복할 수 있는 길을 열어 주신 하나님의 긍휼과 사랑의 징표인 것이다.

에덴은 예배란 구체적인 단어나 혹은 제의적인 표현이나 양식은 없지만, 예배의 본질과 스펙트럼을 제시하면서, 에덴의 회복을 위해 우리가 예배를 통해 찾아야 할 정신과 가치를 알려 준다.

## 8. 요약

(1) 에덴은 예배의 원형이다.

(2) 에덴이 보여 주는 예배는 삼중적 사귐이다(하나님, 사람, 피조물).

(3) 에덴의 동쪽은 깨어진 예배와 죄에 대한 하나님의 공의를 드러내며, '가죽옷'은 예배의 회복과 그 근거가 되는 하나님의 긍휼(사랑)을 암시한다.

(4) 에덴의 예배는 새 하늘과 새 땅의 새 예루살렘으로 온전히 회복된다.

=== 제2장 ===

## 에덴 동쪽 – 가인과 아벨

　창세기 4장은 최초의 살인 사건이라는 점이 각인되어 있다. 사람을 죽이는 것은 하나님에게 속한 생명을 자기에게 속한 것으로 여기는 것이며, 하나님만이 주관할 수 있는 권한을 찬탈하는 측면에서 하나님의 질서를 거역하는 중범죄다. 자살 또한 마찬가지로 자신의 생명을 자기 소유로 착각한 결과다. 자살과는 달리 살인은 관계 속에서 이루어지는 범죄 행위이다. 그러므로 살인은 인간관계 단절의 증거요, 파괴 현상이다.
　최초의 살인 사건은 형제간에 일어났다는 점이 큰 충격을 안겨 준다.
　그렇다면, 이 형제들 사이의 관계는 왜 이렇게 단절될 수밖에 없었는가?
　창세기 3장에서 우리는 인간관계 단절의 출발이 무엇인지를 볼 수 있다. 선악을 알게 하는 나무의 과실 사건으로 그토록 사이가 좋았던 첫 인간 아담과 하와 사이가 벌어진다.
　이 범죄로 말미암아 인간관계는 어그러지기 시작했고, 그 틈은 점점 커진다. 남자와 여자가 하나인 부부 관계가 깨어지자 자식 때 이르러 관계의 어그러짐은 더 확대되어 결국 형제간의 살인을 불러일으키는 비극을 초래한다. 이는 인간관계의 단절과 파괴의 원인은 하나님과의 관계가 깨어짐에 있다는 점을 보여 준다.
　창세기 4장은 아담과 하와 사이에 태어난 두 아들의 이야기다. 첫째 아들은 가인이고, 둘째 아들은 아벨이다. 가인은 농사꾼이고, 아벨은 목자였다. 그들은 자신들의 열매로 하나님에게 제사를 드린다. 예배는 인간 삶에 있어서 중심이요, 하나님과의 관계를 맺고 있는 피조물의 자연적인 반응이었다. 그런데 한 사람은 하나님에게 드리는 예배에 실패한 자로, 한 사람은 예배에 성공한 자로 등장한다.

## 1. 실패한 예배

가인은 하나님에게 농사꾼답게 땅에서 나오는 곡식으로 하나님에게 제물을 드렸고, 반면에 아벨은 목자이기 때문에 가축으로 제사를 드렸다. 그런데 놀랍게도 하나님이 가인의 제물은 받지 않으시고, 아벨의 예배는 하나님이 기뻐 받으신다.

> 세월이 지난 후에 가인은 땅의 소산으로 제물을 삼아 여호와께 드렸고, 아벨은 자기도 양의 첫 새끼와 그 기름으로 드렸더니 여호와께서 아벨과 그의 제물은 받으셨으나 가인과 그의 제물은 받지 아니하신지라 … (창 4:3-4).

가인은 예배에 실패했다.
왜 그랬을까?[1]
하나님과의 관계에서 실패했기 때문이다. 그의 모습을 보자. 먼저, 자신이 드린 예배를 하나님이 받지 않자, 가인은 안색이 변할 정도로 하나님을 향해 분노한다. 자기를 성찰함이 먼저였는데도 말이다.
그 모습을 보고 하나님이 말씀하신다.

---

[1] 가인과 아벨이 드린 제사는 히브리어로 '미느하'(선물 혹은 소제)로 표현되고 있다. 이는 두 사람이 드린 제물이 무엇이었느냐에 있지 않다. 레위기에도 곡물로 드리는 제사가 존재하고 있기 때문이다. 양자의 제물의 차이는 문화권의 차이에서 비롯된 것이었지 결코 제사의 정당성을 보증해 주지는 않는다. 강성열, 『창세기 강해』 (한국장로교출판사, 1998, 5), 74-77.

> 가인과 그의 제물은 받지 아니하신지라 가인이 몹시 분하여 안색이 변하니 여호와께서 가인에게 이르시되 네가 분하여 함은 어찌 됨이며 안색이 변함은 어찌 됨이냐 네가 선을 행하면 어찌 낯을 들지 못하겠느냐 선을 행하지 아니하면 죄가 문에 엎드려 있느니라 죄가 너를 원하나 너는 죄를 다스릴지니라 (창 4:5-7).

하나님 중심이 아닌 극도의 이기심으로 하나님을 향해 분노하는 그의 어그러진 모습은 그의 삶에서 선이 아닌 죄를 선택하는 것으로 나타날 수밖에 없으며, 그것은 결국 동생을 죽이는 무서운 범죄로 이어진다.

예배는 하나님과의 관계의 핵심이기에 예배에 실패한 인생은 모든 것이 꼬인다. 인간관계도, 모든 사회적인 관계도 원만할 수 없다. 그의 예배의 실패는 하나님을 향한 그의 분노로 스스로 증명하고 있으며, 이것은 삶에서도 선보다는 죄를 선택하는 것으로 드러나고 있다.

## 2. 성공한 예배

하나님은 가인과 아벨이 자신이 지은 곡식과 양의 첫 새끼로 드리셨는데, 하나님은 아벨의 제사는 받으셨다. 아벨의 제사에는 실패한 가인의 제사와 어떤 차이가 있었는지 좀 더 살펴보자.

그들이 드린 예배를 표현할 때, 아벨과 그의 제물, 가인과 그의 제물이라고 한다. 그들이 드리는 제물의 차이에 따라서 하나님이 받으시고 받지 않으셨다고 단정 지을 수 없다.

그러면 무엇일까?

제물에 문제가 없다면, 이제 남은 것은 바로 아벨과 가인 즉, 제사를 드리는 예배자만 남는다. 하나님이 예배를 받으신 기준은 제물의 종류에 있지 않고, 예배자에 있었다.

하나님이 받으시는 예배자인 아벨에 대해 성경은 어떻게 증언하는가?

> 믿음으로 아벨은 가인보다 더 나은 제사를 하나님에게 드리므로 의로운 자라 하시는 증거를 얻었으니 하나님이 그 예물에 대해 증언하심이라 그가 죽었으나 그 믿음으로써 지금도 말하느니라(히 11:4).

아벨은 믿음의 사람이었다. 그 믿음은 삶을 통해 하나님 앞에 의롭다고 인정을 받았다. 그 행실이 옳다 함을 인정받은 것이다.

> 믿음이 없이는 하나님을 기쁘시게 하지 못하나니 하나님께 나아가는 자는 반드시 그가 계신 것과 또한 그가 자기를 찾는 자들에게 상 주시는 이심을 믿어야 할지니라(히 11:6).

아벨이 믿음이 있었다는 것은 삶 속에서 하나님의 살아 계심을 늘 인식하면서 살았으며, 하나님이 자기를 찾는 자들에게 상을 주신다는 확신을 가지고 늘 의지하였다. 이러한 믿음의 삶이 하나님으로부터 의롭다고 인정을 받은 것이다.

## 3. 삶이 예배다!

가인은 자신의 제사가 받아들여지지 않자 곧바로 안색이 변하여 몹시 분노한다. 이는 그가 하나님을 어떻게 생각하고 있는지를 바로 보여 준다. 그가 믿음이 있었다면, 무엇이 잘못되었는지 되돌아보고 성찰하는 시간을 가졌을 것이다. 또한, 가인은 삶 속에서 선이 아닌 죄에 사로잡힌 인생이었다.

하나님 앞에 드리는 예배가 무너지면, 삶도 무너진다는 것과 반대로 삶에서 예배자의 마음을 잃어버리고, 믿음으로 살지 않으면 그가 드리는 예배도 하나님이 받지 않으신다. 이는 예배와 삶은 결코 분리될 수 없다는 것이다. 그렇다면 가인과 아벨의 제사를 통해 다음과 같은 탁월한 명제가 나온다.

① 주일 예배는 월요일부터 토요일까지 내 삶을 비추는 거울이다.
② 주일 예배는 월요일부터 토요일까지 내가 어떻게 살아왔는지를 비추어 준다.
③ 주일 예배는 그다음 월요일부터 토요일까지 삶을 결정한다.

월요일부터 토요일까지의 삶 속에서 믿음으로 사는 사람들, 하나님을 의지하면서 주님을 찾고 주의 뜻에 순종하는 사람들이 드리는 주일 예배는 하나님이 기뻐 받을만하신 예배이며, 드리는 자도 감격과 감사가 넘칠 것이다. 또한, 주일 예배를 통해 회복과 치유를 경험하고 주님 주신 말씀으로 마음을 새롭게 하는 자들은 월요일부터 토요일까지 삶의 현장에서 예배자의 모습으로 살아갈 것이다.

## 4. 긍휼이란 예배 가치

예배에 실패한 가인은 삶에서도 실패하였다. 자신이 선택한 굴레는 그를 저주의 나락으로 내몰았다.

> 가인이 여호와께 아뢰되 내 죄 짐을 지기가 너무 무거우니이다. 주께서 오늘 이 지면에서 나를 쫓아내시온즉 내가 주의 낯을 뵈옵지 못하리니 내가 땅에서 피하며 유리하는 자가 될지라 무릇 나를 만나는 자마다 나를 죽이겠나이다(창 4:13-14).

그때 여호와 하나님이 그에게 말씀한다.

> 여호와께서 그에게 이르시되 그렇지 아니하다 가인을 죽이는 자는 벌을 칠 배나 받으리라 하시고 가인에게 표를 주사 그를 만나는 모든 사람에게서 죽임을 면하게 하시니라(창 4:15).

과연 가인과 같이 계속 저주받은, 실패한 모습으로 그 굴레를 반복하는가?

가인은 저주받은 인생, 끝장난 인생이었지만, 그가 하나님에게 호소할 때, 하나님은 그 가인의 굴레를 끊어 주신다. 그리고 그에게 표를 주어서 보호해 주신다. 아담과 하와의 범죄로 인해 드러난 수치를 가리시기 위해 준비하신 가죽옷이 연상된다. 저주가 그들의 삶에 굳어진 것처럼 보이지만, 긍휼의 손길이 소망의 복음으로 다가온다. 아담과 하와의 가죽옷과 가인에게 건네준 하나님의 표는 예수 그리스도의 십자가와 보혈을 예표 한다.

예수의 십자가 보혈이 반복되는 저주의 사슬에서 우리를 끊어 준다. 비록 삶에서 실패하고 나왔다고 하더라도 예수의 보혈로 싸매시고, 회복시키시는 하나님의 긍휼히 우리를 기다리고 있다.

그러므로 하나님 앞에 나아올 때, 두 가지 마음을 품자.

**첫째,** 내 삶에서 하나님이 기뻐 받을만하신 예배자의 흔적이다. 그것이 하나님이 기뻐하시는 거룩한 산 제물임을 기억하자.

**둘째,** 삶의 현장에서 실패했다면, 하나님의 긍휼을 구하는 가난하고 통회하는 심령을 품자. 그 간절함 속에 예수의 보혈은 예배의 현장 가운데 선명하게 내 심장을 적실 것이다.

> 그러므로 우리는 긍휼하심을 받고 때를 따라 돕는 은혜를 얻기 위하여 은혜의 보좌 앞에 담대히 나아갈 것이니라(히 4:16).

하나님이 받으시는 예배의 핵심은 예배자에게 있다. 하나님 앞에 드리는 공 예배와 가정에서 직장에서 세상 속에서 살아가는 삶은 분리되지 않는다. 가인의 길을 반복하면서 그 굴레를 벗어나지 못하고 더 깊은 수렁으로 빠져 가는 사람이 있다면, 예수의 보혈을 통해 역사하시는 하나님의 긍흉을 붙잡아야 한다. 저주받은 인생이었지만, 하나님의 긍휼은 참된 예배자로 역전시키는 구원의 표가 된다.


## 5. 요약

(1) 하나님이 원하시는 예배는 나 자신이 제물이 되는 것이다.
(2) 가인과 아벨 제사의 예배 가치는 예배가 삶이요, 삶이 곧 예배다.
(3) 예배는 현재 하나님과의 관계를 비추는 거울이다.
(4) 가인의 실패 굴레는 하나님의 긍휼인 구원하는 표는 예수 십자가의 보혈을 예표 한다.

= 제3장 =

# 제단

## 1. 노아의 제단-변화

### 1) 홍수 이전의 혼돈

노아 홍수 하면, 모르는 사람이 없다. 스토리가 매우 흥미롭기에 몇 편의 영화로도 제작이 되어 큰 인기를 얻은 바 있다. 또한, 노아 홍수의 역사성을 밝히기 위해 방주를 비롯한 그 흔적을 찾기 위한 고고학적인 노력도 진행되고 있다.

창세기 6장에는 하나님의 아들들이 사람의 딸과 결혼하여 자식을 낳았다고 기록한다. 이들을 네피림이라고 부르는데, 쉽게 말하면, 이들은 보통 인간과는 다른 거인과 같은 반 신적인 존재다. 이 역시도 하나님의 창조질서를 깨뜨리는 전형적인 모습이다. 하나님이 천지를 창조하실 때 궁창 위의 물과 아래의 물로 나누어 하늘과 땅을 구분하신다.

단순히 물리적인 공간으로서만이 아니라 영적으로도 하늘의 질서와 땅의 질서를 구분하였다. 그런데 하늘의 질서와 땅의 영적인 질서가 뒤엉켜 버린다. 하나님이 천지를 창조했다는 것은 혼돈에서 질서가 잡히는 것인데, 인간이 이 창조의 질서를 깨고 다시 혼돈의 상태로 회귀해 버린 것이다.

> 여호와께서 사람의 죄악이 세상에 가득함과 그의 마음으로 생각하는 모든 계획이 항상 악할 뿐임을 보시고 땅 위에 사람 지으셨음을 한탄하사 마음에 근심하시고(창 6:5-6).

죄악이 세상에 가득하고 모든 계획이 항상 악하다는 더 이상의 표현이 불가할 정도의 타락한 인간으로 인해 하나님이 한탄하시고, 근심하신다. 마치 해산의 고통을 감수하며 낳은 자식의 멈출 줄 모르는 방탕에 후회하는 부모의 마음일 것이다. 하나님 마음에 근심하신다고 할 때, '근심'이라는 단어는 창세기 3:16에 범죄 한 하와에게 해산하는 고통을 주셨는데, 그 '고통'과 같은 단어이다.

하나님이 하와가 느낄 고통을 지금 느끼고 있다는 것이다. 하와가 해산할 때 겪는 고통은 '각성시키다'라는 의미를 내포하고 있다. 하와가 해산의 고통을 겪을 때마다 자기가 하나님 앞에 지은 범죄가 얼마나 치욕스럽고 추악한 것인가를 상기하는 것이다. 몸으로 느끼는 통증보다 심적 고통이 훨씬 크다는 것을 보여 주는 말이다.

인간은 하나님의 형상이기에 인간은 하나님에게, 하나님은 인간에게 영향을 미치는 것이다. 예를 들면, 자식이 범죄 하여 감옥에 갔을 때 당사자보다 부모 마음이 더 무너지고, 한이 되는 것과 같은 이치다. 인간을 지으시고, 하나님의 형상으로서의 기대가 무너질 때, 거기에서 느끼는 하나님의 아픔과 슬픔이 훨씬 더 크다.

### 2) 노아 홍수

> 이르시되 내가 창조한 사람을 내가 지면에서 쓸어버리되 사람으로부터 가축과 기는 것과 공중의 새까지 그리하리니 이는 내가 그것들을 지었음을 한탄함이니라 하시니라(창 6:7).

하나님의 한탄은 바로 심판으로 이어진다. 먼저 법정에서 선고를 내리듯이 심판을 선포하신다. 이 선고가 집행된 것이 홍수이다.

홍수가 무엇인가?

궁창 위의 물과 아래의 물을 나눈 것이 다시 합쳐지므로 하늘과 땅의 구분이 없어진 것이다. 창세기 7:11에 하늘의 창문들이 열렸고, 땅에서도 큰 깊음의 샘들이 터졌다. 다시 말하면, 위와 아래에서 물이 쏟아지고, 터져 버린 것이다. 하나님이 창조하시면서 구분 지어 놓은 하늘의 질서와 땅의 질서를 인간이 거부하고 깨뜨리는 악과 교만으로 인해 다시 창조 이전의 혼돈 상태로 돌아가 버린 것이다.

그렇다면, 이제 이대로 끝나버리는 것인가?

하나님은 결코 그가 창조한 세계를 포기할 수 없고, 하나님의 형상인 인간이 멸망 가운데 그대로 버려둘 수가 없다. 그 증거가 바로 '노아'다. 홍수 심판이 시작되었을 때 노아는 방주를 만들어 생명을 이어간다. 아담과 하와가 창조의 질서를 거부했을 때, 그들은 에덴을 잃어버렸다. 그러나 하나님은 그들에게 가죽옷을 지어서 그들의 수치를 가려 주셨다. 에덴의 동쪽에서 가인이 하나님의 창조 질서를 거부할 때, 그는 온갖 저주와 두려움의 속박에 빠지게 되었다. 그러나 하나님은 그를 보호하는 표를 주었다.

인간이 온갖 악과 패역으로 또다시 하늘과 땅을 구분하는 창조의 질서를 깨뜨렸다. 그럴 때 홍수의 심판이 임했다.

여기에서는 가죽옷과 같은, 가인에게 주는 표와 같은 반전은 없을까?

하지만 그런 반전이 있다고 한들, 무슨 의미가 있을까?

인간은 또다시 하나님의 창조 질서를 깨뜨릴 것인데, 그러다 점점 죄가 확대되고, 온 땅이 악으로 가득 차면 심판을 받는 패턴이 반복된다.

이렇게 반복됨을 창세기 11장 바벨탑 사건에서 보지 않는가!

이는 더 이상 인간에게는 소망이 없음을 암시한다.

노아 홍수와 같은 대재앙을 당하면, 근본적인 변화가 있을 것 같은데, 과연 홍수 이전과 이후를 비교해 볼 때 인간이 변화되었을까?

노아 홍수 이전에 인간에 대해 하나님이 말씀하신다.

> 여호와께서 사람의 죄악이 세상에 가득함과 그의 마음으로 생각하는 모든 계획이 항상 악할 뿐임을 보시고(창 6:5).

홍수가 끝난 시점에서 인간은 변했을까?
아니면 변할 가능성이 있는가?

> 여호와께서 그 향기를 받으시고 그 중심에 이르시되 내가 다시는 사람으로 말미암아 땅을 저주하지 아니하리니 이는 사람의 마음이 계획하는 바가 어려서부터 악함이라 내가 전에 행한 것 같이 모든 생물을 다시 멸하지 아니하리니(창 8:21).

인간은 변하지 않았다. 여전히 하나님이 말씀하시기를 인간은 어려서부터 마음이 악하다. 아무리 매를 맞아도, 아무리 큰 심판에 직면한다고 해서 인간은 변하지 않는다. 그래서 하나님이 한탄하셨는지 모른다. 이 한탄은 노아 홍수 심판을 자초한 인간을 지은 하나님 자신에 대한 후회가 아니다. 홍수 심판을 받을 인간을 향한 측은함도 아니다.

그러면 무엇일까?

이런 심판을 당하면서도 변하지 않는 인간의 완악함에 대한 슬픔이다.

### 3) 하나님이 변하셨다!

홍수 이후에도 인간은 변한 것이 없다. 그리고 또 시간이 지나서 그들은 창조의 질서를 깨뜨릴 것이다.

그렇다면, 희망은 없는 것일까?

인간은 계속해서 이 저주의 묶임에서 벗어나지 못하고 비참한 죽음에 내몰려야만 할까?

희망은 한 가지밖에 없다. 그것은 하나님이 변하시는 것이다. 인간은 스스로 더 이상 변화될 수 없는 존재이다. 그리고 계속해서 그 마음의 완악함과 악으로 인해 반복된 심판과 저주 아래에 신음할 것이다. 그것은 인간을 창조한 하나님에게는 말로 할 수 없는 슬픔이요, 상처이다. 역설적으로 이 상처로 인해서 하나님에게 변화가 일어난다. 변화되어야 할 쪽은 인간인데, 하나님이 변하기로 하신다.

> 주님께서 그 향기를 맡으시고서, 마음속으로 다짐하셨다. "다시는 사람이 악하다고 하여서, 땅을 저주하지는 않겠다. 사람은 어릴 때부터 그 마음의 생각이 악하기 마련이다. 다시는 이번에 한 것 같이, 모든 생물을 없애지는 않겠다(창 8:21, 새번역).

6장에서 사람이 마음으로 생각하는 모든 계획이 항상 악함을 보시고 한탄하면서, 내가 인간들을 지면에서 쓸어버린다고 했던 것과는 너무나도 다르다. 인간의 죄를 적나라하게 고발하면서, 그 죄에 근거하여 심판을 내리셨던 하나님이 홍수 이후에 완전히 변하셨다. 인간은 변한 것이 하나도 없는데, 하나님은 이제 더 이상 사람이 악하다고 해서 땅을 저주하지 않겠다고 선언하신다. 다시 말하면, 인간이 변하지 않으면, 내가 변하겠다는 하나님의 의지 표현이다.

그리고 이 다짐을 지키기 위해 언약을 체결하신다. 언약의 징표가 바로 무지개다. 무지개는 히브리어로 '케쉐트'다. 이 단어는 '활'이란 의미이다. 활은 죽이는 무기인데, 하나님은 더 이상 무기로 사용하지 않겠다는 것이다. 창세기 9장에서 언약을 체결하신다. 계약 체결은 양 당사자가 해야 한다. 왜냐하면, 계약을 이행할 의무가 양 당사자에게 있기 때문이다. 당연히 무지개 언약도 하나님과 인간 사이의 계약이다. 그런데 인간에게는 의무가 없고, 하나님에게만 의무가 있는 일방적인 계약이다.

무지개를 보라.

활의 방향이 인간을 향해 있는가?

하늘을 향해 있는가?

하늘을 향해 있다. 화살은 하나님의 심장을 향하고 있다. 이는 하나님이 하신 언약을 반드시 지키겠다는 것이다. 이런 일방적인 계약은 어디에도 없다. 인간에게는 어떤 손해도 없고, 오직 수혜만 있는 반면에 하나님은 전적인 의무만 있고, 희생만 있기 때문이다.

성숙한 신앙은 변하지 않는 하나님 앞에서 우리가 변화되는 것이다. 오직 나를 쳐서 복종시키고, 나는 죽고 주님만 사는 것이다. 만일 우리는 변화되지 않고, 변하지 않는 하나님을 변화시키려고 한다면 그것은 하나님을 이방신으로 여기는 왜곡된 신앙이다. 마치 무당이 무언가를 얻어내기 위해서 귀신을 달래는 것과 같다.

그리스도인의 성숙한 신앙은 자기가 하나님 앞에서 깨어지고, 내 자아를 부인하면서 변화되어가는 것이다. 그런데 기억할 것은 우리가 그렇게 하나님 앞에서 나 자신을 변화시키기 위해 결단하기 전에 먼저 하나님이 우리 때문에, 우리를 위해서 변하셨다는 사실이다. 노아 홍수 사건이 보여주는 복음이다.

> 그는 근본 하나님의 본체시나 하나님과 동등 됨을 취할 것으로 여기지 아니하시고 오히려 자기를 비워 종의 형체를 가지사 사람들과 같이 되셨고 사람의 모양으로 나타나사 자기를 낮추시고 죽기까지 복종하셨으니 곧 십자가에 죽으심이라(빌 2:6-8).

주님은 어떤 분인가?

세상의 우상들이나 신들처럼 인간을 신적인 기준에 도달하라고 협박하지 않는다.

신의 수준으로 오지 않으면, 심판하고 저주하는 분이 결코 아니다. 도리어 죄인 된 인간에게 오시지 않는가?

변하지 않는 완악한 인간을 변화시키기 위해서 심판의 매로 때리지 않고, 하나님이 변하셔서 인간이 되시고, 낮추시고 우리를 살리기 위해 자신을 희생하셨다.

그것이 십자가가 아닌가?

### 4) 예배는 하나님이 변하시는 자리

그렇다면, 하나님의 변화하기로 한 그 시점이 언제일까?
언제 하나님은 이 말씀을 하시는가?

> 노아가 여호와께 제단을 쌓고 모든 정결한 짐승과 모든 정결한 새 중에서 제물을 취하여 번제로 제단에 드렸더니(창 8:20).

홍수 후에 물이 빠진 땅에 첫발을 내딛는 노아가 가장 먼저 한 일은 하나님 앞에 예배를 드리는 일이었다.

> 여호와께서 그 향기를 받으시고 그 중심에 이르시되 내가 다시는 사람으로 말미암아 땅을 저주하지 아니하리니 이는 사람의 마음이 계획하는 바가 어려서부터 악함이라 내가 전에 행한 것 같이 모든 생물을 다시 멸하지 아니하리라(창 8:21).

하나님이 노아가 드리는 예배를 받으시고, 이 엄청난 은혜의 선언하신다.
예배는 어떤 자리인가?
하나님의 심판이 구원으로 변하는 자리다. 하나님의 분노가 은혜로 변하는 자리다. 하나님의 죄의 소송이 용서의 보증으로 바뀌는 자리다.
예배가 익숙해졌다고 해서 예배의 중요성을 간과해서는 안 된다. 예배는 변하지 않는 완악한 인간을 위해 하나님이 변하시는 세상의 언어로는 설명할 수 없는 복음을 경험하는 자리다.
그래서 믿음의 선배들은 예배에 자신의 모든 것을 걸었다. 예배가 생명임을 알았기 때문이다. 이 놀라운 복음, 이 측량할 수 없는 은혜를 예배에서 경험하는 것이다. 당신이 무너졌을지라도 그리고 심판과 저주에 노출되었을지라도 살 수 있는 이유는 예배 때문이다. 예배는 내가 변하기 전에 오직 당신을 위해 하나님이 변하시는 자리이다.

## 2. 아브라함의 제단-경험

### 1) 바벨탑 그 이후

노아 홍수 이후 세월이 흘러 또 하나의 사건을 마주한다. 여기에서도 반복되는 모습을 볼 수 있는데, 인간이 피조물임을 부인하고 하나님의 자리에 올라가려고 한다. 아담과 하와의 선악과 사건이 그랬고, 가인의 사건이 그랬고, 노아 홍수 직전에도 그랬듯이 하나님의 창조 질서를 거부하는 일이 다시 발생하는데, 그것이 바로 바벨탑 사건이다.

> 또 말하되 자, 성읍과 탑을 건설하여 그 탑 꼭대기를 하늘에 닿게 하여 우리 이름을 내고 온 지면에 흩어짐을 면하자 하였더니 여호와께서 사람들이 건설하는 그 성읍과 탑을 보려고 내려오셨더라(창 11:4-5).

여호와께서 사람들이 건설하는 탑을 보려고 내려오셨다.
인간은 하나님 앞에서 무엇을 쌓아야 하겠는가?
제단을 쌓아야 한다. 하지만 인간은 하나님과 같이 되려는 교만의 상징인 바벨탑을 쌓고 있다. 그것을 보시기 위해 내려오신다는 이 표현 가운데 홍수 이전에 한탄하시고, 고민하시는 하나님의 마음을 다시 한번 볼 수 있다. 희망은 여전히 아련하다. 하나님은 홍수의 심판 후에 노아라는 한 사람으로 새롭게 시작하셨듯이, 바벨탑 사건 이후로 하나님은 다시 한 사람을 부르신다.

### 2) 제단을 쌓는 아브람

> 여호와께서 아브람에게 나타나 이르시되 내가 이 땅을 네 자손에게 주리라 하신지라 자기에게 나타나신 여호와께 그가 그곳에서 제단을 쌓고 거기서 벧엘 동쪽 산으로 옮겨 장

> 막을 치니 서쪽은 벧엘이요 동쪽은 아이라 그가 그곳에서 여호와께 제단을 쌓고 여호와의 이름을 부르더니(창 12:7-8).

아브람이 하나님에게 부르심을 받고 난 후에, 그의 삶의 단면을 보여 준다. 아브라함은 유목민이었기에 한 장소에서 다른 장소로 옮겨 다녀야만 했다. 그가 정착할 때마다 제단을 쌓고 여호와의 이름을 불렀다. 이는 자기가 여호와의 이름을 지어 부른 것이 아니라 하나님이 예배 가운데 자신을 '계시'했기 때문에 가능한 일이었다. 아브라함의 여정 가운데서 하나님은 그가 처한 상황에 따라 다양한 이름으로 자신을 드러내시고, 아브라함은 그 이름 대로 하나님을 경험한다.

아브라함이 제단을 쌓을 때, 그에게 다가오신 하나님을 만나 이렇게 고백한다. 영생하시는 하나님, 지극히 높으신 하나님, 천지의 주재이신 하나님, 전능하신 하나님, 여호와이레 하나님. 이 모든 것이 제단을 쌓을 때 자신을 드러내셨고, 아브라함은 그 이름을 부를 수 있었다.

### 3) 여호와의 이름: 천지의 주재, 지극히 높으신 하나님!

창세기 14장에, 조카 롯이 소돔에 거주하고 있는데, 그곳에 전쟁이 일어나서 조카 롯이 재물은 물론 자신까지 포로로 끌려간다. 이 소식을 듣고 아브람이 용사 318명을 동원하여 적군들을 쳐부수고, 롯을 구출한다.

이 싸움은 이길 수 있는 전쟁이 아니었다. 왜냐하면, 아브람의 소수 정예 부대가 여러 족속이 연합한 군대를 이긴다는 것은 쉬운 일이 아니었기 때문이다. 하지만 아브람은 승리한다. 그리고 돌아오는 길에 멜기세덱을 만난다. 멜기세덱이 아브람에게 이렇게 말한다.

> 그가 아브람에게 축복하여 이르되 천지의 주재이시오 지극히 높으신 하나님이여 아브람에게 복을 주옵소서 너희 대적을 네 손에 붙이신 지극히 높으신 하나님을 찬송할지로

> 다 하매 아브람이 그 얻은 것에서 십분의 일을 멜기세덱에게 주었더라(창 14:19-20).

구체적으로 제단을 쌓았다는 표현은 없지만, 여기에서 멜기세덱이란 인물이 나오는데, 히브리서는 하나님의 제사장으로 소개한다. 제사장은 예배를 집례하는 사람이다. 이 멜기세덱을 통해 하나님은 자기를 '천지의 주재요, 지극히 높으신 하나님'으로 계시하셨다. 그때 아브람은 멜기세덱에게 십일조를 드린다. 또한, 아브람은 전쟁에서 이겼으므로 노략물을 다 취할 수 있었는데도 그것들에 손을 대지 않았다.

그 이유는 무엇인가?

> 만일 내가 이것을 가지게 되면, 사람들은 롯이 살고 있는 소돔 왕 덕택에 아브람이 부자가 되었다고 할까 봐 나는 이것을 하나도 갖지 않겠다(창 14:23, 사역).

아브람이 큰 승리로 많은 노략물을 가질 수 있는 권리가 있었는데도 단 하나도 취하지 않겠다고 하는 이유가 무엇이고 아브라함은 왜 하나님의 제사장 멜기세덱에게 십일조를 하였을까?

그것은 멜기세덱을 통해 '지극히 높으신 하나님'을 경험하였기 때문이다. 다시 말하면, 전쟁에서 승리하고 돌아오는 아브라함에게 멜기세덱이 선포한다.

> 너희 대적을 네 손에 붙이신 지극히 높으신 하나님을 찬송하라(창 14:19).

그 순간 아브람은 그 자리에 엎드렸다. 이는 자기 힘으로, 능력으로, 지혜로 이 싸움에서 이긴 줄 알았는데, 현실적으로는 불가능한 전쟁이었는데 하늘과 땅을 주관하시는 지극히 높으신 하나님이 이 원수를 붙인 결과였음을 하나님의 제사장인 멜기세덱을 통해 깨닫게 되었다. 그래서 그 자리에서 자기를 위해 대적을 물리치시고 승리를 주신 하나님에게 십일조로 신앙을 고백한 것이다.

하나님은 지금도 쉬지 않고 일하고 계신다. 하나님은 쉬지 않고, 저와 여러분을 위해서 지금도 일하고 계신다.

한 주간의 삶 속에서 역사하셨던 하나님은 어떤 하나님인가?

함께 예배드리고 있지만 각자에게 다가오시는 하나님이시다. 삶의 자리와 처한 상황이 다르기에 각자에게 다가오셔서 만나 주셨고, 역사하셨던 하나님이시다. 그러기에 지금 예배 가운데 그 하나님을 부르며, 신앙으로 고백하는 것이다.

### 4) 여호와의 이름: 전능한 하나님

> 아브람이 구십구 세 때에 여호와께서 아브람에게 나타나서 그에게 이르시되 나는 전능한 하나님이라 너는 내 앞에서 행하여 완전하라(창 17:1).

하나님께서 아브라함을 찾아오셨다.

지금 아브라함이 처한 상황은 어떠한가?

그에게 99세가 되도록 상속자가 없다. 그 상황에서 하나님은 자신을 '전능한 하나님'으로 계시하시면서, 말씀하신다.

> 이제 후로는 네 이름을 아브람이라 하지 아니하고 아브라함이라 하리니 이는 내가 너를 여러 민족의 아버지가 되게 함이니라(창 17:5).

> 하나님이 또 아브라함에게 이르시되 네 아내 사래는 이름을 사래라 하지 말고 사라라 하라 내가 그에게 복을 주어 그가 네게 아들을 낳아 주게 하며 내가 그에게 복을 주이 그를 여러 민족의 어머니가 되게 하리니 민족의 여러 왕이 그에게서 나리라(창 17:15-16).

아브라함의 상황은 모든 것이 불가능하다. 그와 그의 아내 사라도 경수가 끊어져서 아이를 낳을 수 없다. 그것을 알기에 젊은 여인인 하갈을 취해서 대를 이으려고 했다. 그런 상황에서 하나님이 아브라함에게 전능한 하나님으로 다가오셔서 약속하신다.

그때 아브라함이 어떻게 반응하는가?

> 아브라함이 엎드려 웃으며 마음속으로 이르되 백 세 된 사람이 어찌 자식을 낳을까 사라는 구십 세니 어찌 출산하리요 하고(창 17:17).

하나님이 전능한 하나님으로 아브라함에게 계시하셨지만, 사실 아브라함은 확신이 없다. 그래서 속으로 웃는다.

"하나님은 농담도 잘하셔."

하나님께서 한 번 더 찾아오신다. 아브라함이 영접하며 몸을 땅에 굽힌다. 하나님의 사자는 내년 이맘때에 다시 올 것이니, 그때 네 아내 사라에게 아들이 있으리라고 약속한다.

이 말을 장막 뒤에서 음식을 준비하던 사라가 듣고 어떻게 반응하는가?

> 사라가 속으로 웃고 이르되 내가 노쇠하였고 내 주인도 늙었으니 내게 무슨 즐거움이 있으리요 13 여호와께서 아브라함에게 이르시되 사라가 왜 웃으며 이르기를 내가 늙었거늘 어떻게 아들을 낳으리요 하느냐? 14 여호와께 능하지 못한 일이 있겠느냐 기한이 이를 때에 내가 네게로 돌아오리니 사라에게 아들이 있으리라 15 사라가 두려워서 부인하여 이르되 내가 웃지 아니하였나이다 이르시되 아니라 네가 웃었느니라(창 18:12-15).

사라도 웃었다.

"하나님 참 농담도 잘하십니다."

그런데 어떻게 되었는가?

다음 해에 사라가 임신하게 되고 이삭이 태어났다. 흥미로운 점은 이삭의 이름의 뜻이 '웃음'이다. 이 이름은 하나님이 아들을 줄 것이라고 했을 때 아브라함이 속으로 웃는 그때 짓는다.

> … 하나님이 네 아내 사라에게 아들이 있을 것이니 이삭이라고 하라 … (창17:19).

왜 하나님이 '웃음'이란 뜻의 이삭으로 이름을 지었을까?
아들을 기다리다 이제는 체념 가운데 있는 아브라함에게 웃음을 선사하기 위해 그랬을까?
그럴 수도 있다. 이렇게 생각해보면 어떨까?

아브라함과 사라가 자기 아들 이름을 부를 때마다 세상과 바꿀 수 없는 이 귀하고 복된 아들을 하나님이 주신다고 했을 때, 의심하면서 웃었던 기억이다. 그런데 여호와는 불가능한 것을 가능케 하시고, 없는 것을 있게 하시는 전능하신 하나님이셨다.

"아브라함아!
이삭을 부를 때마다 너의 믿음 없음을 돌아보고, 평생을 확신 가운데 살라고 이삭이라는 이름을 지어주지 않았을까!

그도 그럴것이 창세기 22장에서 하나님이 갑자기 아브라함에게 독자 이삭을 제물로 바치라는 충격적인 명령을 하신다. 하나님이 어떻게 인신 제사를 원하는가에 대해 비판하기도 하지만 사실, 하나님은 아브라함의 믿음을 이미 보고 계셨다. 이 사건이 일어난 장소가 '여호와이레'이다. '이레'는 '미리 본다.'는 뜻이다. 아브라함이 어떻게 행할지 미리 보고 계셨기에 제물로 사용될 양을 준비하고 계신 것이다.

아브라함이 이삭을 바치라고 하는 매우 비상식적인 명령에도 순종할 수 있었던 이유가 어디 있을까?

바로 전능한 하나님을 경험했기 때문이다. 불가능한 상황에서 찾아오셔서 하나님이 자기를 계시하시고, 비록 아브라함은 의심했지만, 그 일을 이루신 하나님을 경험하면서, 전능한 하나님에 대한 확고한 믿음이 생긴 것이다. 이삭을 바치라는 명령에도 순종할 수 있었던 근거에 대해 로마서를 통해 바울은 분명하게 증언한다.

> 기록된바 내가 너를 많은 민족의 조상으로 세웠다 하심과 같이 그가 믿은 바 하나님은 죽은 자를 살리시며 없는 것을 있는 것으로 부르시는 이시니라. 아브라함이 바랄 수 없는 중에 바라고 믿었으니 이는 네 후손이 이같으리라 하신 말씀대로 많은 민족의 조상이 되게 하려 하심이라(롬 4:17-18).

예배는 하나님이 임재해 계시고, 그 하나님을 만나는 자리다. 하나님은 아브라함의 제단을 쌓을 때, 자신을 계시하셨다. 그러기에 아브라함은 제단을 쌓을 때 여호와의 이름을 부를 수 있었다. 전쟁터와 같은 현장에서 천지의 주재요, 지극히 높으신 하나님이 대적을 물리치심을 멜기세덱을 통해 깨달았을 때 감사와 찬송의 고백을 드리게 되었다.

아브라함 자신이 처해 있는 상황에서 하나님은 새롭게 다가오셨다. 전능한 하나님으로 자신을 계시하셨다. 아직 아브라함에게는 어떤 징조도 없었고, 받아들일 만한 믿음도 부족했다. 그런데 하나님은 전능하신 분으로 강권적으로 다가오셨고, 아브라함이 부른 하나님의 이름은 아브라함의 삶에 전능하심으로 나타났다.

예배 가운데서도 하나님은 우리의 상황을 잘 아시고 다가오신다.

나에게 다가오신 하나님은 어떤 분인가?

설교를 통해서, 찬양 가운데, 기도 가운데 다가오신 하나님의 이름을 부른다면, 전능한 하나님의 이름이라면, 우리의 삶에 전능하심이 나타날 것이다. 여호와이레 하나님을 불렀다면, 앞길 미리 보시는 하나님의 준비하심을 체험하게 될 것이다. 여호와 닛시의 하나님으로 다가오신 하나님의 이름을 불렀다면, 삶의 현장에서 승리를 경험하게 될 것이며, 여호와 샬롬의 하나님으로 다가오신 하나님의 이름을 불렀다면, 전쟁터와 같은 세상에서 하늘의 평안을 누리게 될 것이다. 예배는 우리가 설명할 수 없는, 벗기고 벗겨도 신비로운 하나님의 임재의 현장이다.

예배 가운데 각자의 삶의 현장이 다른 우리에게 합당한 모습으로 다가오시는 하나님을 어떻게 고백하겠는가?


## 3. 요약

(1) 노아 이후 족장들의 예배는 제단을 쌓는 예배다.
(2) 예배는 변하지 않는 인간을 위해 하나님이 변하시는 자리다. 하나님의 심판이 구원으로, 하나님의 분노가 은혜로, 죄의 소송이 용서의 보증으로 바뀌는 자리다.
(3) 예배는 하나님이 임재하셔서 자신을 계시하시고, 계시 된 하나님의 이름을 부르는 자리이며, 그 이름은 삶의 현장에서 구체적으로 경험되어진다.

## 제4장

# 성막

　창세기의 족장들의 예배가 제단을 쌓는 예배라면, 그 이후 솔로몬 성전이 지어질 때까지는 성막 예배라 명명할 수 있다[1]. 성막은 광야 생활을 하면서 지은 것이지만, 나중에 이스라엘 백성들이 가나안 땅을 점령하고 난 후에도 '실로'에 세워졌다. 그 후 실로에서 놉으로, 놉에서 기드온으로 옮겨졌고, 솔로몬 성전을 건축하고 성막의 기구들을 성전으로 옮기면서 이스라엘의 역사에서 사라진다.

> 이스라엘 자손의 온 회중이 실로에 모여서 거기에 회막을 세웠으며 그 땅은 그들 앞에서 돌아와 정복되었더라(수 18:1).

> 다윗이 놉에 가서 제사장 아히멜렉에게 이르니 아히멜렉이 떨며 다윗을 영접하여 그에게 이르되 어찌하여 네가 홀로 있고 함께 하는 자가 아무도 없느냐 하니(삼상 21:1).

> 제사장이 그 거룩한 떡을 주었으니 거기는 진설병 곧 여호와 앞에서 물려 낸 떡밖에 없었음이라 이 떡은 더운 떡을 드리는 날에 물려 낸 것이더라(삼상 21:4).

---

[1] 성막은 출애굽 이후 광야 시대의 예배를 대표하며, 하나님은 이를 통해 역동적으로 자신을 계시하시고, 역사하셨으며, 예배의 제도와 형태에 혁신을 일으켰다. 김진호, 『숨겨진 보물 예배』(예수전도단, 1989, 10), 26-32.

> 제사장 사독과 그의 형제 제사장들에게 기브온 산당에서 여호와의 성막 앞에 모시게 하여 항상 아침 저녁으로 번제단 위에 여호와께 번제를 드리되 여호와의 율법에 기록하여 이스라엘에게 명령하신 대로 다 준행하게 하였고(대상 16:39-40).
>
> 여호와의 궤와 회막과 성막 안의 모든 거룩한 기구들을 메고 올라가되 제사장과 레위 사람이 그것들을 메고 올라가매(왕상 8:4).

이 단락에서는 성막이 무엇이며, 성막의 기원과 특징을 살펴보면서, 성막이 가지는 예배 정신과 가치들을 상고하고자 한다.

## 1. 성막의 개요와 특징

### 1) 성막은 하나님과 만나는 장소

'성막'은 히브리어로 '미쉬칸', 헬라어로 '스케네'로 '거주하다', '머물다.'란 뜻으로 하나님이 그의 백성인 이스라엘 가운데 거주하신다는 의미를 담고 있다. 구약성경은 '성막'이란 말 대신에 '회막'란 말이 자주 등장한다. 히브리어로 '모에드 오헬'로 문자 그대로 '만남의 장막'이다.

이는 하나님을 만나는 장소의 의미로 특히 하나님이 모세를 통해 말씀을 주실 때 '회막'이란 용어가 나온다. 용례를 보면, 성막과 회막이 각각 다른 장소임을 지지하는 본문(출 33:7, 11)과 동일 장소이지만 다른 표현임을 지지하는 본문(출 39:32; 40:35)이 공존 한다.[2] 따라서 '성막'과 '회막'은

---

[2] 성막은 뜰의 휘장, 번제단, 물두멍 그리고 회막을 망라하는 전체 건물을 가리키며, 회막은 성소(떡상, 등잔대, 분향단이 있는 공간)와 언약궤가 놓여 있는 지성소를 포함하는 개념으로 이해하기도 한다. J. K. Bruckner, 『출애굽기』, 김귀탁 역 (성서유니온선교회, 2015, 1), 368.

하나님과 이스라엘의 만나는 물리적 공간임은 분명하며, 성막은 제사를 통해, 회막은 말씀을 통해 만난다는 의미를 내포하고 있다.

> 모세가 회막에 들어갈 수 없었으니 이는 구름이 회막 위에 덮이고 여호와의 영광이 성막에 충만함이었으며(출 40:35).

> 모세가 회막에 들어갈 때에 구름 기둥이 내려 회막 문에 서며 여호와께서 모세와 말씀하시니(출 33:9).

### 2) 성막은 이스라엘의 구심점

성막 위에는 여호와의 구름이 늘 머물러 있었고, 밤에는 불기둥이 구름 가운데 있었다. 구름이 떠오르면 이스라엘 자손도 이동하기 시작했고, 구름이 머무르면 그들도 머물렀다. 이처럼 성막은 하나님이 이스라엘 가운데 임재하시는 거룩한 장막으로서 이스라엘 백성들이 광야 생활을 하는데 있어서 중심이었다.

광야를 행진할 때도 이스라엘 백성들은 성막을 중심으로 이동하였다. 성막을 중심으로 해서 동쪽은 유다 지파를 포함하여 세 개의 지파가, 남쪽에는 르우벤 지파를 포함하여 세 개 지파가, 서쪽에는 에브라임 지파를 포함하여 세 개 지파가, 북쪽에는 단 지파를 포함하여 세 개의 지파가 대오를 형성하여 이동하고 정착하였다. 이렇듯 광야의 여정 가운데 성막은 이스라엘의 구심점 역할을 수행하였다.

성막은 단순히 물리적인 구심점에 국한하지 않고, 영적인 측면에서도 그 중요성은 절대적이라고 해도 과언은 아니었다. 성막의 가장 중요한 기능은 하나님에게 제사를 드리는 것이다. 제사 즉 예배는 일반적으로 창조주요, 구속자 되신 하나님의 주권과 구원의 은혜에 감사하며 드리는 인간의 반응으로 정의한다. 그런 의미에서 성막은 출애굽을 경험한 이스라엘이 하나님에게 은혜에 보답하기 위해 자발적으로 세웠을 것이고, 그곳에서 제사로 반응했을 것이라고 추측할 수 있다. 하지만 그렇지 않다.

출애굽기는 출애굽 사건, 광야의 여정, 시내산 언약 체결, 성막 건립의 순서로 기록되어 있다. 출애굽기의 하나님은 초월적으로 존재하지 않고 자기 백성의 울부짖음을 듣고 역사 속으로 구체적으로 들어오셔서 행동하시는 분이시다. 출애굽을 이루신 분도 하나님이시고, 그들을 광야 가운데 인도하신 분도 하나님이시고, 시내산에 도착하여 이스라엘과 언약을 주도하시는 분도 하나님이시다.

더 나아가 성막도 하나님이 먼저 모세에게 지을 것을 명령하셨다. 이는 성막 건립과 이를 통한 제사는 하나님의 구원과 인도하심, 택하심의 은혜에 대한 이스라엘의 감사의 반응일 것이라는 우리의 생각을 뒤집어 놓는다. 성막을 통해 드리는 예배 역시도 하나님의 선행적인 은총이 있음을 알 수 있고, 우리의 인격적인 반응 역시도 하나님의 부르심을 전제한다는 사실 앞에 겸비함으로 엎드릴 수밖에 없다.

하나님의 은혜와 사랑은 하늘을 두루마리 삼고 바다를 먹물 삼아도 측량할 수 없다는 찬송가의 고백처럼 성막을 알면 알수록, 묵상하면 할수록 하나님의 사랑의 깊이에 무릎 꿇을 수밖에 없다. 왜 하나님이 선행적으로 모세에게 성막을 만들라고 명령했는지를 보면, 우리는 이 사실을 다시 한 번 체험하게 된다.

출애굽한 이스라엘은 삼 개월간의 광야 여정 후에 시내산에 도착한다. 그곳에서 하나님은 이스라엘과 언약을 체결한다. 이 시내산 언약을 쌍무계약이라고 하는데, 이는 계약을 맺은 각각의 대상이 쌍방 간 의무를 수행해야 성립되고 유지되는 계약을 의미한다.

여호와 하나님은 이스라엘을 향해 출애굽기 19:5에 "너희들은 너의 소유다"라고 하신다. 언약의 한 당사자인 하나님은 자기의 소유된 백성에 대해 하나님 노릇해 줄 의무가 있다. 종살이하던 애굽에서 구원하시고, 광야가운데서도 살아갈 수 있도록 보호하셨고, 언약의 하나님으로서 끝까지 이스라엘을 책임지시는 의무를 감당해야 한다. 반면에 다른 한편의 언약의 당사자인 이스라엘은 십계명을 비롯한 율법을 잘 지켜 제사장 나라와 거룩한 백성으로 구별되어야 한다. 하나님은 본질상 신실하신 분이기에 이 계약을 어긴 경우는 없다. 그 자체가 불가능하다.

결국, 시내산 언약은 이스라엘이 이 계약을 잘 지키느냐에 달려 있다. 문제는 이스라엘이 계약 유지를 위한 율법을 온전하게 지킬 수 없다는데 있다. 개인적으로나, 공동체적으로 부분적으로는 가능하나 온전히 지키기에는 역부족이다. 만일 율법을 어겼을 경우에 쌍무 계약의 특성상 여호와는 이스라엘에게 하나님 노릇을 해 줄 수가 없다. 더 나아가 거룩한 백성으로 부르심을 받은 이스라엘이 부정한 상태로 하나님의 심판 앞에 노출될 수밖에 없다.

이는 자칫 하나님이 인간의 형편을 알지 못하는 몰상식한 신으로, 인간에게 할 수 없는 것을 강요하는 무자비한 신으로 오해받을 수 있는 딜레마에 빠지게 한다. 그러나 하나님은 이스라엘이 율법을 어길 때 무자비하게 그들에게 벌을 내리는 분이 아니다. 하나님은 언약을 체결하시기 전에 이미 깨어진 언약 관계를 회복할 수 있는 장치를 마련하셨다.

그것이 바로 성막이다. 다시 말하면, 성막을 통한 제사이다. 출애굽기는 19장의 언약 내용과 20장의 십계명(20장) 그리고 21-23장의 율법 수여, 24장의 언약 체결식 이후 25장부터 성막에 대한 규례를 직접 모세에게 명령하시고, 그 규례를 따라 성막을 짓는 내용이 40장까지 이어진다. 분량 면에서도 성막이 차지하는 대목은 압도적이다. 또한, 하나님이 명령하신 부분과 실제로 성막을 건축하는 대목이 상당 부분 겹친다. 이는 하나님이 얼마나 성막에 비중을 두고 있는지를 단적으로 보여 준다.

그러므로 성막은 이스라엘의 영적인 구심점이다. 성막은 생명을 회복하는 구원의 자리요, 깨어진 언약을 갱신하는 회복의 자리요, 하나님의 선행적인 은총을 확인하는 자리요, 하나님의 무한한 사랑과 자비를 경험하는 자리다. 이처럼 성막은 예배에 있어서 가치와 의미에 있어 보물과도 같다.

### 3) 성막은 회중 예배의 시작

출애굽 이전, 노아부터 아브라함을 거쳐 창세기 족장들의 예배 형태는 제단 중심의 예배로, 개인적으로 혹은 가족적인 범위 내에서 드려진 예배였다. 하지만 성막 예배는 개인 제사와 더불어 공동체가 집단으로 드리는 회중 예배의 성격을 갖추기 시작했다. 특히, 유월절, 칠칠절, 초막절과 같은 절기에는 온 이스라엘이 모여 제의를 드렸고, 회중들에게 있어서는 자연스럽게 축제(feast)의 장이 되었다. 성막이 공동체로 드리는 예배의 시작이라는 점은 예배의 스펙트럼의 확장에 있어서도 중요하다.

에덴의 예배는 하나님과 인간 사이의 벽이 없는 온전한 사귐이었다. 하지만, 이것이 무너진 데는 선악과 사건이 자리 잡고 있다. 이 때문에 죄가 들어오게 되었고, 하나님과의 단절은 물론 인간 사이의 단절로 이어지게 되었다. 모든 관계와 그로 인한 교제가 끊어지게 하는 죄의 중심에 바로 이기주의가 자리 잡고 있다. 따라서 이기주의는 하나님과의 만남과 사귐인 예배에 있어서도 심각한 악영향을 미친다. 하나님을 예배하면서 하나님 중심이 아닌 자기중심, 자기만족의 예배를 드린다. 이는 예배의 목적이 되어야 할 하나님이 인간의 이기적인 만족을 채우기 위한 수단으로 전락하는 예배 타락이다.

출애굽기 32장에 모세가 시내산에 올라가서 40주야를 머문다. 그가 내려오는 것이 늦어지자 이스라엘 백성이 아론을 협박하기 시작한다. 그 때 아론이 금송아지를 만들고 나서 그것을 가리켜 출애굽 하게 한 너희의 신이라고 말한다.

> 백성이 모세가 산에서 내려옴이 더딤을 보고 모여 백성이 아론에게 이르러 말하되 일어나라 우리를 위하여 우리를 인도할 신을 만들라 이 모세 곧 우리를 애굽 땅에서 인도하여 낸 사람은 어찌 되었는지 알지 못함이니라(출 32:1).

> 아론이 그들의 손에서 금 고리를 받아 부어서 조각칼로 새겨 송아지 형상을 만드니 그들이 말하되 이스라엘아 이는 너희를 애굽 땅에서 인도하여 낸 너희의 신이로다 하는지라(출 32:4).

이들은 다른 우상을 만들지 않았다. 그들이 만든 금송아지는 바로 야훼 하나님이었다. 광대하신 하나님, 측량할 수 없는 하나님을 금송아지라는 틀로 제한해 버린 것이다. 다시 말하면, 하나님을 그들이 원하는 식으로 만들어 버렸다. 예배는 하나님을 절대자로 섬기기에 자기 뜻을 그분의 뜻 앞에 상대화시키는 자기 부인의 정신이 살아 있어야 한다.

또한, 무엇보다 하나님이 목적 자체요, 예배자는 그 목적을 위한 수단으로 서 있어야 한다. 하지만 이기주의는 이 구도를 뒤엎는다. 내가 원하는 어떤 것을 얻기 위해 하나님의 뜻을 상대화시키고, 하나님을 목적이 아닌 하나의 수단으로 여긴다. 이기주의는 하나님을 우상으로 섬기는 또 다른 우상숭배의 전형이다.

성막은 이스라엘이 절기를 통해 공동체로 하나님을 예배하는 장소다. 그 장소에 모인 회중이 바로 광야의 교회라고 했던 스데반의 설교(행 7:37)는 성막이 오늘날 공동체로 드리는 회중 예배의 모형인 셈이다. 하나님은 성막을 통해 이스라엘이 공동체로 하나님에게 예배함으로 죄의 원흉인 이기주의의 망령을 끊고, 관계의 단절로부터 회복하기를 원하셨던 것이다.

그러므로 공동체로 모여 주일에 드리는 회중 예배를 대수롭게 생각해서는 안 된다. 성막을 통한 회중 예배의 모습은 신약 시대의 예배자들이 기억하고 지켜야 할 중요한 예배 정신이다.

### 4) 성막은 이동이 가능하다

출애굽기 25장부터 성막 건립 규례를 자세하게 소개한다. 성막 공사에 소요된 총 경비는 오늘날로 계산하면, 약 150억 원이 들어간다고 한다. 성막은 고정되어 있지 않고, 언제든지 이동 가능하다는 특징을 갖고 있다. 성전은 예루살렘이라는 장소에 세워졌지만, 성막은 광야 생활 때 만들어진 것이므로 하나님의 영광의 구름이 이동하는 대로 성막은 다시 분해하고, 설치되는 일을 반복하였다.

그렇다면 성막은 성전으로 이어지는 중단 단계에 해당하는 것인가?
혹은 성전이 완성되기까지 임시 장막에 불과한 것인가?
성전과 성막의 이 차이점은 우리에게 무엇을 말하는가?

성전은 하나님이 지정한 한 장소 곧, 예루살렘에 화려하게 세워졌다. 하지만 그 성전은 결국은 돌 위에 돌 하나도 남지 않고 파괴되었다.
왜 파괴되었는가?
분명히 성전은 하나님이 명령해서 만들어졌고, 하나님이 거하시는 임재의 장소였는데 말이다. 여기에는 이스라엘이 결정적으로 오해한 것이 있었다. 그것은 하나님이 성전에만 있는 것으로 생각하였다. 그래서 성전에서는 하나님에게 예배하고 찬양하고 기도했지만, 성전 밖에서는 자기 뜻대로 살았다. 역설적이게도 이스라엘은 성전을 너무 절대시 한 결과 하나님을 성전에 가두는 오류를 범한 것이다. 하나님이 성전에 계셨지만, 성전에만 있는 것은 아니다.
반면에 성막은 성전에 비하면 아주 초라했으며, 한 곳에 머물지 않고 늘 옮겨 다녀야 했다. 하나님의 영광을 좇아 어떤 때는 해체되기도 하고, 다시 조립되기도 하였다. 오직 하나님이 머무는 곳에 성막을 세웠고, 하나님의 영광이 떠나시면 성막도 떠났다. 성막은 예배자들에게 성전의 화려함을 보는 대신에 하나님의 임재하심이, 하나님의 영광이 어디에 있는지 민감하게 바라보고 따라가야 할 것을 도전한다.

> 서로 불러 이르되 거룩하다 거룩하다 거룩하다 만군의 여호와여 그의 영광이 온 땅에 충만하도다 하더라. 이같이 화답하는 자의 소리로 말미암아 문지방의 터가 요동하며 성전에 연기가 충만한지라(사 6:3-4).

이사야는 하나님의 영광을 성전에서 보았고, 성전에서 그분의 임재를 충만하게 체험하였다. 그러나 성전에서 본 하나님의 영광은 성전을 넘어서서 온 땅에 충만하였다.

이것이 예배자가 보아야 할 비전이 아닌가!

예배자는 성전에서 하나님의 영광을 보되, 그 영광이 어디에 있는가를 보고 그곳에 계신 하나님을 그 자리에서 의식하며 사는 것이다.

여러분은 어떠한가?

TV 광고 중에 이런 멘트가 기억난다. 직장에서는 매너 있는 김 과장이지만 가정에서는 화만 내는 남편, 친구에게는 인기 만점인 스타이지만 가정에서는 문제 덩어리인 아들, 밖에서는 천사처럼 봉사 활동하는 봉사자이지만 가정에서는 게으르고, 짜증만 내는 아내요 엄마!

예배하며 바라본 하나님의 영광이 어디에 머물러 있는가?

예배하는 성전에 하나님의 영광이 보인다면, 그는 교회에서 충성할 것이다. 눈을 들어 가정에 하나님의 영광이 보인다면, 가정에서도 하나님을 의식하며 신실할 것이다. 더 멀리 직장에 하나님의 영광이 보인다면, 그곳에서도 성실하고 정직할 것이다.

어떤 사람은 온 세상 가운데서 여호와의 영광이 충만함을 본다. 그는 하나님의 나라의 꿈을 꾸고, 인류 구원의 환상을 보고, 삶의 현장에서 하나님의 복의 통로로, 하나님의 살아계심을 드러낼 것이다.

성막이 예배자들에게 도전하는 것은 바로 이것이다. 성전에서 하나님의 영광과 임재를 경험하되, 성전에만 가두는 사람이 아니라 온 세상에 충만해 있음을 보라고 말이다. 성막처럼 하나님의 임재가 있는 곳이면, 하나님의 영광이 머무르는 곳이면 언제든지, 어디든지 이동할 수 있고, 그곳에서 하나님을 선포하라고 말이다.

> 부르신 곳에서 나는 예배하네
> 어떤 상황에도 나는 예배하네

내가 걸어갈 때 길이 되고 살아갈 때 삶이되는 그곳에서
나는 예배하네

## 2. 성막의 구조와 기능

세상에 존재하는 모든 것들은 내용과 형식이라는 구조로 이루어져 있다. 심지어 인간도 영(내용)과 육(형식)으로 구분되어 있다. 예배도 마찬가지다. 모든 예배는 일정한 순서(형식)가 있다. 그 순서에는 각각 의미를 담고 있다. 내용은 가변성이 있으나 본질적일수록 변하지 않는다. 하지만, 형식은 시대와 장소, 즉 문화와 환경에 따라 달라진다.

성막도 마찬가지이다. 성막은 구약의 광야 시대에 예배하는 제도이다. 거기에는 각종 기구들, 규례들과 같은 형식이 존재하고, 그 형식이 담고 있는 의미(내용)가 존재한다. 우리가 성막을 상고하는 것은 그 형식을 지금 시대에 그대로 적용하자는 것이 아니다. 그 형식이 담고 있는 의미가 무엇인지를 찾아내 시대와 장소, 문화적 환경에 따라서 그 내용을 가장 잘 실현할 수 있는 형식을 세워가는 것이다. 그리고 그 본질적인 예배의 가치와 의미 가운데 현대에 잃어버린 것이 있다면 다시 회복하여 참된 예배를 드리는데 목적이 있다.

성막은 세 개의 구조 즉, 성막 뜰과 성소와 지성소로 이루어져 있다.[3]

**첫 번째**, 출입문을 열면 뜰이 나온다.

이 뜰에는 번제단과 물두멍이 있으며 이곳에서 다섯 가지의 제사(번제, 소제, 화목제, 속죄제, 속건제)를 네 가지 방법(화제, 요제, 거제, 전제)으로 드리며, 여기에는 제사를 드리는 헌제자, 제사를 집례하는 제사장, 제사장을

---

3   김진호, 위의 책, 32-38.

돕는 레위인이 있다.

**두 번째**, 뜰에 있는 물두명을 통과하면 성소가 나온다.

성소에는 진설병상, 등대, 분향단이 있으며, 제사장이 들어가서 봉사를 한다. 성소의 분향단 앞에는 휘장이 있다.

**세 번째**, 휘장을 열면 지성소가 있으며, 여기에는 속죄소, 그룹, 언약궤가 있으며, 대제사장은 일 년에 단 한 번, 대속죄일에 들어간다.

본 장에서는 성막 뜰에 있는 번제단과 물두명이 어떤 기능을 갖고 있는지, 그 기구들에 나타난 예배의 정신 혹은 가치들이 무엇인지 상고해 보고자 한다.

### 1) 번제단

'제단'이란 제물을 올려놓은 곳을 말한다. 우리가 예배를 드릴 때, '제단을 쌓는다'라는 표현을 사용하는데, 좋은 표현이다. 하지만, 그 의미를 분명하게 알고 사용해야 한다. 그것은 예배드리는 나 자신을 제물로 제단 위에 올려놓는다는 말이다. 그 제단을 일컬어 '번제단'[4]이라고 한다. 번제(燔祭)는 제물을 불에 태워서 드리는 제사다. 그러므로 번제단에 올린 제물은 불에 태워서 흔적도 없이 사라지고, 향기로운 냄새만 남아 하나님에게 올라간다. 번제란 히브리어로 '올라'인데, 번제의 의미를 우리말로 쉽게 이해하는 언어적 우연의 일치이다.

번제단에서는 소와 양과 염소와 같은 짐승을 바친다. 짐승을 잡아 죽이고, 각을 뜨고, 불에 태우는 일명 '화제'라는 방법으로 일련의 과정을 거친다. 제물을 바치는 사정은 다르겠으나 그 제물은 바치는 사람과 동일시되거나 속죄의 경우 자신의 죄가 짐승에게 전가가 된다.

---

[4] 이와 관련한 자세한 설명은 정중호, 『레위기: 만남과 나눔의 장』(한들출판사: 1999, 10), 45-46을 참조하라.

이전 교회에서 섬길 때 고난 주간 특별 행사로 성막을 실제 크기의 5분의 1로 축소한 것을 대여해 주차장에 설치하고, 성막 체험 교육을 한 적이 있다. 유월절 식사도 실제로 거행하면서 유월절을 완성하신 예수 그리스도의 수난의 의미를 되새기는 시간을 가졌다. 그 행사의 절정은 양을 잡아 번제단에 태우는 의식이었다.

인상적이었던 것은 어린양을 잡기 전에 참여한 성도들이 안수하는 순서였다. 노을이 지는 저녁 시간에 고요한 음악이 연주되고 침묵만이 흐르는 엄숙한 순간, 성도들은 일렬로 줄을 길게 서서 차례를 따라 양에게 자신의 죄를 전가하는 안수하기 시작했다. 성도들은 눈물을 훔치기 시작하였고, 눈물은 통곡으로 바뀌었고, 시간은 점점 지체되기 시작했다. 이런 반응을 전혀 예상하지 못하고 있었던 찰나 더 충격적인 일이 잠시 후 기다리고 있었다. 성도들 십여 명이 안수하고 지나가자 갑자기 어린양이 다리에 힘이 풀려 쓰러지더니 소변과 대변을 배출하는 것이었다. 모두 충격을 받았다.

얼마나 스트레스를 받았으면 이 짐승이 이런 행동을 할까!

우리의 죄 짐을 다 지신 예수님의 십자가의 무게가 어느 정도였는지를 실감할 수 있는 생생한 현장이었다.

실제로 그 양을 잡아 피를 받고, 번제단에 태우기 전에 각을 뜨는 일은 경험이 없는 교역자들은 할 수가 없어 장로님 한 분이 그 일을 담당했다. 그리고 실제로 그 어린양이 태워지면서 뿜어낸 향기를 지금도 잊을 수 없다. 말 그대로 향기로운 냄새였다. 며칠 후 이 일을 총괄했던 나에게 장로님이 찾아와서 고백하기를, 그 양을 잡아 각을 뜨고 번제단에 태우는 일을 하고는 며칠 동안 잠을 자지 못했다는 것이다.

이 사건이 계기가 되었는지는 모르나 그 장로님은 몇 년 후 은퇴를 하고 노년에 중국 선교사로 교회에서 파송되어 평신도 선교사로 사역을 하면서 다시 한 번 모두를 놀라게 하였다. 실제로 그 일을 경험한 당사자뿐만 아니라 함께 참여한 성도들이 적지 않은 충격을 받았고, 그 사건이 예수 그리스도께서 유월절 어린양이 되셔서 십자가에 달리심으로 연결되는 순간,

함께 <갈보리> 찬양을 부를 때 북받쳐 오르는 감정을 주체할 수가 없었다.

> 번제단은 예배자인 자신이 제물이 되어 흔적도 없이 오직 주님이 받으실 향기로운 냄새로만 남아 올라간다는 예배자의 자세를 깨우친다. 자신을 끊임없이 쳐서 복종하게 한 바울의 고백이 깊이 다가온다(고전 9:27).
>
> 그러므로 내가 하나님의 자비하심으로 너희를 권하노니 너희 몸을 하나님이 기뻐하시는 거룩한 산 제물로 드리라 이는 너희가 드릴 영적예배니라(롬 12:1).

번제단은 내가 올라가야 할 제단에 예수님이 대신 올려졌고, 그 희생으로 속죄와 새 생명의 은총을 얻게 되었음과 또한 번제단에 올려진 예수 그리스도는 하나님 받으실 가장 향기로운 냄새이기에 우리가 하나님이 받으실 향기로운 예배가 되는 것은 오직 예수를 힘입어 드리는 것임을 알게 한다.

### 2) 물두멍

물두멍은 청동으로 만든 커다란 대야이며, 성전이 건축된 후에는 '바다'로 지칭되어 용도에 따라 여러 개가 있었다. 성막에서의 물두멍은 그곳에 담겨 있는 물에 손을 씻는 일종의 정결 예식을 행하는 기구이다. 정결 예식은 하나님 앞에서 의식을 시작하기 전에 먼저 손과 발을 씻으므로 준비하는 예식으로, 제사장이 성소에 들어가기 위해 물두멍에서 손을 깨끗하게 씻으므로 스스로를 정결하게 하는 것이다.

이 물두멍은 예배자가 하나님을 만나기 위해 죄와 허물과 연약함을 다 씻어 내는 과정이다. 하나님은 거룩하신 분이기에 부정한 모습으로는 만날 수가 없기 때문이다.

하지만 우리 스스로 아무리 씻어낸들 어느 누가 하나님 앞에 설 수 있겠는가?

이를 위해 대제사장이신 예수께서 단번에 영원한 효력을 가진 피로 씻어 우리로 성소를 향해 발걸음을 내딛게 하셨다.

> 그리스도께서는 장래 좋은 일의 대제사장으로 오사 손으로 짓지 아니한 것 곧 이 창조에 속하지 아니한 더 크고 온전한 장막으로 말미암아 염소와 송아지의 피로 하지 아니하고 오직 자기의 피로 영원한 속죄를 이루사 단번에 성소에 들어가셨느니라. 염소와 황소의 피와 및 암송아지의 재를 부정한 자에게 뿌려 그 육체를 정결하게 하여 거룩하게 하거든 하물며 영원하신 성령으로 말미암아 흠 없는 자기를 하나님께 드린 그리스도의 피가 어찌 너희 양심을 죽은 행실에서 깨끗하게 하고 살아 계신 하나님을 섬기게 하지 못하겠느냐 (히 9:11-14).

사도 바울은 이렇게 말한다.

우리는 본질상 죄인이다. 하지만 동시에 우리는 의인이다.

왜 우리가 의인인가?

죄인 된 모습은 그대로인데, 예수 그리스도로 말미암아 우리가 의의 옷을 입었기 때문이다. 하나님은 우리의 죄를 보시는 것이 아니라 그리스도로 말미암는 의의 옷을 보시기에 우리는 담대하게 성소를 향해 나아갈 수 있다.

얼마나 놀라운 일인가!

> 너희가 다 믿음으로 말미암아 그리스도 예수 안에서 하나님의 아들이 되었으니 누구든지 그리스도와 합하기 위하여 세례를 받은 자는 그리스도로 옷 입었느니라(갈 3:26-27).

목사가 예배를 집례 할 때에 가운을 입는다. 그 의미도 이와 무관하지 않다.

내가 하나님 앞에 나갈 수 없고, 감히 하나님의 말씀을 대언할 수 없는 죄인이지만, 주님의 보혈로 인해 주신 의의 옷을 입고 나아갑니다. 내 안에 더러운 죄와 허물을 예수님이 흘리므로 씻어 주신 의의 옷으로 가렸나이다.

이런 고백이 담겨 있다. 이와 같이 물두멍은 예배자가 하나님에게로 나아가기 위해 정결해야 하며, 우리의 죄와 부정한 모든 것을 씻기 위해 흘리신 예수님의 피를 힘입어 나아갈 수 있음을 보여 준다.

성막 뜰에 있는 번제단과 물두멍은 예배의 기초가 예수 그리스도로 귀결된다는 것이다. 예배는 나를 대신해서 제물 되시고, 하나님이 받으실 가장 향기로운 냄새이신 예수 그리스도를 힘입고 나아가는 것이며, 우리의 모든 죄와 부정한 것을 씻어 하나님에게 나아가는 것도 오직 예수 흘리신 피밖에 없음을 보여 준다.

## 3. 요약

(1) 성막은 제사를 통해, 말씀을 통해 하나님을 만나는 예배 정신을 담고 있다.
(2) 성막은 예배가 깨어진 언약을 갱신하는 회복의 자리요, 하나님의 선행적 은총과 무한한 긍휼을 경험하는 영적인 구심점임을 일깨워 준다.
(3) 성막은 예배가 이기적인 망령을 끊고, 모든 관계의 단절로부터 공동체 정신을 회복하는 자리임을 보여 준다.
(4) 성막의 이동성은 온 땅에 충만한 하나님의 영광을 보고, 그곳에서 하나님을 선포하고, 하나님을 의식하는 예배자의 삶을 도전한다.
(5) 성막을 통해 예배는 나를 대신해서 제물 되시고, 하나님이 받으실 향기로운 냄새이신 예수 그리스도와(번제단), 그분의 흘리신 보혈(물두멍)을 힘입어 나아가는 것이다.

## 제5장

# 성소

물두멍을 지나 성소로 들어간다. 그런데 '성소'는 일반 백성들은 들어갈 수가 없고, 오직 제사장들만 들어간다.

그렇다면 이 성소가 우리와 무슨 상관이 있는가?

신약성경은 예수를 믿는 모두를 "왕 같은 제사장"이라고 칭한다. 제사장인 우리가 성소에 관심을 갖고 알아야 할 근거는 충분하다.

> 그러나 너희는 택하신 족속이요 왕 같은 제사장들이요 거룩한 나라요 그의 소유가 된 백성이니 이는 너희를 어두운 데서 불러내어 그의 기이한 빛에 들어가게 하신 이의 아름다운 덕을 선포하게 하려 하심이라 (벧전 2:9).

성소에 가면 세 가지 기구가 있다.

**첫째**, 진설병이라고 하는 떡을 진열한 상이다.
**둘째**, 일곱 개의 등을 가진 등잔대다.
**셋째**, 향을 피우는 분향단이다.

## 1. 떡 상

떡 상에는 이스라엘의 12지파를 상징하는 12개의 진설병이 있다. '진설병'이란 말은 차려놓은 떡을 의미한다. 레위기에 의하면 이 떡은 매 안식일마다 따뜻한 것으로 차려 놓아야 하고, 물려낸 떡은 지성물로서 아론과 그 아들들의 몫으로 돌려야 한다.

> 안식일마다 이 떡을 여호와 앞에 항상 진설할지니 이는 이스라엘 자손을 위한 것이요 영원한 언약이니라. 이 떡은 아론과 그의 자손에게 돌리고 그들은 그것을 거룩한 곳에서 먹을지니 이는 여호와의 화제 중 그에게 돌리는 것으로서 지극히 거룩함이니라 이는 영원한 규례니라(레 24:8-9).

성소에 '떡 상'을 항상 차려놓으라는 말은 어떤 의미일까?
이스라엘이 광야 생활에서 계속 이동해야 했기에 떡을 구한다는 것은 쉽지 않았다. 그런데도 이 규례를 명령하신 것은 하나님이 떡을 공급해 주시겠다는 약속이 담겨 있다. 성소의 진설병을 통해 하나님은 말씀하신다.

> 진설병을 보면서 깨달아라. 이것은 내가 너를 책임진다는 보이는 표식이다. 그러므로 너는 두려워하지 말고 놀라지 말라. 나는 너희 하나님이다.

광야의 여정 속에서 이 약속을 매일 신실하게 지키는 표징이 바로 만나이다. 또한, 이 약속은 단순히 육신적인 배고픔을 해결하는 것만이 아니다.

> 너를 낮추시며 너를 주리게 하시며 또 너도 알지 못하며 네 조상들도 알지 못하던 만나를 네게 먹이신 것은 사람이 떡으로만 사는 것이 아니요 여호와의 입에서 나오는 모든 말씀으로 사는 줄을 네가 알게 하려 하심이니라(신 8:3).

이 진설병은 하나님이 우리의 삶을 책임지신다는 약속과 함께 인간은 떡으로만 살 수 있는 존재가 아니라 하나님의 말씀을 먹어야 산다는 것을 알려 준다.

요한복음 6장에 보면 오천 명이나 되는 무리가 예수님에게 몰려와 말씀을 듣는다. 그들은 거의 광야 생활을 하는 이스라엘 백성과 같은 처지이다. 이 빈들에서 그들에게는 먹을 것이 없다. 주님은 어린 소년이 가져온 보리떡 다섯 개와 물고기 두 마리로 오천 명을 먹이시는 기적을 베푸신다. 광야 생활 하던 이스라엘 백성들에게 만나를 주신 기적을 재현하셨다. 이 기적을 체험한 이들이 예수님을 왕으로 삼고자 할 때, 예수님은 슬그머니 자리를 피하신다. 얼마 후 예수님이 계신 강 건너편까지 쫓아온 그들을 향해 주님은 이렇게 말씀하신다.

> 예수께서 대답하여 이르시되 내가 진실로 진실로 너희에게 이르노니 너희가 나를 찾는 것은 표적을 본 까닭이 아니요 떡을 먹고 배부른 까닭이로다. 썩을 양식을 위하여 일하지 말고 영생하도록 있는 양식을 위하여 하라 이 양식은 인자가 너희에게 주리니 인자는 아버지 하나님이 인치신 자니라(요 6:27-28).

성소의 진설병이 가리키는 것이 바로 예수님이 말씀하신 영생하도록 하는 양식이다. 성소는 지성소에 계신 하나님에게 나아가는 또 하나의 과정이다. 그것은 우리의 삶의 모든 순간이 하나님이 임재하신 지성소라면, 그곳에서 하나님을 만나고 교통하기 위해 매일 생명의 양식인 '말씀'을 먹어야 한다.

## 2. 능산내와 빛

떡 상의 건너편에는 등잔대가 놓여 있다. 이 등잔은 총 일곱 개의 가지로 되어 있는데, 가운데 있는 등대를 중심으로 양쪽 세 개씩 여섯 개가 있다.

등잔이 필요한 이유는 무엇인가?

성소는 창문이 없어 외부와 단절되어 있기에 채광이 되지 않는다. 이 성소를 밝힐 수 있는 유일한 도구는 바로 '등잔'뿐이다. 그래서 하나님은 이 등잔불을 계속해서 켜 둘 것을 명령하셨다. 제사장들은 항상 유념하면서 이 등잔불이 꺼지지 않도록 관리를 해야만 했다.

이 등잔이 예표 하는 것은 무엇일까?

등잔의 핵심적인 역할은 '빛'이다. 빛은 어두움을 밝힌다. 등잔대의 빛은 성소의 들어오는 입구를 밝히고, 진설병을 밝히고, 분향단을 밝히고, 지성소로 들어가는 입구를 밝혀준다.

요한복음 1장은 예수님을 빛이라고 선포한다.

> 그 안에 생명이 있었으니 이 생명은 사람들의 빛이라(요 1:4).

> 참 빛 곧 세상에 와서 각 사람에게 비추는 빛이 있었나니(요 1:9).

이와 같이 어두운 성소를 비추는 등잔대는 어두운 세상을 밝히는 빛이신 예수님을 예표한다. 또한, 마태복음 5장은 예수님을 따르는 교회를 향해 '빛'이라고 한다.

> 너희는 세상의 빛이라 산 위에 있는 동네가 숨겨지지 못할 것이요 사람이 등불을 켜서 말 아래에 두지 아니하고 등경 위에 두나니 이러므로 집 안 모든 사람에게 비치느니라(마 5:14-15).

예수님도 빛이고, 교회도 빛이다. 그런데 빛이신 예수님과 빛인 교회와는 분명한 차이가 있다. 마치 태양과 달로 비유할 수 있다. 태양은 빛을 뿜어낸다. 하지만 달은 그 자체로는 빛을 뿜어내지 못하고, 태양으로부터 받은 빛을 반사한다. 마찬가지다. 빛을 뿜어내는 유일한 분은 참 빛이신 예수 그리스도이시다. 교회는 참 빛이신 예수님으로부터 받은 빛을 반사하는 것이다. 교회가 어두운 세상을 향해 빛을 비추려면, 예수님으로부터 오는 빛을 받아야 한다.

출애굽기 34장에 모세가 시내산에 하나님과 함께 대화하면서 그의 영광의 충만함 가운데 머물러 있다가 산 아래로 내려온다. 그의 얼굴에 빛나는 광채 때문에 사람들은 모세를 쳐다 볼 수 없어서 얼굴을 수건으로 가려야만 했다.

> 모세가 그 증거의 두 판을 모세의 손에 들고 시내산에서 내려오니 그 산에서 내려올 때에 모세는 자기가 여호와와 말하였음으로 말미암아 얼굴 피부에 광채가 나나 깨닫지 못하였더라. 아론과 온 이스라엘 자손이 모세를 볼 때에 모세의 얼굴 피부에 광채가 남을 보고 그에게 가까이 하기를 두려워하더니(출 34:29-30).

> 모세가 그들에게 말하기를 마치고 수건으로 자기 얼굴을 가렸더라(출 34:33).

우리는 스스로 빛을 낼 수 없다. 어두운 곳을 밝혀야 하고, 부정한 곳을 빛으로 드러내야 하지만, 우리의 노력과 힘으로는 불가능하다. 참 빛이신 예수님을 바라보고, 그분에게 머물러 있는 것이 왜 중요한지를 단적으로 보여준다. 참 빛이신 예수님에게 나아갈수록, 그분과 동행할수록, 그분께 머물러 있을수록 우리는 세상의 빛으로, 어두운 땅의 소망의 빛으로 설 수 있다.

## 3. 등잔대와 기름

등잔을 밝히기 위해 기름이 필요하다. 등잔대의 불을 환하게 밝히기 위해 하나님은 순결한 기름, 잘 정제된 기름을 사용하라고 말씀하신다.

> 이스라엘 자손에게 명령하여 불을 켜기 위하여 감람을 찧어낸 순결한 기름을 네게로 가져오게 하여 계속해서 등잔불을 켜 둘지며(레 24:2).

순결한 기름을 위한 재료는 "감람을 찧어낸 순결한 기름" 즉, 감람나무의 열매다. 올리브라고 하는 감람나무는 이스라엘 지역에서 많이 볼 수 있는 대표적인 식물이다. 하나님은 성소를 밝히기 위해 저 멀리 아라비아나 페르시아의 비싸고 귀한 기름이 아니라 이스라엘에서 가장 흔하게 볼 수 있는 감람나무의 열매에서 나오는 기름을 사용하라고 하신다. 평범하고 흔한 기름이지만, 분명한 조건이 있다. 그것은 순결해야 한다.

> 큰 집에는 금 그릇과 은 그릇 뿐 아니라 나무 그릇과 질그릇도 있어 귀하게 쓰는 것도 있고 천하게 쓰는 것도 있나니 그러므로 누구든지 이런 것에서 자기를 깨끗하게 하면 귀히 쓰는 그릇이 되어 거룩하고 주인의 쓰심에 합당하며 모든 선한 일에 준비함이 되리라 (딤후 2:20-21).

하나님이 쓰시는 기준은 그 그릇이 금으로 만들었느냐, 은으로 만들었느냐 아니면 그것이 나무냐, 흙으로 만들었느냐 재료가 중요하지 않다. 깨끗한 그릇이다. 세상의 평가는 어떨지 모르나 하나님으로부터 받은 빛을 세상을 향해 비추기 위해 순결한 사람을 사용하심을 기억해야 한다.

> 여호와의 산에 오를 자가 누구며 그의 거룩한 곳에 설 자가 누구인가 곧 손이 깨끗하며 마음이 청결하며 뜻을 허탄한 데에 두지 아니하며 거짓 맹세하지 아니하는 자로다 (시 24:3-4).

## 4. 등잔대와 성령

등잔대를 밝히기 위해 순결한 기름을 등잔에 부어야 한다. '기름을 붓는다.' 우리에게 상당히 익숙한 표현이다.

성령의 기름 부으심이다!

그러므로 기름은 '성령'을 상징한다. 성령의 기름부음은 '성령 충만'이다. 순결한 기름이 끊이지 않게 부어질 때, 성소는 밝아져 진설병을 밝히고, 분향단을 밝히는 것처럼 성령이 충만할 때, 진설병이 상징하는 말씀이 더 밝히 드러나고, 성령이 충만할 때, 분향단이 상징하는 기도의 능력이 일어난다.

> 하나님이 나사렛 예수에게 성령과 능력을 기름 붓 듯 하셨으매 저가 두루 다니시며 착한 일을 행하시고 마귀에게 눌린 모든 자를 고치셨으니 이는 하나님이 함께 하셨음이라(행 10:38).

예수님이 착한 일을 행하시는 비결이 무엇인가?

바로 성령의 기름 부으심이다. 예수님이 귀신을 쫓아내고, 병을 치유하는 능력이 어디에서 오는가?

성령의 기름 부으심이다. 성소의 등대는 예배 가운데 하나님의 임재로 나아가도록 인도한다. 그렇다면, 예배에 있어서 성령의 기름 부으심의 중요성은 아무리 강조해도 지나치지 않다. 특히, 예배를 중보 할 때, 성령의 기름 부으심을 위해 기도해야 한다.

더 나아가 우리의 삶의 현장에서 착한 행실이 어떻게 가능한가?

예수님처럼 성령의 기름 부으심으로만 착한 행실이 가능하고 마귀를 제압할 수 있다. 바울은 그리스도인의 윤리를 언급하면서, 성령을 따라 행하라고 가르친다.

> 내가 이르노니 너희는 성령을 따라 행하라 그리하면 육체의 욕심을 이루지 아니하리라 (갈 5:16).
>
> 오직 성령의 열매는 사랑과 희락과 화평과 오래 참음과 자비와 양선과 충성과 온유와 절제니 이같은 것을 금지할 법이 없느니라(갈 5:22-23).

성령의 열매는 성령이 맺게 하는 열매란 의미다. 열매는 나무가 햇빛을 받고 비를 맞아 때가 되면 열리는 것이지 억지로 열리게 할 수는 없다. 단지 나무를 가꾸기만 할 뿐이다. 성령의 아홉 가지 열매는 인간이란 나무에서 열리는 인격이지만, 성령으로 말미암는 것이다. 그러므로 우리가 착한 행실을 위해 노력하는 것보다 성령 충만을 위해 노력해야 한다.

성소의 등잔대는 하나님에게 나아가는 예배자, 세상을 향해 나아가는 삶의 예배자에게 대단히 중요한 예배의 가치를 전해준다.

**첫째**, 어둠을 밝히는 '빛'이란 메타포다.

빛은 하나님에게 나아가는 예배자에게 말씀을 밝히고, 기도를 밝히고, 임재의 지성소를 비춰 주며, 세상을 향해 나아가는 삶의 예배자에게는 빛을 반사하게 한다. 등잔대의 빛은 예수 그리스도를 예표하며, 빛이신 예수 그리스도만이 진리를 계시하고, 그분의 이름으로 기도할 수 있으며, 하나님의 지성소로 인도하는 유일한 중보자이시다.

**둘째**, 빛은 순결한 기름 부음을 받아야 하듯이 빛이신 예수님은 성령의 기름 부음으로 이 모든 일 즉, 착한 행실과 마귀를 제압하는 영적 승리를 이루어 내셨다.

이 얼마나 오묘한 조합인가?

하나님에게로 나아가는 예배자는 빛이신 예수님 때문에 열린 휘장을 지나 하나님에게 갈 수 있으며, 세상을 향해 나아가는 예배자는 빛이신 예수님이 성령의 기름부음으로 그러하셨듯이 성령 충만으로 마귀를 제압하는 영적 승리와 착한 행실 즉 성령이 맺게 하시는 인격의 성숙한 열매를 맺을 수 있는 것이다.

## 5. 분향단

> 너는 분향할 제단을 만들지니 곧 조각목으로 만들되(출 30:1).

> 그 제단을 증거 궤 위 속죄소 맞은 편 곧 증거 궤 앞에 있는 휘장 밖에 두라 그 속죄소는 내가 너와 만날 곳이며(출 30:6).

분향단의 정확한 표현은 '분향할 제단'이다. 말 그대로 향을 피우는 곳이다. 그 위치가 어디인가?

성소와 지성소 사이 휘장 앞에 있으며, 이곳에서 하루에 두 번, 아침과 저녁때 향을 피운다.

> 아론이 아침마다 그 위에 향기로운 향을 사르되 등불을 손질할 때에 사르며 또 저녁 때 등불을 켤 때에 사를지니 이 향은 너희가 대대로 여호와 앞에 끊지 못할지며 (출 30:7-8).

먼저, 향 만드는 방법을 하나님이 직접 가르쳐 주신다. 그리고 그 방법을 따라 만든 향은 하나님에게만 드릴 수 있다. 사람들이 이 냄새를 맡기 위해 이 방법으로 만든다면, 누구를 막론하고 백성 중에서 끊어진다고 경고하신다(출 30:34-38).

이 규례는 하나님에게 합당하게 돌려야 할 영광을 빼앗지 말라는 경고다. 엘리의 아들들은 하나님에게 드려야 할 제물을 먼저 자신이 취하므로 하나님의 영광을 훼손했다. 하나님은 이사야를 통해 다시 한 번 선포하신다.

> 나는 여호와이니 이는 내 이름이라 나는 내 영광을 다른 자에게, 내 찬송을 우상에게 주지 아니하리라(사 42:8).

요한계시록의 말씀처럼 24장로가 예배할 때 면류관마저 하나님에게 다시 돌려드리면서 "영광은 하나님만이 받으시는 것이 합당하다"라고 고백하는 것이 진정 회복해야 할 예배이다.

> 이십사 장로들이 보좌에 앉으신 이 앞에 엎드려 세세토록 살아 계시는 이에게 경배하고 자기의 관을 보좌 앞에 드리며 이르되 우리 주 하나님이여 영광과 존귀와 권능을 받으시는 것이 합당하오니 주께서 만물을 지으신지라 만물이 주의 뜻대로 있었고 또 지으심을 받았나이다 하더라(계 4:10-11).

**둘째**, 향을 피울 때 필요한 불도 하나님이 직접 주신다.

대제사장인 아론의 아들인 나답과 아비후가 분향할 때, 여호와께서 명령하시지 않는 다른 불을 가지고 분향하려다가 죽임을 당했다(레 10:1-2). 예배자에게 '다른 불'은 하나님 앞에서의 경외감을 상기시킨다.

내가 드린 예배가 하나님이 명하시지 않는 것이라면!

생각만 해도 두려운 일이다. 예수님이 사마리아 여인에게 너희는 알지 못하는 것을 예배하고 우리는 아는 것을 예배한다(요 4:22)는 말이 '다른 불'의 의미는 아닐까?

하나님을 알지 못하고, 하나님 알기를 게을리하면서 나만의 열정만으로 드리는 그릇된 열심히 또 다른 '다른 불'일 수도 있다.

> 그러므로 예물을 제단에 드리려다가 거기서 네 형제에게 원망들을 만한 일이 있는 것이 생각나거든 예물을 제단 앞에 두고 먼저 가서 형제와 화목하고 그 후에 와서 예물을 드리라(마 5:23-24).

예수님은 산상수훈에서 예물을 제단에 드리는데, 하나님이 원치 않는 제물이 무엇인지 말씀하신다. 그것은 나로 인해 부르짖는 형제의 원망이 '다른 불'이었다. 제물을 드릴 정도의 열정은 있었지만, 그 열정으로 형제들을 다치게 하고 상처를 주는 그릇된 열심이었다. 하나님이 명한 불을 가지고 오라고 '다른 불'을 거절하시는 하나님, 형제의 상한 마음을 해결하고 올 때 내가 그 예배를 받으시겠다고 하시는 하나님의 마음을 알 수 있다.

이 어찌 예배에만 국한이 되겠는가?

우리의 삶이 곧 예배라고 한다면, 이 다른 불이 그릇된 열심을 가리킨다는 것은 사도 바울에게서 찾아볼 수 있다.

> 열심으로는 교회를 박해하고 율법의 의로는 흠이 없는 자라(빌 3:6).

바울은 자신이 교회를 박해하는 일이 하나님을 위한 열심이라고 여겼다. 그러한 잘못된 신념이 얼마나 많은 이들을 다치게 했는가!

그가 나중에 눈에서 비늘이 벗겨진 이후로 드리는 고백을 보라.

> 그러므로 나는 달음질하기를 향방 없는 것 같이 아니하고 싸우기를 허공을 치는 것 같이 아니하며 내가 내 몸을 쳐 복종하게 함은 내가 남에게 전파한 후에 자신이 도리어 버림을 당할까 두려워함이로다(고전 9:26-27).

**셋째**, 성소에서 분향할 자격에 대한 경고이다.

성소에 들어올 수 있는 자는 제사장뿐이요, 당연히 제사장만이 분향할 수 있다. 하지만 유다가 강성해 진때 웃시야왕이 교만해져서 직접 성소에 들어가서 분향하였다. 하나님이 그를 치므로 즉시 문둥병에 걸리는 저주를 받게 된다. 이 사건은 하나님 앞에 나아올 때, 우리의 자세에 경종을 울린다. 우리 모두는 제사장이다. 성소에 들어와 분향할 수 있다.

그러나 모든 것을 당연한 것으로 여기면 안 된다. 부정한 나의 모습 때문에 감히 위를 쳐다보지 못하는 겸비함이 절실하다. 얼마나 많은 이들이 여전히 이런 교만함에 빠져 있는지 예수님도 바리새인과 세리 비유를 통해 교훈하고 있다.

> 세리는 멀리 서서 감히 눈을 들어 하늘을 쳐다보지도 못하고 다만 가슴을 치며 이르되 하나님이여 불쌍히 여기소서 나는 죄인이로소이다 하였느니라. 내가 너희에게 이르노니 이에 저 바리새인이 아니고 이 사람이 의롭다 하심을 받고 그의 집으로 내려갔느니라 무릇 자기를 높이는 자는 낮아지고 자기를 낮추는 자는 높아지리라 하시니라(눅 18:13-14).

**넷째**, 향이 가지는 역할이다.

> 향로를 가져다가 여호와 앞 제단 위에서 피운 불을 그것에 채우고 또 곱게 간 향기로운 향을 두 손에 채워 가지고 휘장 안에 들어가서 여호와 앞에서 분향해 향연으로 증거 궤 위 속죄소를 가리게 할지니 그리하면 그가 죽지 아니 할 것이며(레 16:12-13).

대제사장이 일 년에 한 번씩 지성소에 들어갈 때 가지고 가야할 것 두 가지가 있다. 하나는, 속죄소에 뿌릴 번제단에서 받은 '피'요, 다른 하나는, 분향단에서 드리는 '향'이다. 지성소 앞에서 분향할 때, 그 향연이 속죄소를 가리게 되고, 대제사장은 죽음을 면한다. 향이 하나님 앞에서 우리를 살리는 역할을 한다는 것이다. 향이 우리를 살린다면, 향이 무엇을 의미하는지 당연히 알아야 한다.

**다섯째**, '향'은 기도를 가리킨다.

> 나의 기도가 주의 앞에 분향함과 같이 되며 나의 손드는 것이 저녁 제사같이 되게 하소서(시 141:2).

> 그 두루마리를 취하시매 네 생물과 이십사 장로들이 그 어린양 앞에 엎드려 각각 거문고와 향이 가득한 금 대접을 가졌으니 이 향은 성도의 기도들이라(계 5:8).

> 또 다른 천사가 와서 제단 곁에 서서 금향로를 가지고 많은 향을 받았으니 이는 모든 성도의 기도와 합하여 보좌 앞 금 제단에 드리고자 함이라 향연이 성도의 기도와 함께 천사의 손으로부터 하나님 앞으로 올라가는지라(계 8:3-4).

다윗은 하나님 앞에 드려지는 향을 기도로 묘사한다. 하나님이 그렇게 맡기를 원하는 그 향은 바로 기도다. 요한계시록에서는 구체적으로 하나님 앞에 올라간 그 향이 성도들의 기도라고 해석한다. 요한계시록 8:1에, "일곱째 인을 떼실 때에 하늘이 반시간 쯤 고요하더니" 반시간 쯤 고요했다는 것은 그 전까지 굉장히 시끄러웠다는 말이다.

바로 직전 7장 마지막 대목인 9절을 보면 다음과 같다.

> 이 일 후에 내가 보니 각 나라와 족속과 백성과 방언에서 아무도 능히 셀 수 없는 큰 무리가 나와 흰 옷을 입고 손에 종려 가지를 들고 보좌 앞과 어린양 앞에 서서 큰 소리로 외쳐 이르되 구원하심이 보좌에 앉으신 우리 하나님과 어린양에게 있도다 하니(계 7:9-10).

하나님을 찬양하는 소리가 힘차게 울려 퍼지고 있다. 천군 천사의 찬양 소리가 끊이지 않는 상황에서 갑자기 반시간 쯤 하늘이 고요해진다는 것은 찬양 소리가 멈추었다는 것이다. 그 시간에 성도들의 기도가 가득 담긴 금향로가 하나님 앞에 올라간다. 천군 천사의 힘찬 소리와 찬양이 있다고 하나님이 성도들의 기도를 듣지 못한 것은 아니지만 보는 천군 천사의 찬양 소리를 중지시킬 정도로 하나님은 성도들의 기도에 집중하고 계신다.

분향단의 규례에서 향이 '기도'를 상징한다고 했을 때, 놀라운 복음의 반전을 경험한다.

**첫째**, 향은 하나님이 가르쳐주신 방법대로 만들어야 하며, 그렇게 만든 향은 오직 하나님만 맡으신다. 향이 기도라면, 기도는 하나님이 가르쳐주신 방법 즉, 오직 예수 그리스도의 이름으로 하나님에게만 드려야 한다. 그것이 하나님에게 합당한 영광을 돌려드리는 것이다.

**둘째**, 향을 위해 하나님이 명하신 불로 드려야 한다. 여호와께서 명하지 않은 다른 불로 분향하려다가 제사장 나답과 아비후는 죽임을 당했다.

그런데 이 향이 기도라고 한다면, 이 향을 만들기 위해 하나님이 명하신 불은 무엇인가?

다시 말하면, 우리로 하여금 기도할 수 있게 하는 하나님 명하신 불은 바로 예수 그리스도의 이름이다.

> 그 날에는 너희가 아무 것도 내게 묻지 아니하리라 내가 진실로 진실로 너희에게 이르노니 너희가 무엇이든지 아버지께 구하는 것을 내 이름으로 주시리라 지금까지는 너희가 내 이름으로 아무 것도 구하지 아니하였으나 구하라 그리하면 받으리니 너희 기쁨이 충만하리라(요 16:23-24).

하나님이 명하신 불은 예수 그리스도의 이름을 상징하며, 그러므로 이 불은 두려움이 아니라 기도 응답의 비결로 다가온다.

**셋째**, 구약의 웃시야왕은 자기 스스로가 교만하여 성소에 들어가서 분향하려다가 저주 받아 문둥병자가 되었지만, 하지만 우리는 예수 그리스도로 인하여 성소에 들어가서 언제든지 기도의 제사를 드릴 수 있다.

왜냐하면 예수 그리스도로 인해 우리 모두는 "왕 같은 제사장"이 되었기 때문이다. 그러므로 언제든지 하나님 앞에 나오기를 원하는 자마다 성소로 들어가서 향을 마음껏 피울 수 있다. 기도는 더 이상 의무가 아니라 특권이 되었다.

**넷째**, 대제사장이 일 년에 한 번 씩 하나님의 임재가 있는 지성소에 들어갈 때, 그가 살기 위해 분향단에서 담은 향과 제단에서 가져온 피를 가져가야 했다. 그곳에서 피를 속죄소에 뿌리고 그 향연으로 덮어야 했던 것처럼, 바로 예수의 이름을 힘입어 담대하게 휘장을 열고 하나님에게 나아갈 수 있으며, 그분 앞에서 예수의 보혈을 뿌리며, 기도의 향으로 덮을 때, 우리는 살아난다. 어떤 죽음과 절망의 골짜기에서도 우리는 기도로 인하여 살아난다. 기도가 우리를 살린다.

그러므로 향은 꺼지지 않고 항상 피워 있어야 하는 것처럼, 기도는 쉬면 안 된다. 기도가 나를 살리고, 가정을 살리고, 교회와 나라와 열방을 살린다. 반대로 기도가 아니면, 우리는 하나님 앞에서 죽는다. 기도는 생과 사를 결정짓는 분깃점이다. 기도의 생명줄을 다시 붙들어야 한다. 성소의 분향단은 오늘 이 메시지를 우리에게 증거 한다.

## 6. 요약

(1) 성소는 지성소로 가는 과정이다. 하나님의 임재로 나아가기 위해 예배 가운데 말씀과 성령과 기도를 통과해야 한다.
(2) 하나님이 임재하신 곳이 지성소라면, 그곳에 계신 하나님을 만나기 위해 매일 하나님의 말씀을 먹어야 한다(만나의 법칙).
(3) 등잔대는 빛이신 예수 그리스도만이 진리를 계시하고, 그분의 이름으로 기도할 수 있으며, 성령의 기름 부으심으로 삶의 예배자로 영적 전쟁에 승리할 수 있음을 밝혀준다.
(4) 분향단에서 향은 기도를 상징하며, 기도는 예수 그리스도의 이름으로 언제든지 드리는 그리스도인의 특권이며, 기도는 생과 사를 결정하는 분깃섬이기에 항처럼 꺼지지 않아야 한다.

## 제6장

# 지성소

지성소(the Holy of the Holies)는 '가장 거룩한 곳'이란 뜻이다. 지성소는 하나님의 임재의 장소로, 아무나 아무 때나 들어갈 수 없다.

여호와께서 모세에게 이르시되 네 형 아론에게 이르라 성소의 휘장 안 법궤 위 속죄소 앞에 아무 때나 들어오지 말라 그리하여 죽지 않도록 하라 이는 내가 구름 가운데에서 속죄소 위에 나타남이니라(레 16:2).

첫 언약에도 섬기는 예법과 세상에 속한 성소가 있더라 예비한 첫 장막이 있고 그 안에 등잔대와 상과 진설병이 있으니 이는 성소라 일컫고 또 둘째 휘장 뒤에 있는 장막을 지성소라 일컫나니 금향로와 사면을 금으로 싼 언약궤가 있고 그 안에 만나를 담은 금 항아리와 아론의 싹 난 지팡이와 언약의 돌판들이 있고 그 위에 속죄소를 덮는 영광의 그룹들이 있으니 이것들에 관하여는 이제 낱낱이 말할 수 없노라(히 9:1-4).

성소와 지성소 사이는 휘장이 막고 있으며, 이 휘장을 통과하여 지성소로 들어간다.

그러므로 형제들아 우리가 예수의 피를 힘입어 성소에 들어갈 담력을 얻었나니 그 길은 우리를 위하여 휘장 가운데로 열어 놓으신 새로운 살 길이요 휘장은 곧 그의 육체니라 (히 10:19-20).

히브리서 기자는 휘장을 예수 그리스도의 육체로 해석한다. 그도 그럴 것이, 예수님이 숨지실 때 성소의 휘장이 위로부터 아래까지 찢어져 둘이 되었다(막 15:37-38). 요한복음 2장에서도 예수님은 이 성전을 헐 것을 명하면서 자신이 사흘 만에 일으키겠다고 하신다. 바로 그 성전은 예수님의 육체로서 죽은 지 삼 일 만에 부활할 것을 말씀하신 것이다(요 2:19-22). 예수님의 십자가로 인해 갈라진 휘장을 지나 지성소로 들어간다.

## 1. 세마포 옷

지성소에 가는 과정은, 레위기 16장에 잘 나타나 있다. 구약 시대에 지성소에 들어가는 것은 일 년에 단 한 차례, 대 속죄일에만 그것도 일반 제사장이 아니라 오직 대제사장만 들어간다. 들어갈 때 여러 가지 조건이 있지만, 가장 중요한 것은 의복이다.

대제사장 의복에는 머리에 관을 쓰는데, 그 관에는 '여호와께 성결'이란 글이 새겨져 있다. 그리고 청색 겉옷을 입는데, 금방울이 달려 있다. 겉옷 위에 에봇을 입는다. 이 에봇은 제사장의 권위와 직임을 상징하는 중요한 옷으로 어깨에 견대가 있고, 가슴에는 흉패가 달려 있다. 이 흉패에는 이스라엘의 12지파를 상징하는 보석들이 박혀 있다.

성소에서는 이 의상을 입은 상태로 대제사장의 직무를 감당하지만 지성소에 들어갈 때는 이 모든 옷을 다 벗는다. 오직 흰 색으로 된 속옷과 옷에 띠를 띠고 관을 쓰고 들어간다. 청색 겉옷과 그 위에 제사장의 권위를 상징하는 에봇은 다 벗고 한 마디로 말하면, 흰 세마포 속옷 차림으로 들어간다.

> 아론이 성소에 들어오려면 수송아지를 속죄 제물로 삼고 숫양을 번제물로 삼고 거룩한 세마포 속옷을 입으며 세마포 속바지를 몸에 입고 세마포 띠를 띠며 세마포 관을 쓸지니 이것들은 거룩한 옷이라 물로 그의 몸을 씻고 입을 것이며 (레 16:3-4).

하나님의 보좌 앞에 나아가는 예배자에게 이 의식은 무엇을 말하고 있는가?

우리를 가리고 있는 겉모습 다 벗어버리고, 너의 있는 모습 그대로 들어오라는 말이다.

여기에서 대제사장이 입고 들어가는 세마포 옷은 무엇을 가리키는가?

> 우리가 즐거워하고 크게 기뻐하며 그에게 영광을 돌리세 어린 양의 혼인 기약이 이르렀고 그의 아내가 자신을 준비하였으므로 그에게 빛나고 깨끗한 세마포 옷을 입도록 허락하셨으니 이 세마포 옷은 성도들의 옳은 행실이로다 하더라(계 19:7-8).

마지막 종말의 때 신랑 되신 예수님을 맞이하는 신부인 교회와 성도들이 입고 있는 옷이 지성소에 들어가는 대제사장의 의복과 같은 세마포 속옷이다. 그 세마포 옷은 성도들의 옳은 행실을 가리킨다. 성도들의 옳은 행실은 요한계시록의 문맥에서 볼 때, 마지막 때까지 지킨 믿음을 의미한다. 수많은 핍박과 환난과 고통 속에서도 끝까지 믿음을 잃지 않고, 배교하지 않고, 주님을 신실하게 믿는 것이다.

그런데 놀라운 것은 이 세마포 옷을 희고 깨끗한 옷이라고 한다(계 19:14). 흰색은 묵시문학에서 승리를 상징하는 색깔이다. 우리가 옷을 입고 생활할 때 여러 가지 이유로 더럽혀 진다. 그런 부정한 모습으로는 신랑 되신 예수를 만날 수 없고, 구약 시대에는 그런 모습으로 지성소에 들어가면 죽임을 당한다.

그렇다면, 더럽혀진 세마포 옷을 어떻게 깨끗하게 할 수 있는가?

예수의 피로 깨끗하게 씻겨 진다. 신부가 입은 세마포 옷은 예수의 피로 씻겨 진 성도의 행실이다. 그러므로 중요한 것은 예수 그리스도의 보혈이다.

장로 중 하나가 응답하여 나에게 이 흰 옷 입은 자들이 누구며 또 어디서 왔느냐 내가 말하기를 내 주여 당신이 아시나이다 하니 그가 나에게 이르되 이는 큰 환난에서 나오는 자들인데 어린양의 피에 그 옷을 씻어 희게 하였느니라(계 7:13-14).

## 2. 언약궤

누가복음 18장에 바리새인과 세리의 비유가 나온다. 두 사람이 기도하러 성전에 올라가니 하나는 바리새인이요 하나는 세리였다.

> 또 자기를 의롭다고 믿고 다른 사람을 멸시하는 자들에게 이 비유로 말씀하시되 두 사람이 기도하러 성전에 올라가니 하나는 바리새인이요 하나는 세리라 바리새인은 서서 따로 기도하여 이르되 하나님이여 나는 다른 사람들 곧 토색, 불의, 간음을 하는 자들과 같지 아니하고 이 세리와도 같지 아니함을 감사하나이다. 나는 이레에 두 번씩 금식하고 또 소득의 십일조를 드리나이다 하고 세리는 멀리 서서 감히 눈을 들어 하늘을 쳐다보지도 못하고 다만 가슴을 치며 이르되 하나님이여 불쌍히 여기소서 나는 죄인이로소이다 하였느니라. 내가 너희에게 이르노니 이에 저 바리새인이 아니고 이 사람이 의롭다 하심을 받고 그의 집으로 내려갔느니라 무릇 자기를 높이는 자는 낮아지고 자기를 낮추는 자는 높아지리라 하시니라(눅 18:9-14).

바리새인이 서서 자기를 의롭다고 믿고 다른 사람을 멸시하면서 기도하고, 세리는 멀리서서 감히 눈을 들어 하늘을 쳐다보지도 못하고 다만 가슴을 치며 자신을 불쌍히 여겨달라고 기도한다.

누가 하나님에게 의롭다 함을 얻었는가?

세리다.

왜 바리새인이 윤리적으로는 세리보다 더 나은데 받아들여지지 않고, 세리가 의롭다 하심을 받았을까?

이 지점이 지성소에 있는 '언약궤'가 필요한 때이다.

언약궤는 하나님의 임재와 현현의 실체다. 이스라엘은 광야에서 행진할 때도 언약궤를 앞세웠고, 전쟁을 할 때도 언약궤를 앞세웠다. 이는 하나님이 이스라엘 앞서 행하는 것을 모두로 하여금 보게 하는 상징 행위였다. 하지만 이스라엘에게 언약궤는 두려움 그 자체였다. 언약궤를 소홀히 여기다가 즉사를 당하는 일들까지 발생하였다. 하나님은 모세에게 언약궤 안에 세 가지를 넣어둘 것을 명령하였다. 만나를 담은 항아리와 아론이 싹난 지팡이 그리고 십계명이 적힌 두 돌판이다.

이 세 가지는 광야 생활 중에서 가장 기념비적인 사건과 연관되어 있는 물체들이다.

**첫째**, 만나는 이스라엘 백성이 먹을 것이 없어 불평하는 것과 관련된다.

그들은 만나를 통해 공급해 주시는 하나님의 은혜를 경험하면서도, 고기를 달라고 불평했고, 심지어 애굽으로 돌아가자고 반역을 도모하기도 하였다. 만족하지 못하고, 끊임없이 하나님을 향해 불평하는 것을 기억하라는 것이 바로 만나를 담은 항아리다.

**둘째**, 아론의 싹난 지팡이다.

민수기 17장에 나오는 사건으로 이는 모세의 권위를 인정하지 않고 반역하여 하나님으로부터 저주를 받은 고라 일당의 사건과 관련되어 있다. 이 사건으로 인해 모세와 아론의 리더십은 치명상을 입게 되고, 결국 하나님이 그들의 권위를 회복시켜 주심으로 문제는 해결되었다. 모세를 거역하는 것은 그를 세우신 하나님에 대한 권위에 도전하는 것이므로 불신 그 자체였다.

**셋째**, 금송아지 사건으로, 이스라엘과 하나님이 언약을 맺고, 이제 언약 백성으로 받기 위해 시내산 정상으로 올라간 그 기간을 견디지 못하고, 그들은 애굽에서 섬기던 신의 형상을 만들게 되고, 그것을 섬기며 축제를 벌이는 초유의 사태가 발생하게 된다. 하나님은 그들과의 언약의 상징인 십계명 두 돌판을 깨뜨리고, 다시 새로운 두 돌판을 새기셔서 모세에게 전달하고, 이것을 언약궤 안에 보관할 것을 명령한다. 이것은 하나님을 우상으로 섬기는 치명적인 불신 행위의 대표 사건이었다.

언약궤 안에 들어 있는 세 가지는 하나님 앞에서 이스라엘이 지은 가장 큰 범죄를 대표하는 것들이다. 그렇다면, 언약궤는 다름 아닌 하나님 앞에서 이스라엘 백성들의 죄를 낱낱이 드러내는 고발장이다. 그런 면에서 언약궤는 예수 그리스도가 모든 죄의 짐을 지고 달리신 십자가를 예표 한다. 십자가는 순결한 하나님의 아들이 죄 때문에 달려야 했던 저주의 나무다. 십자가에는 바로 예수님을 죽게 만들었던 끔찍한 나의 죄목들을 낱낱이 드러내는 고발장이다.

언약궤로 나아가는 날은 일 년에 단 한 번 대속죄일이다. 이스라엘의 모든 죄를 사함 받는 날이다. 그 죄가 사해지기 위해 대제사장은 언약궤 앞에 선다. 거기에서 이스라엘이 하나님 앞에 행했던 죄악의 목록들을 바라본다. 단 한 순간도 서 있을 수 없는 죄목들이 낱낱이 밝혀질 때, 대제사장은 그 죄악을 씻기 위해 피를 뿌리고, 향연으로 가린다.

십자가는 죄를 사하는 은혜의 표식이기 전에 먼저 우리의 끔찍한 죄를 고발하는 자리다. 그래서 십자가 앞에서 우리는 무릎을 꿇고, 위를 쳐다볼 수 없는 것이다. 그 끔찍한 고발장을 발견하지 못하면, 예수 그리스도의 피의 고귀함을 깨닫지 못할 뿐만 아니라 그 피의 대가가 얼마나 큰 가를 발견하지도 못한다. 바리새인과 세리의 차이는 바로 이 지점에 있다. 언약궤에서 자신의 죄가 고발되어 있는 것을 발견한 자와 발견하지 못한 자의 모습이 바리새인과 세리의 모습에서 고스란히 드러나기 때문이다.

끔찍한 죄의 목록이 고발장에 적혀 있는데, 거기에서 그 어떤 자신의 의를 주장하고, 서 있을 수 있으며, 떳떳하게 자신의 의로움을 신포힐 수 있겠는가?

그는 분명 언약궤 앞에 서지 못한 자요. 십자가를 통과하지 못한 자다. 십자가 앞에 선 자는 바리새인의 의를 드러내는 목록이 얼마나 무가치한 것인가를 깨닫게 되고, 세리가 왜 의롭다 함을 받고 내려갔는지를 이해하게 된다.


## 3. 그룹

언약궤 좌우에는 그룹의 형상이 있다. 이 그룹은 성경에 '스랍'으로 표현되기도 한다. 이사야 6장에서 이사야가 성전에서 하나님의 영광을 볼 때 장면이 나온다. 그룹들이 여호와의 옷자락과 얼굴과 발을 가리고 거룩하신 만군의 여호와의 영광이 온 땅에 충만함을 서로 노래한다. 그 때 이사야에게 일어난 생생한 체험은 이사야로 하여금 꼬꾸라지게 했다.

> 그 때에 내가 말하되 화로다 나여 망하게 되었도다. 나는 입술이 부정한 사람이요 나는 입술이 부정한 백성 중에 거주하면서 만군의 여호와이신 왕을 뵈었음이로다(사 6:4).

그룹의 노래 소리와 거룩하신 여호와의 임재 앞에 이사야는 자신의 세밀한 모든 죄목들이 낱낱이 드러나면서 부정한 사람이요, 망한 존재라고 고백할 수밖에 없었다. 그룹 가운데 좌정하신 하나님의 영광을 보면 겸비해진다. 그 영광 앞에 얼마나 자신이 더러운 존재라는 것을 철저하게 깨닫기 때문이다.

그 앞에 조그마한 선행과 의로움으로 감히 설 수 있겠는가?

오로지 벌거벗은 채로 재를 무릎 쓰고 회개하는 것 밖에 없다. 이것이 지성소에서의 우리의 모습이다.

## 4. 속죄소

　속죄소는 언약궤 위를 가리킨다. 이곳에서 언약궤로 인하여 드러난 우리의 죄를 해결한다. 속죄소는 다른 말로 '시은좌'라고 부르는데, 자비의 자리 혹은 은혜가 베풀어지는 자리란 뜻이다. 언약궤로 인해 고발되어진 더러운 죄는 오직 여호와 하나님의 자비, 우리를 불쌍히 여기시는 긍휼로 인하여 정결하게 된다. 지성소에 들어온 대제사장은 속죄소 위에 번제단에서 잡은 제물의 피를 뿌린다.

　이 피로 인해 하나님의 은혜와 긍휼의 역사가 일어난다. 바로 이 피는 십자가에서 흘린 예수 그리스도의 보혈이다. 이것 때문에 하나님 앞에 사죄의 눈물도 흘릴 수 있고, 회개의 기도를 드릴 수 있다. 십자가에서 흘린 보혈이 뿌려졌기 때문에 속죄소는 시은좌 즉, 죄를 사하시는 하나님의 은혜가 베풀어지는 자리가 된다. 그러므로 우리는 긍휼하심을 받고 때를 따라 돕는 은혜를 얻기 위해 은혜의 보좌 앞에 담대히 나아가는 것이다(히 4:16)

　예배 때마다 지성소에 거하시는 주님을 만나야 한다. 그분의 임재 가운데 들어가지 못하고 배회하면 껍데기 신자로 전락한다. 지성소는 아무 때나, 아무나 들어갈 수 없다. 거룩하신 하나님 앞에 옳은 행실의 세마포로만 들어갈 수 있다. 하지만 지성소를 막고 있는 휘장이 찢어졌다. 휘장을 지나 담대히 지성소로 들어갈 수 있다. 우리가 입은 세마포는 예수의 보혈로 씻어져 희어졌기 때문이다. 우리는 그곳에서 언약궤를 대면한다. 언약궤에서 감출 수 없는 더러운 죄의 목록이 적힌 고발장을 접한다.

　바로 십자가가 죄의 고발장이기 때문이다. 그 모든 죄의 대가를 위해 친히 십자가에 못 박혀 저주 당하신 예수의 피가 뿌려진다. 뿌려진 보혈로 인해 속죄소로부터 하나님의 은혜와 긍휼이 베풀어진다. 오직 그리스도의 보혈로 십자가의 고발로 인한 심판이 아닌 하나님의 자비가 나를 감싸는 것이다.

그러므로 예배 가운데 하나님의 임재를 경험하기 위해 예수의 보혈을 찬양하라. 예수의 보혈로 적시어 마귀의 모든 정죄를 깨뜨려라. 십자가로 이루신 죄 사함의 은혜를 기억하며 겸비함으로 회개하라.

## 5. 요약

(1) 지성소는 예배자가 벌거벗은 모습 그대로 하나님에게 나아가되, 닫힌 휘장을 열고 그 앞에 설 수 있는 길은 예수의 보혈을 힘입는 것이다.
(2) 언약궤는 죄의 고발장으로 십자가를 상징하며, 십자가를 통과한 자는 그 앞에 드러난 끔찍한 죄로 인하여 엎드린다.
(3) 그룹은 하나님의 영광의 임재로서 하나님의 영광을 본 자는 그 앞에서 자신의 부정함을 철저하게 고백한다.
(4) 속죄소는 예배가 오직 예수 보혈로, 예수 이름으로 드리는 기도로 하나님의 긍휼이 베풀어지며, 그로 인해 모든 죄가 사함 받고, 마귀의 정죄 의식을 깨뜨리는 자리임을 드러낸다.

# 제7장

# 번제

레위기는 예배의 책이다. 특히, 예배에 대한 원리와 정신은 물론 예배를 담당하는 제사장 직분과 더 나아가 삶이 곧 예배라는 성화의 내용까지 자세하게 다루는 귀한 말씀이다.

그렇다면, 신약 시대에 살아가는 우리에게 레위기는 물론 구약의 율법은 어떤 의미를 가지고 있는가?

단순히 교훈적인 내용인가 아니면 그 이상의 어떤 의미인가?

이에 대한 세 가지 견해가 있다.[1]

**첫째**, 레위기의 제사법을 포함한 율법은 모세 이후에 예수 그리스도가 오실 때까지만 유효하다는 입장이다. 이것을 율법의 제1사용이라고 한다. 율법은 예수 그리스도가 오기 전까지만 유효하기 때문에 예수 그리스도가 오신 이후에 레위기에 나타난 제사 제도는 당연히 폐기되어야 한다는 입장이다.

**둘째**, 율법의 제2사용은 레위기 제사 율법의 진정한 의미는 예수 그리스도를 향하도록 하는 역할을 한다는 입장이다. 예수님이 대제사장이고 몸소 제물이 되어서 자기를 희생 제물로 드렸다. 그러므로 예수님이 단번에 영원토록 효력이 있도록 성취했기 때문에, 율법은 우리로 하여금 예수 그리스도 안에서 예배하도록 예수 그리스도에게로 인도하는 역할을 한다.

---

1  김중은, 『거룩한 길 다니리』 (한국성서학연구소, 2001, 3), 43-44.

레위기의 제사 제도를 통해 우리를 예수 그리스도에게로 향하게 한다는 입장으로 율법을 예수 그리스도에게로 인도하는 초등교사(갈 3:24)라는 본문을 근거한다. 이러한 두 번째 입장은 율법의 제3의 사용으로 우리를 인도한다.

**셋째**, 율법의 제3사용은 레위기의 제사는 예수 그리스도를 예배하는데 있어, 하나님이 기뻐하시고, 영과 진리로 드릴 수 있는 원리를 가르쳐 준다는 그런 입장이다. 따라서 레위기의 제사 제도를 신약의 관점을 통해 다시 해석한다면 진정한 예배 정신을 배울 수 있다는 것이다.

이런 입장에서 볼 때, 예수 그리스도로 인해 제사의 율법을 폐한다는 것은 그 제사 형식과 제도를 폐하는 것은 아니며 그 속에 담긴 정신과 의미는 찾아 적용하는 완성을 의미한다.

> 내가 율법이나 선지자를 폐하러 온 줄로 생각하지 말라 폐하러 온 것이 아니요 완전하게 하려 함이라(마 5:17).

대한예수교장로회(통합) 총회장을 역임한 임택진 목사는 신학 강좌에서 레위기의 중요성을 이렇게 소개하였다.[2]

> 특별한 흥미와 감동으로 창세기 출애굽기를 읽는 성도라도 레위기는 어지간한 인내력이 없이는 통독하기 어려울 만큼 무미건조한 율법 책으로 여겨진다. 하지만, 레위기는 모세 오경에서 세 번째 책으로 위치가 중간에 있어서가 아니라 그 중요성에 있어서 중심이고, 구약성경에서 중심적인 진리를 기록한 책이다.

한국 교회는 레위기를 잘 읽지도 않고 설교도 자주 하지도 않고 배우지도 않는 경향이 있지만 유대인들은 자녀들에게 히브리 성경을 공부시킬

---

2 위의 책, 33-34.

때, 제일 모세 오경을 먼저 읽는데, 그 중에서 레위기를 먼저 읽는다.

그 이유는 어린이들 마음에 하나님을 예배하는 마음을 심어 주는 것이 가장 중요함을 알기 때문이다. 레위기는 제사법을 통해 제사의 방법과 원리가 무엇인지를 보여 준다. 그러나 그것으로 끝나지 않고 삶으로 예배하는 성화를 강조한다.

> 여호와께서 모세에게 말씀하여 이르시되 너는 이스라엘 자손의 온 회중에게 말하여 이르라 너희는 거룩하라 이는 나 여호와 너희 하나님이 거룩함이니라(레 19:1-2).

이 구절은 레위기가 구원 받은 인간이 하나님을 예배하므로 하나님을 경험하고 알아서 삶속에서 거룩하고 하나님을 닮아가도록 하는 '성화'의 신학이 담겨 있다.

혹자는 "한국 교회는 구원받은 것을 강조하는 출애굽 신학은 있는데, 장성한 사람으로 자라가야 할 책임과 사명을 강조하는 레위기의 성화 신학을 연결시키지 못한다"라고 비판한다. 작금의 한국 교회의 여러 가지 문제와 병리 현상을 볼 때, 이러한 비판은 뼈 있는 외침이다. 이러한 사실을 전제하면서 레위기의 5대 제사를 중심으로 해서 예배의 본질과 정신들을 살펴보고자 한다.

## 1. 예배를 위한 부르심

레위기는 레위인을 먼저 떠올리게 한다. 레위인은 제사를 드릴 수 있도록 성막에서 일하는 사람들이다. 이 레위인 중에서 예배를 집례하고 섬기는 이들이 제사장이다. 자칫 레위기를 레위인과 제사장에게만 주신 것으로 오해하기 쉽다.

레위기의 원래 명칭은 히브리어로 '봐이크라'이다. 원래 히브리어 성경은 그 성경의 첫 단어가 책 제목인 경우가 일반적이다. 창세기의 히브리 성경의 명칭은 '베레쉬트'라고 하여 "태초에"이다. '봐이크라'는 '하나님이 부르셨다'는 의미이다.

누구를 부르셨는가?

또 무엇을 위해 부르셨는가?

모세를 부르셨다. 그에게 제사와 예배에 대한 말씀을 주시고 그 내용을 선포하라고 부르신 것이다.

그렇다면, 이 말씀을 선포하는 대상이 누구인가?

레위기 1:2에 "이스라엘 자손에게 말하여 이르라"고 기록한다. 이는 레위인이나 제사장에게만 해당되는 말씀이 아니고 사역자를 포함한 모든 예배자들에게 주신 말씀이다.


## 2. 자원함

레위기 1장에는 후렴구처럼 반복되는 구절이 있다. "여호와께 향기로운 냄새니라"(레 1:9, 13, 17)이다. 번제가 하나님이 기뻐하시는 제사임을 알 수 있다. 3절에 "여호와 앞에 기쁘게 받으시도록 드릴지니라" 4절에 "그를 위하여 기쁘게 받으심이 되어"라고 기록한다.

왜 하나님이 번제를 기뻐 받으시는가?

이 제사는 다른 제사와는 다르게 하나님에게 제사를 드려야 할 특별한 조건이 없기 때문이다. 화목제처럼 감사의 조건이 있다든가, 서원을 위해 드린다든가, 속죄제처럼 죄를 속하기 위하여 드린다든가, 속건제처럼 죄를 회개하는 어떤 조건으로 드린다는 그런 조건이 번제에는 없다.

단지 2절에 "너희 중에 누구든지 여호와께 예물을 드리려거든" 기록하고 있다. 이는 번제는 자원함으로 드리는 제사임을 알 수 있다. 자원함으로 드리는 제사를 하나님이 기뻐 받으신다. 이것은 번제가 가지는 가장 중요한 예배 정신이다.

하나님이 우리 인간을 지은 목적이 하나님을 예배하도록 하는 것이기에 예배를 삶의 우선순위로 삼는 것은 당연하다(사 43:21).

그렇다고 하나님이 온 우주만물을 지으셨기 때문에 모든 인간과 피조물을 강권하여 예배하도록 하는가?

하나님은 억지로 드리거나 의무감에 사로잡혀 드리는 수천 번의 예배보다 또는 어떤 조건이 있기 때문에 드려지는 예배보다는 단 한 번이라도 자원함으로 드리는 예배를 기뻐하신다.

> 주의 구원의 즐거움을 내게 회복시켜 주시고 자원하는 심령을 주사 나를 붙드소서(시 51:12).

이 시편은 다윗이 밧세바와 간음죄를 범하고 난 후 나단의 책망을 듣고, 침상을 적시면서 드리는 기도다.

다윗의 고백 속에 죄로부터 회복이 무엇인가?

그것은 하나님 앞에서 자원하는 심령이다. 죄는 구원의 즐거움과 자원하는 마음을 묶어버린다. 당연히 예배도 의무에 사로잡힌 습관으로 전락하게 한다. 번제의 예배정신의 핵심은 자원함에 있다. 이 예배를 하나님이 기뻐 받으신다.

## 3. 적극성

번제를 드리는 순서는 십 단계다. 번제를 집례 하는 사람은 제사장이지만, 번제를 드리는 주도권은 헌제자에게 있음을 볼 수 있다. 순서 중 여섯 가지를 헌제자가 담당하고, 제사장은 네 가지 과정을 담당하는데, 그 담당하는 것도 헌제자를 돕는 역할이다.

(1) 헌제자가 제물을 회막 문에 있는 제사장에게 가져온다(3절).
(2) 헌제자가 제물에 안수한다(4절).
　제물과 헌제자가 동일시되는 것을 의미한다.
(3) 헌제자가 제물을 직접 죽인다(5절).
　아프리카 에티오피아에서 일 년 간 단기 선교사로 활동한 적이 있다. 양을 직접 잡을 기회가 있었는데, 먼저 양의 목을 찌른다. 그러자 양의 피가 뿜어져 나와 얼굴에 튀어 깜짝 놀란 적이 있다. 양은 피를 흘리면서 점점 의식을 잃어간다. 그 모습을 지켜보면서 갑자기 구토 증세도 보였고, 한 동안 마음이 안정이 되지 않아 힘들었다.
　헌제자는 자신이 안수를 하고, 직접 죽이면서, 죽어가는 제물을 지켜보면서 그는 무엇을 생각하겠는가?
　하나님 앞에서 힘을 잃고 죽어가는 자신을 투영할 것이다.
(4) 제사장이 피를 가져다가 사면에 뿌린다(5절).
(5) 헌제자가 그 제물의 가죽을 다 벗겨낸다(6절).
　모든 내 허물, 자랑하고 의지하고 살았던 것, 주님 앞에서 벌거벗은 몸으로 나아오는 것이다.
(6) 헌제자가 번제물을 부분별로 조각낸다(6절).
　각을 뜨는 이유는 불에 잘 태워지도록 하기 위함이다. 자신을 완벽하게 태워서 흔적조차 없고, 향기 되어 주 앞에 드리는 것이다.
(7) 제사장이 제단에 불과 나무를 준비한다(7절).
(8) 제사장이 조각 난 제물과 머리와 기름을 제단 위에 올린다(8절).
(9) 제물의 내장과 다리 정강이를 물로 씻는다(9절).
　우리말 성경에는 제사장이 이를 하는 것처럼 보이지만, '씻는다'는 동사의 주어는 제사장이 아니라 헌제자이다.
(10) 제사장이 그 전부를 단 위에서 불사른다.

위의 과정은 제사장이 전체적으로 집례를 하지만, 중요한 역할은 헌제자의 몫이다. 예배란 제사장이 인도하지만, 그 역할은 철저하게 헌제자가 온전하게 제사할 수 있도록 돕는 것이다. 예배는 헌제자가 주도적으로 감당한다. 회중의 적극적인 참여를 강조하는 예배 정신이다.

주일 예배를 드릴 때, 예배 순서를 보면, 일어서는 것, 성시를 교독하는 것, 대표기도 하는 것은 회중이 예배를 적극적으로 참여하는 것을 의미한다. 예배의 본질은 하나님에게 내 자신을 드리는 것이다. 회중은 하나님에게 무엇을 그리고 어떻게 드릴 것인가에 집중해야 한다.

20세기 세계 교회 역사에 있어 가장 특징적인 사건은 바로 오순절운동일 것이다. 성령의 역사는 사도행전에서 일어나는 1회적인 역사라고 단정하면서 장로교를 비롯한 전통적인 교파에서는 예배가 엄숙해지고, 역동성을 잃어갈 때, 오순절운동을 통해 찬양이 살아났고, 성령의 강한 역사가 일어나기 시작했다.

그것은 거대한 운동이 되어 지금까지 전 세계의 교회에 강력한 영향을 끼치고 있다. 오순절의 특징은 한 마디로 뜨겁다는 것이다. 뜨거운 예배 열정, 적극적인 예배 참여의 중요성을 오순절운동을 통해 다시 자각하고 회복해야 한다.


## 4. 차별 없이 그러나 깨끗하게

번제를 드리는 제물은 네 가지가 있는데, 소와 양과 염소 그리고 비둘기다. 다른 것들은 다 덩치가 큰데 비둘기는 상대적으로 매우 작다.

왜 비둘기가 제물에 포함되어 있을까?

가난한 사람들을 위한 하나님의 배려이다. 제사는 누구든지 드릴 수 있어야 한다. 부자나 가난한 자나, 남자나 여자나 종이나 자유자나 상관없다. 비록 가난한 자라고 하더라도 그 이유 때문에 예배드릴 수 없다면, 그것은 정당하지 못하다. 가난한 사람도 전혀 부담이 없이 예배할 수 있어야 한다. 일반적으로 제물은 흠 없는 수컷으로 드린다. 하지만, 비둘기의 경우는 새끼로 드린다. 비둘기의 경우도 큰 새보다는 '새끼'로 드리라고 한 이유는 바로 물질적으로 어려움을 당한 가난한 자들을 위한 특별한 배려인 동시에 새끼가 가지는 순결함 때문이다.

> 만일 여호와께 드리는 예물이 새의 번제이면 산비둘기나 집비둘기 새끼로 예물을 드릴 것이요(레 1:14).

> 만군의 여호와가 이르노라 너희가 눈 먼 희생제물을 바치는 것이 어찌 악하지 아니하며 저는 것, 병든 것을 드리는 것이 어찌 악하지 아니하냐 이제 그것을 너희 총독에게 드려 보라 그가 너를 기뻐하겠으며 너를 받아 주겠느냐(말 1:8).

> 만군의 여호와가 이르노라 너희는 나 하나님에게 은혜를 구하면서 우리를 불쌍히 여기소서 하여 보라 너희가 이같이 행하였으니 내가 너희 중 하나인들 받겠느냐(말 1:9).

> 만군의 여호와가 이르노라 너희가 또 말하기를 이 일이 얼마나 번거로운고 하며 코웃음 치고 훔친 물건과 저는 것, 병든 것을 가져왔느니라 너희가 이같이 봉헌물을 가져오니 내가 그것을 너희 손에서 받겠느냐 이는 여호와의 말이니라(말 1:13).

말라기 선지자는 하나님에게 은혜를 구하면서, 불쌍히 여겨달라고 간절히 구하면서 하나님에게 드리는 것은 병든 것, 온전하지 못한 것을 드리는 것을 책망한다(9절).

"꼭 이런 식으로 예배드려야 하는가?
번거롭게 하지 말고, 좀 더 쉽고 편하게 합시다."
이러면서 코웃음 치며 장난하듯이 하나님을 대하고 예물을 드린다면 그것을 하나님이 하나라도 받으시겠느냐는 책망이다(13절).

어렸을 적 믿음의 어머니들이 주일이 되면, 500원짜리 지폐, 1000원짜리 지폐를 속주머니에서 내서 하나님에게 바치기 위해 수건에 싸서 다림질을 해서 **빳빳하게** 드리는 것이 이제는 희미해진 전설이 되고 있다.

> 예수께서 눈을 들어 부자들이 헌금함에 헌금 넣는 것을 보시고 또 어떤 가난한 과부가 두 렙돈 넣는 것을 보시고 이르시되 내가 참으로 너희에게 말하노니 이 가난한 과부가 모든 사람보다 많이 넣었도다. 저들은 그 풍족한 중에서 헌금을 넣었거니와 이 과부는 그 가난한 중에서 자기가 가지고 있는 생활비 전부를 넣었느니라 하시니라 (눅 21:1-4)

예수님은 이 비유에서 말씀하신다.
"누가 헌금을 얼마를 했느냐?
누가 소로 드렸느냐?
비둘기로 드렸느냐?"
하나님은 이것을 보는 것이 아니라 한 푼을 드리더라도 이런 고백을 받기 원하신다.
"내게 속한 것은 주님의 것입니다."
과부처럼 내가 가진 것이 적을지라도 하나님 앞에 드리려는 순결한 마음을 주님은 귀하게 보신다.


## 5. 속죄

번제는 두 가지 기능을 한다.

**첫째는** 속죄의 기능이다.
**둘째는** 죄와 관련이 없을 때는 하나님 앞에서 전적인 자기 부인을 나타낸다.

> 그는 번제물의 머리에 안수할지니 그를 위하여 기쁘게 받으심이 되어 그를 위하여 속죄가 될 것이라(레 1:4).

헌제자가 짐승의 머리에 안수한다. 안수는 두 손으로 하면, 전이의 의미 즉, 죄가 이 제물에게 전가가 된다(레 16:21). 속죄가 이루어진다는 것은 내가 받을 진노를 제물이 대신 받으므로 하나님의 진노를 가라앉힌다는 것인 반면 한 손으로 안수하면, 번제물과 헌제자가 동일시된다는 의미다.

사무엘하 24장에서 다윗이 하나님이 원하지도 않는 인구 조사를 한다. 인구 조사는 다윗이 이제 하나님보다는 자신의 군사와 경제력을 바라보고 의지하려는 것으로 하나님은 이를 범죄로 여기고 이스라엘 전체에 온역이라는 재앙을 내린다. 다윗은 즉각 자기의 잘못을 깨닫고 회개하게 되고, 하나님은 번제를 드릴 것을 명한다. 다윗은 타작 마당을 사서 번제를 드리자 이스라엘에 재앙이 멈춘다. 이는 번제가 하나님의 진노를 가라앉힌다는 사실을 보여 주는 좋은 예다.

욥도 아들들의 생일 잔치가 지난 후에 혹시 이들이 저질렀을지 모르는 죄 때문에 받을 하나님의 진노를 피하기 위해 아들들의 수대로 번제를 드렸다(욥 1:5). 번제는 이처럼 속죄의 기능이 있다. 예배는 하나님과의 관계가 회복되어지는 통로다. 죄는 하나님과 우리 사이를 갈라놓기 때문에 그 죄의 문제를 해결해야 한다. 하지만 죄는 깨달아야 회개할 수 있기 때문에, 생각나지도 않는 상태로 넘어가는 죄도 있다.

어떤 목사님이 설교 중 청소년 시절을 간증하는 것을 들은 적이 있다, 청소년기에 아무리 생각해 보아도 죄가 생각나지 않더라는 것이다. 아버지가 목사님이었기 때문에 늘 교회 중심으로 생활하고, 늘 모범적으로 행동하고, 자신이 무슨 도둑질을 해, 거짓말을 해, 아무리 살펴보아도 죄가 생각나지 않았다. 그래서 강단에서는 시도 때도 없이 회개를 외치니, '회개를 하나님이 기뻐하시니까 회개하기 위해 죄를 한 번 지어볼까' 라는 생각도 했다는 것이다.

어느 날 성경을 읽는 중 마태복음 22: 37-38의 말씀이 감동이 되었다.

> 예수께서 이르시되 네 마음을 다하고 목숨을 다하고 뜻을 다하여 주 너의 하나님을 사랑하라 하셨으니 이것이 크고 첫째 되는 계명이요(마 22:37-38).

이 말씀에 회개가 터지기 시작했다. 평소에 자기는 잘못이 없었다고 생각했다. 이 말씀을 통해 자기가 하나님을 사랑하는 것은 분명했다.

그런데 하나님을 과연 마음을 다하여 사랑했는가!
내 목숨을 다하여 사랑했는가!
내 뜻을 다하여 사랑했는가!

그러지 못한 자신을 본 것이다. 내가 무엇을 하지 않아야만 그것을 죄라고 생각했는데, 목숨을 다해 사랑하지 못하고, 힘을 다해 사랑하지 아니한 것도 죄라는 사실을 깨달으면서 하나님 앞에 전심으로 회개했다는 간증을 들으면서 감동을 받았다.

이렇듯 알지 못하는 죄 때문에 하나님과의 사이가 멀어질 때, 우리가 드리는 예배는 번제의 속죄 기능이다.[3] 비록 깨닫지 못하는 죄가 있을지라도 예배 가운데 고백할 수 있다.

> 하나님! 내가 우둔하여 깨닫지 못하는 것이라도 희생 제물 되신 예수로 인해 속죄하여 주사 하나님의 진노에서 벗어나게 해 주십시오.

---

3   번제가 신약성경에 두 번 명시되는데(막 12:33; 히 10:6-8), 예수 그리스도의 십자가의 희생을 묘사하는 구절들이다. 따라서 번제는 속죄와 밀접한 관련이 있다. 전정진, 『레위기 어떻게 읽을 것인가』 (성서유니온선교회, 2004, 8), 36-38.

## 6. 자기 부인

번제를 드리는 과정에서 가장 선명하게 드러난 점은 자기를 부인하는 것이다.

(1) 헌제자가 제물에 안수한다(4절).
　이는 제물과 헌제자가 동일 시 되는 것이다.[4]
(2) 헌제자가 제물을 직접 죽인다(5절).
　이는 자기 자신을 부인하는 것이다.
(3) 헌제자가 그 제물의 가죽을 다 벗긴다(6절).
　하나님 앞에서 벌거벗은 채로 서는 것이다.
(4) 헌제자가 번제물을 부분별로 조각을 낸다(6절).
　"이제 나는 없고, 오직 주님만 보이도다"의 고백이다.
(5) 제사장이 그 전부를 단 위에서 불사른다.
　"나는 흔적도 없고, 주님 받으실 향기 되어 올라갑니다."

이 과정에서 남은 단 하나의 단어는 '자기부인'이다. 예수님은 자신이 십자가에서 희생 제물이 되어 죽을 것을 예고하시고, 자기를 따르기 위해 날마다 자기를 부인하고 제 십자가를 지라는 번제의 정신을 말씀하셨다.

> 이르시되 인자가 많은 고난을 받고 장로들과 대제사장들과 서기관들에게 버린바 되어 죽임을 당하고 제 삼일에 살아나야 하리라 하시고 또 무리에게 이르시되 아무든지 나를 따라오려거든 자기를 부인하고 날마다 제 십자가를 지고 나를 따를 것이니라(눅 9:22-23).

---

[4] 안수와 관련하여 1)죄가 이동하든지, 소유권이 하나님에게로 이동하든지 이동시키는 행위 2) 제물과 동일시되는 것 3) 헌제자가 제사의 목적을 선언하는 선언적 의미 4) 제물이 누구의 소유인가를 밝히는 행위. 이와 같이 구분하기도 한다. 정중호, 위의 책, 40-41.

사도 바울 또한 우리 몸을 하나님이 기뻐하시는 거룩한 산 제물로 드리는 것이 영적 예배라고 한다(롬 12:1). 자기 부인의 번제 정신이 우리가 마땅히 드려야 할 삶의 예배라는 것이다.

바울은 이런 번제 정신을 갈라디아서에서 다음과 같이 고백한다.

> 내가 그리스도와 함께 십자가에 못 박혔나니 그런즉 이제는 내가 사는 것이 아니요 오직 내 안에 그리스도께서 사시는 것이라 이제 내가 육체 가운데 사는 것은 나를 사랑하사 나를 위하여 자기 자신을 버리신 하나님의 아들을 믿는 믿음 안에서 사는 것이라(갈 2:20).

그러므로 예배할 때마다 십자가에 달려 있는 예수를 보아야 한다. 더 나아가 십자가에 달려 있는 내 자신을 바라보아야 한다. "이제 나는 없습니다. 나의 흔적마저 태워져 오직 주님 받으실 향기가 됩니다." 이 고백이 예배드리며 십자가를 묵상할 때마다 터져 나와야 한다.

## 7. 요약

(1) 번제를 통한 예배 정신은 자원함으로 드린 예배를 하나님은 기뻐하신다.

(2) 번제는 회중이 수동적이지 않고 적극적으로 예배에 참여함을 강조한다.

(3) 예배를 드리는데 있어서 어떤 차별이 있어서는 안 되지만, 순결함 마음으로 드려야 한다.

(4) 예배는 나는 살 곳 없고 오직 주만 보이도다. 나를 태워 하나님 기뻐하시는 향기되기를 원한다는 자기 부인의 정신이다.

== 제8장 ==

# 소제

성경에서 예배와 관련한 본문을 보면, 마치 스펙트럼처럼 다양한 메시지를 발견할 수 있다. 하나의 물줄기처럼 흐르는 내용이 여러 갈래의 지류로 나뉘어지기도 한다. 동일한 내용이 다양한 형태로 나타나기도 하고, 반복되기도 하면서 핵심 내용을 강조하기도 한다. 다양한 본문 속에서 지속적으로 반복되는 메시지가 귀에 들린다면 성령이 하시고자 하는 음성임을 기억하면서 온전한 예배자로 계속 거듭나야 한다.

## 1. 선물

'소제'의 '素'는 한자로 '흴 소'이다.
왜 제사의 명칭이 '희다'는 뜻을 가지고 있느냐?
소제는 곡식으로 드리기 때문이다. 다른 제사들은 짐승으로 드리기에 피를 흘린다. 하지만 소제는 유일하게 피 흘림이 없다. 그래서 '희다'는 의미로 '素'라는 한자를 사용한다.
'소제'로 번역된 히브리어는 '민하'라는 단어로 '선물'이란 뜻이다. 몇 가지 용례를 보면 창세기 32장에서 야곱이 라반의 집을 떠나 고향으로 돌아갈 때, 에서가 마중 나온다는 소식을 듣고 두려워한다. 그가 얍복강 가에서 목숨 걸고 기도한 이유가 바로 에서에 대한 두려움 때문이다.

야곱은 한편으로 기도하면서 다른 한편으로는 에서의 환심을 사기 위해 적지 않는 선물을 미리 보낸다. 이 '선물'이 바로 히브리어로 '민하'다. 또한, 속국이 되었던 나라가 종주국에 바치는 '조공', '공물'이 바로 '민하'다.[1] 따라서 소제를 가리키는 단어인 '민하'는 주인 되신 하나님 앞에 드리는 '선물' 또는 '조공'이란 의미이다. 그 속에는 바로 하나님과 택한 백성 사이가 언약 관계임을 증명한다.

## 2. 반응

제사 중 번제가 가장 오랜 역사를 가지고 있다. 번제에는 죄를 속죄하는 기능도 있고, 헌신의 의미도 있고, 감사의 의미도 있다. 그런데 레위기 제사법을 통해 속죄제와 속건제가 속죄하는 기능을 대체하고, 화목제가 감사와 자원함의 의미를 대체하고, 소제가 헌신의 의미를 대체하면서 제사의 종류가 다섯 가지로 확대되었다.

그 중에 소제는 다른 제사와 함께 드리는 특징이 있다. 번제를 드릴 때 소제를 함께 드리고, 화목제나 속죄제 혹은 속건제와 같은 다른 제사를 드릴 때 소제가 함께 드려졌다. 소제를 제외한 다른 제사는 분명한 목적을 갖고 있다. 그 목적은 바로 하나님과의 관계를 회복하는 것이다. 제사를 통해 하나님은 받으시고 은혜를 주셔서 용서하시고, 회복을 허락해 주신다. 이때 다른 제사와 함께 '소제'를 드린다.

그런 측면에서 '소제'는 하나님이 제사를 통해 베풀어 주시는 용서의 은혜, 회복의 은혜에 대한 반응으로 드리는 제사이다. 따라서 은혜에 대한 감사와 찬양 그리고 은혜를 보답하고자 하는 헌신의 의미가 들어 있는 것이다.

---

1 김중은, 위의 책, 227-228.

그러므로 형제들아 내가 하나님의 모든 자비하심으로 너희를 권하노니 너희 몸을 하나님이 기뻐하시는 거룩한 산 제물로 드리라 이는 너희가 드릴 영적 예배니라(롬 12:1).

'거룩한 산 제물'이란 구절의 '제물'에 해당하는 헬라어가 '뒤시아'인데, 히브리어로 '민하' 즉, 소제이다. 그러므로 이 구절은 "너희 몸을 하나님이 기뻐하시는 거룩한 살아있는 소제로 드리라"로 번역할 수 있다.

사도 바울은 왜 제사 중에서 '소제'를 택해 여기서 사용하고 있을까?

그 이유는 로마서 12:1의 '그러므로'에 있다. '그러므로'는 이제까지의 내용을 정리하거나 결론으로 제시할 때 사용한다. 이와 같이 로마서 12:1의 '그러므로'는 로마서 1-11장까지의 결론이다.

그렇다면, 앞부분은 무슨 내용일까?

로마서 1-11장까지의 내용은 하나님의 은혜로 어떻게 되었는가?

즉, 하나님이 주시는 은혜로 말미암아 죄에서 해방되었고, 죽음에서 해방되었고, 율법에서 해방되었다고 선포한다. 그 사실을 믿으면 성령 안에서 자유롭게 된다는 말씀이다.

그러므로 구원 받은 자가 하나님에게 어떻게 반응해야 하느냐?

자신을 하나님에게 드려야 한다. 왜냐하면 모든 문제를 하나님이 예수 그리스도를 통해 해결해 주셨기 때문이다. 이 은혜에 대한 반응으로 드리는 제사가 '소제'이다. 이것이 소제가 다른 제사와 함께 드리는 이유이다.

물론 소제가 단독으로 드려지는 경우도 있지만 대부분은 다른 제사와 함께 드린다. 소제는 구원의 은혜와 감사와 죄 용서를 받은 자로서 마땅히 하나님에게 드리는 반응이란 사실을 기억해야 한다. 따라서 우리가 드리는 모든 예배가 사실, 소제의 범주에 포함된다고 할 수 있다.

## 3. 가난한 자를 위한 배려

번제도 가난한 자들을 위한 배려가 있었다. 비둘기로 제물을 삼을 수 있다는 규정이었다. 소제도 마찬가지다. 소제는 소나 양과 염소와 같은 가축으로 드리는 제사가 아니라 '곡물로 드리는 제사'다. 제물로 드리는 짐승은 가격이 비싸므로 가난한 자들에게는 부담이 될 수 있다. 하지만, 곡물은 가난한 사람들에게도 그렇게 부담되지 않으면서 하나님에게 예배할 수 있는 제물이다.

이러한 특징은 소제를 드리는 방법을 보면 확실하게 드러난다.

**첫째**, 곡식을 갈아서 고운 가루를 만들어 그것에 기름을 넣어 태워서 드리는 방법이 있다. 여기에 유향을 넣는다. 유향은 아름다운 향기를 낸다. 그런데 유향은 상당히 비싸서 서민들이나 특히 가난한 자들은 구입하기가 쉽지 않았다.

**둘째**, 소제 드리는 또 한 가지의 방법은 레위기 2:4 이하에 보면, 전병을 만들어서 드리는 방법이 그것이다. 전병으로 드리는 것은 유향을 넣지 않았다. 기름을 넣어 굽거나, 부치거나, 쪄서 드릴 수 있다. 유향을 구입할 수 없는 가난한 사람들은 이 방식으로 하나님에게 소제를 드렸다.

번제와 소제에 나타난 공통적인 점은 예배는 누구든지 드릴 수 있어야 한다. 부자이든 가난한 사람이든 하나님을 예배하는 데 있어 다른 어떤 기준도 조건이 될 수 없다는 점이다.

요즈음은 교회 다니는 성도들끼리 모이면 첫 번째로 물어보는 것이 이런 질문이라고 한다.

"네가 다니는 교회 몇 명 모이느냐?"
"네 교회 목사님 설교 어떠니?"
"일 년 재정이 얼마니?"

한편으로 보면 자연스러운 것 같지만, 세상적인 기준을 가지고 교회를 평가하려는 의식 수준은 아닌지 씁쓸하다. 이런 교회에 대한 성도들의 의식 때문에 한국 교회의 문턱이 높아졌음을 부인할 수 없다. 점점 가난한 사람들은 교회에는 다니지만 교회 생활을 하는 것이 부담이 되고 있다.

소제의 예배 정신을 기억해야 한다. 하나님 앞에 예배하고, 하나님을 섬기는 일, 더 나아가 교회 생활을 하는데 있어 부자나 가난한 사람이나 아무런 제약이 없어야 한다. 부담이 없어야 한다. 하나님이 예배하는 일에 얼마나 가난한 사람을 세심하게 배려하고 있는지 분명하게 기억해야 한다.

필자가 사역했던 교회들을 되돌아보면, 대형 교회도 있었고, 중·소형 교회도 있었고, 작은 교회도 있었다. 물론 교회가 크고 작고에 따라서 하나님이 기뻐하시는 교회의 기준이 될 수 없다. 하지만, 하나님이 귀하게 사용하는 교회의 특징은 한결같이 소외된 자들을 향한 목회 프로그램이 있었다. 장애인 사역, 정신 지체인 사역, 외국인 이주자들을 위한 사역, 주변 어려운 사람들을 위한 구제 사역이 있었다.

물론 교회가 그만큼 역량이 되는 점도 있겠지만, 역량이 되지 않는다고 하지 않는 것은 핑계에 불과하다. 어떤 형태로든 간에 소제의 정신이 반영된 것이다. 교회는 그 형편에 따라 반드시 가난한 자들을 배려하는 그리고 지역 구제를 위한 사역을 감당해야 한다.

하나님이 어떤 예배를 기뻐하시는가?

어떤 예배를 드리는 교회를 기뻐하시는가?

소제를 통해 강조하시는 예배 정신을 깨닫기를 바란다.

목회를 하면서 교회의 연중 계획과 예산 편성을 할 때, 반드시 플러스알파를 추가한다. 그것은 선교와 구제와 관련해 하나님이 하실 부분을 남겨 두는 일종의 믿음의 예산이다. 그런데도 교인들에게 헌금을 강요하지 않는다. 헌금은 자원함으로 드려야 한다는 것이 번제의 정신이고, 소제의 정신이기 때문에 그렇다. 세워진 예산이 채워지지 않으면, 올해는 그 정도만 우리에게 허락한 것으로 받아들이면 된다.

소제의 예배 정신을 통해 하나님에게 예배하고, 교회에서 섬기고 신앙생활 하는 것이 물질 때문에 위축되어서는 안 된다. 하나님은 어찌하든 가난한 자들도 마음껏 신앙생활하고 예배할 수 있도록 세심하게 배려하고 있음을 기억해야 한다.

## 4. 온전한 헌신

번제의 예배 정신의 핵심은 자기를 죽이는 것, 자기 부인이었다. 물론 번제에도 헌신의 의미가 있다. 왜냐하면, 자기를 부인하는 것과 헌신은 뗄레야 뗄 수 없는 관계가 있기 때문이다. 그러나 소제는 보다 더 구체적으로 헌신의 의미를 강조하고 있다.

> 누구든지 소제의 예물을 여호와께 드리려거든 고운 가루로 예물을 삼아 그 위에 기름을 붓고 또 그 위에 유향을 놓아(레 2:1).

소제의 예물을 드리기 위해 '고운 가루'로 드려야 한다. 이 고운 가루를 만들기 위해 헌제자는 곡식을 철저하게 부수고, 거친 것은 제하고 고운 가루를 추려내야 한다. 이 과정이 보여 주는 예배 정신이 헌신이다.

헌신이란 무엇인가?

내 모습이 드러나지 않는 것이다. 고운 가루를 밀로 만든다고 하자. 밀의 형체가 없어지고 가루만 남는 것이다. 이와 같이 헌신은 내가 드러나지 않는 것이다. 무엇인가 이루었다는 업적주의가 없어져야 한다. 만일 그것이 남아 있다면, 걸러서 다시 갈거나 아니면 제물로 바칠 수 없어서 찌꺼기로 버려야 한다.

고운 가루를 어떻게 드리는가?

태워서 드린다. 이것을 화제라고 부른다. 고운 가루를 태워서 드릴 때, 반드시 들어가는 두 가지가 있다.

**첫째**, 기름이다.
**둘째**, 유향이다.

기름을 넣는 이유는 제물이 잘 탈 수 있도록 하는 것이고, 유향은 향기로운 냄새를 위해서다(레 2:2). 기름과 유향은 분명한 역할이 있다. 이미 성소를 살펴보면서, 이것들이 상징하는 것들을 무엇인지 알게 되었다. 기름은 성령과 기쁨을 상징하고(사 61:1; 삼상 16:13), 유향은 성도들의 기도를 상징한다(계 5:8). 고운 가루가 헌신을 상징한다면, 이 헌신은 그냥 되는 것이 아니다. 하나님에게 향기로운 냄새가 되기 위해, 기름이 상징하는 성령과 유향이 상징하는 기도가 첨가되어야 한다.

고운 가루가 잘 타기 위해 기름이 있어야 하듯, 온전한 헌신을 위해 성령의 도움이 있어야 한다. 고운 가루가 향을 내기 위해 유향을 넣어야 하듯이, 하나님이 받으시는 온전한 헌신에는 반드시 기도가 있어야 한다.

기도의 향이 들어간 것과 들어가지 않는 것은 벌써 하나님이 받으시는 향기의 농도가 다르다. 그러므로 스스로의 힘으로 헌신은 불가능하다. 하나님이 받으시는 헌신은 그것이 예배든, 봉사든, 섬김이든 성령의 능력과 기도를 통해 가능하다.

우리의 예배를 돌아보자. 하나님 앞에 드리는 헌신을 돌아보자.

고운 가루가 되기 위해 얼마나 준비하는가?
눈에 보이는 준비뿐만 아니라 얼마나 영적인 준비를 하는가?
성령의 임재를 얼마나 사모하는가?
얼마나 기도의 향을 넣고 있는가?

## 5. 불완전한 헌신

소제를 드릴 때, 예물에 첨가해서는 안 되는 것 두 가지가 있다.

**첫째**, 누룩이다.
**둘째**, 꿀이다.

> 너희가 여호와께 드리는 모든 소제물에는 누룩을 넣지 말지니 너희가 누룩이나 꿀을 여호와께 화제로 드려 사르지 못 할지니라(레 2:11).

누룩과 꿀을 첨가하지 말라는 것은 '변질'의 속성 때문이다. 누룩과 꿀이 들어가면 발효가 촉진된다. 이는 물질이 상했다는 것이다. 누룩과 꿀은 부패를 상징한다.

헌신이란 무엇인가?

변질되지 않고, 끝까지 그 모습 그대로 가는 것이다. 처음에는 잘 했다가 가면 갈수록 흐트러지거나 끝이 좋지 않는다면 헌신이 아니다.

변질된다는 것은 무슨 의미인가?

누룩은 부풀리는 성질을 갖는다. 변질은 부풀린다. 꿀은 달콤하다. 변질은 시간이 지날수록 힘든 일, 어려운 일은 하지 않고 달콤한 자리, 쉬운 자리, 대접받는 자리를 추구한다. 누룩과 꿀의 의미는 불완전한 헌신의 표상이다.


## 6. 변하지 않는 헌신

마지막으로 모든 소제물에 소금을 추가해야 한다. 소금은 누룩과 꿀과는 정반대의 속성을 가지고 있다. 부패를 방지하고, 변질되는 것을 막는다.

헌신은 소금처럼 변질되지 않고 변하지 않는 것이다.

> 네 모든 소제물에 소금을 네 소제에 빼지 못할지니 네 모든 예물에 소금을 드릴지니라 (레 2:13).

민수기에는 '소금 언약'이 나온다. 하나님이 대제사장인 아론과 맺은 언약이다. 이 소금언약은 하나님과 하나님의 자녀 사이의 언약 관계가 영원하다는 것을 뜻한다.

> 이스라엘 자손이 여호와께 거제로 드리는 모든 성물은 내가 영구한 몫의 음식으로 너와 네 자녀에게 주노니 이는 여호와 앞에 너와 네 후손에게 영원한 소금 언약이니라 (민 18:19).

헌제자는 소제물에 소금을 치므로 하나님 앞에 변질되지 않고 끝까지 신실하겠다는 결단을 올려드리는 것이다.

## 7. 요약

(1) 소제의 예배 정신은 예배란 하나님에게 받은 구원, 받은 은혜에 대한 우리들의 합당한 반응이다.
(2) 예배와 교회 사역에 있어 가난한 자들을 위한 배려를 잊지 말라.
(3) 소제 정신의 핵심은 온전한 헌신이다. 내 모습이 드러나지 않는 것이다. 이는 성령의 능력과 기도로 가능하다.
(4) 헌신 된 예배자는 처음과 다르게 변질되거나 자기 만족과 같은 달콤함을 추구하지 않고, 끝까지 신실한 자이다.

## 제9장

## 화목제

화목제를 뜻하는 히브리어 '제바흐 쉐라밈'은 '자바흐'(동물을 살육하다, 제사 드리다)에서 파생된 '제바흐'(도륙, 희생물)와 '솨렘'(온전한, 공평한, 평화로운)에서 파생된 '쉐라밈'의 합성어[1]로서 '하나님과의 온전한 관계를 위해 바치는 희생 제물'이라는 의미를 갖고 있다.

화목제의 종류로는 세 가지가 있다.

**첫째**, 감사제다. 이 제사는 감사할 조건이 있다거나, 감사할 일이 생각났거나, 깨달아졌을 때 드리는 제사이다. 예를 들어, 시편 107편에 보면, 항해(?) 혹은 광야 여행에서 무사히 돌아왔을 때, 병이 나았을 때, 어려움 가운데 구원을 받았을 때, 그 은혜를 인하여 감사제를 드렸다.

**둘째**, 서원제다. 서원은 하나님의 구원 또는 축복에 대한 기대감을 갖고 허락하실 것을 바라보며 작정하는 것이다. 야곱이 형 에서에게 쫓겨 도망할 때, 벧엘이란 곳에 이르러 돌에 기름을 부으면서 세 가지 기도와 세 가지 서원을 드린다. 그리고 그 기도가 응답되었을 때 밧단아람으로부터 수십 년 후에 벧엘에 돌아와 서원을 이루어 주신 하나님에게 제단을 쌓는다.

---

1 제바흐에 대해 르빈(B. A. Levine)은 '음식 제사'로, 밀그롬(J. Milgrom)은 '예배 드리는 사람이 그 고기를 먹는 제사'로 정의하였고, 쉐라밈에 대해 1) 평화의 제사 2) 화목제 3) 성찬 제사 4) 보은 제사 5) 계약 6) 선물이란 다양한 의미로 번역할 수 있다. 정중호, 위의 책, 71-72.

> 야곱이 서원하여 이르되 하나님이 나와 함께 계셔서 내가 가는 이 길에서 나를 지키시고 먹을 떡과 입을 옷을 주시어 내가 평안히 아버지 집으로 돌아가게 하시오면 여호와께서 나의 하나님이 되실 것이요 내가 기둥으로 세운 이 돌이 하나님의 집이 될 것이요 하나님이 내게 주신 모든 것에서 십분의 일을 내가 반드시 하나님에게 드리겠나이다 하였더라 (창 28:20-22).

> 야곱과 그와 함께 한 모든 사람이 가나안 땅 루스 곧 벧엘에 이르고 그가 거기서 제단을 쌓고 그 곳을 엘벧엘이라 불렀으니 이는 그의 형의 낯을 피할 때에 하나님이 거기서 그에게 나타나셨음이라(창 35:6-7).

**셋째**, 자원제다. 출애굽기 35장에서는 '낙헌제'라고 소개한다. 이 제사는 하나님의 은혜를 스스로 깨닫고 드리는 제사다. 전혀 예상하지 못했던 하나님의 은혜를 깨달았거나, 어떤 계기로 알게 된 하나님의 선하심과 인자하심 때문에 드리는 제사(신 16:10)다. 감사제와 구분할 수 있는 점은 명칭에서 보듯 자발적으로 드리는 것에 있다.

## 1. 최고의 예배, 중심의 예배

레위기 3장의 화목제를 드리는 절차는 다음과 같다.

(1) 제물로는 암수 상관없이 흠 없는 것으로 회막 문으로 가지고 온다.
(2) 헌제자는 제물의 머리에 안수한다.
(3) 제물로 바쳐진 짐승을 동물을 잡는다.
(4) 제사장은 그 피를 단 사면에 뿌린다.

여기까지는 사실 번제의 제사 방법과 같다.

다음 단계부터 화목제만의 독특한 의식이 진행이 된다.

(5) 번제는 동물 전체를 제단 위에서 태워 그 향기를 하나님에게 드리지만 화목제는 내장을 덮고 있는 기름과 콩팥만을 태워서 드린다. '기름'은 가장 좋은 것을 뜻한다.

> 너희 아버지와 너희 가족을 이끌고 내게로 오라 내가 너희에게 애굽의 좋은 땅을 주리니 너희가 나라의 기름진 것을 먹으리라 (창 45:18).

'콩팥'은 생각과 감정과 생명의 중심이 있는 자리다. "의인을 시험하사 그 폐부와 심장을 보시는 만군의 여호와여"(렘 20:12) 여기에서 심장(레브)은 '마음'이란 단어와 같이 사용되고, 폐부는 콩팥과 동일한 단어다.

> 나를 훈계하신 여호와를 송축할지라 밤마다 내 양심이 나를 교훈하도다 (시 16:7).

여기에서 '양심'은 콩팥, 폐부와 같이 히브리어로 '킬라'란 단어를 사용한다. 따라서 기름을 드림은 생명체의 가장 좋은 곳을 드리는 것이고, 콩팥을 드림은 생명체의 가장 깊고 순수한 것을 드린다는 의미이다.

예배란 가장 좋은 것, 최상의 것 그리고 내 가장 깊은 것을 감찰하신 그분 앞에 순수함으로 드리는 것이다. 다시 말하면, 예배가 내 삶에 있어 최고의 우선 가치여야 하며, 내 마음의 가장 깊숙하고 순수한 영역 즉, 마음과 뜻과 정성을 다해 드리는 것이다.

## 2. 나눔과 친교

하나님에게 이 두 가지를 화제로 드리고, 남은 제물 중 가슴 부분과 뒷다리는 제사장의 몫으로 돌린다.

> 내가 이스라엘 자손의 화목제물 중에서 그 흔든 가슴과 든 뒷다리를 가져다가 제사장 아론과 그의 자손에게 주었나니 이는 이스라엘 자손에게서 받을 영원한 소득이니라(레 7:34).

제사의 종류는 다섯 가지이며, 제사를 드리는 방법은 네 가지이다. 화목제에서 흔든 가슴은 요제를 가리키며, 든 뒷다리는 '거제'를 가리킨다. 이 두 가지 방법으로 드리는 제물은 그대로 남고, 제사장 몫으로 돌린다. 요제나 거제로 드리는 것 중 일부분은 제사장에게로 돌아가고, 남은 대부분은 헌제자에게 돌린다. 화목제의 특징 중 하나로 헌제자에게 제물의 대부분이 돌아가는 유일한 제사라고 할 수 있다.

(6) 헌제자는 돌려 받은 제물을 당일에 처리해야 한다.

대부분의 제사를 차지하는 감사제는 당일 처리를 하고, 서원제나 자원제는 틀림없이 이튿날까지 제물을 처리해야 한다. 만약 그 기간 내 처리하지 못하면 하나님이 그 제사를 받지 않으신다. 더 나아가 제사 자체가 가증한 일이 된다. 그 이후에 먹는 자도 죄를 짓는다.

> 감사함으로 드리는 화목제물의 고기는 드리는 그 날에 먹을 것이요 조금이라도 이튿날 아침까지 두지 말 것이니라(레 7:15).

> 그러나 그의 예물의 제물이 서원이나 자원하는 것이면 그 제물을 드린 날에 먹을 것이요 그 남은 것은 이튿날에도 먹되 그 제물의 고기가 셋째 날까지 남았으면 불사를지니 만일 그 화목제물의 고기를 셋째 날에 조금이라도 먹으면 그 제사는 기쁘게 받아들여지지 않을 것이라 드린 자에게도 예물답게 되지 못하고 도리어 가증한 것이 될 것이며 그것을 먹는 자는 그 죄를 짊어지리라(레 7:16-18).

화목제에 있어 중요한 요소는 헌제자가 다시 받은 제물을 그 당일에, 혹은 그다음 날까지는 처리해야 한다. 화목제물로 드리는 짐승이 소라고 가정해 보자. 가슴과 뒷다리만 남기고 나머지 전체는 당일 날 처리해야 한다.

어떻게 해야 할까?

마을 잔치를 벌이는 일밖에 없다. 제물이 염소와 양이라고 가정해 보자.

어떻게 처리해야 할까?

마을 잔치는 아니어도 친지와 이웃을 초청해야 한다. 번제와 다른 제사에 있는 가난한 자들을 위한 비둘기가 있다. 화목제의 제물에는 비둘기가 포함되지 않는다.

비둘기는 스스로 당일 날 충분히 처리할 수 있기 때문은 아닐까!

화목제의 예배 정신은 여기에서 명확하게 드러난다. 화목제의 명칭은 '쉘라밈' 즉, 평화, 화평이다. 위로 하나님과의 온전한 평화를 이루고, 내 옆의 사람들과도 진정한 샬롬을 누리는 제사이다. 특히, 화목제물을 받으시는 결정적인 대목이 제물을 처리하는 방식에 있다는 점이다. 처리 과정을 통해 주시는 메시지는 이웃과 마을 사람들을 초청해 잔치를 벌이고, 축제를 즐기고 친교의 장을 마련하라는 것이다. 한 마디로 화목제의 예배 정신은 '나눔'과 '친교'에 있다. 화목제는 하나님과의 화목만이 아니라 이웃과 성도 간의 나눔과 친교를 예배로 승화시키므로 예배의 지평을 넓힌다.

> 오직 선을 행함과 서로 나누어주기를 잊지 말라 하나님은 이 같은 제사를 기뻐하시느니라(히 13:16).

성도 간, 이웃 간 서로 나누는 것을 하나님이 기뻐하시는 제사라고 선포한다. 초대 교회 역시 화목제의 예배 가치와 전통을 계승하고 있음을 보여 준다. 성령이 충만한 사도행전 초대 예루살렘 교회의 모습은 이를 잘 보여 준다.

> 날마다 마음을 같이하여 성전에 모이기를 힘쓰고 집에서 떡을 떼며 기쁨과 순전한 마음으로 음식을 먹고(행 2:46).

초대 교회 성도들은 공동체로 기도하고, 찬양하고, 말씀으로 가르침을 받았다. 그리고 그 예배의 현장이 가정으로 이어진다. 집에서 떡을 떼며, 서로 기쁨으로 식탁 교제를 나누었다. 나눔과 친교가 예배의 중요한 영역이었다. 주일에 드리는 예배를 대그룹 예배로 지칭하고, 구역이나 셀, 팀 모임을 소그룹 예배라 지칭하는 근거가 화목제에 있다. 하나님에게 드리는 예배와 함께 교회 소그룹 공동체에 속해 서로 나누고, 친교 하는 것이 얼마나 중요한지를 깨달아야 한다.

초기 교회 중에서 예루살렘교회만 그런 게 아니라 고린도 교회도 이 정신을 이어갔다. 그것이 예배 의식으로 잘 나타난 것이 바로 성찬식이다. 성찬식 자체가 그리스도의 보혈을 통한 언약 갱신의 의미도 있지만, 그리스도의 몸에 참여한 성도들이 한 지체로 고백하는 의미도 담고 있기 때문이다. 여기에 성찬식 전에 서로 준비한 음식을 나누며 친교 하는 애찬식을 가졌는데, 그 장면이 고린도전서 11장에 등장한다.

고린도 교회는 당시 교회가 그러했듯이 종과 자유자, 남자와 여자, 부자와 가난한 자, 유대인과 이방인이 하나가 되어 신앙을 공유하고 예배하는 공동체였다. 초기교회는 성찬을 저녁에 한 것으로 보인다(고전11:17절 이하). 그 전에 서로 준비한 음식을 나누었다. 그런데 부자와 가난한 자 사이에 문제가 발생하여 사도 바울이 강하게 책망한다.

> 너희가 먹고 마실 집이 없느냐 너희가 하나님의 교회를 업신여기고 빈궁한 자들을 부끄럽게 하느냐 내가 너희에게 무슨 말을 하랴 너희를 칭찬하랴 이것으로 칭찬하지 않노라 (고전 11:22).

부자는 취해 있거나 먼저 먹어 버리고, 가난한 자는 소외 당해서 마음이 상해 있고, 이런 상태로 성찬식을 하면서 우리는 형제요, 자매라고 고백한다. 이에 대해 바울은 나눔과 친교가 중요한 예배 정신인데도 그것이 도리어 사람들을 소외되게 하면 그것은 도리어 그리스도의 몸을 더럽히는 행위가 된다고 책망한다.

> 그러므로 누구든지 주의 떡이나 잔을 합당하지 않게 먹고 마시는 자는 주의 몸과 피에 대해 죄를 짓는 것이니라(고전 11:27).

약한 사람들, 제도권 안에 들어오지 못하고 아웃사이더처럼 주변을 맴도는 사람들을 잘 융화시켜서 그들과 함께, 때로는 좀 불편함도 감수하면서 한 마음과 한 뜻으로 나누고 사랑하고, 교제하는 것이 화목제의 정신이다.

## 3. 요약

(1) 화목제는 감사의 예배다. 이미 주신 것에 감사하며(감사제), 앞으로 주실 것을 미리 감사하며(서원제), 영적인 깨달음으로 자발적으로 감사드리는(자원제) 예배이다.
(2) 예배란 최상의 것으로, 가장 우선적으로 드리며, 가장 깊은 것을 감찰하시는 하나님 앞에 마음과 뜻과 정성을 다해 드리는 것이다.
(3) 예배는 하나님과의 화목만이 아니라 이웃과의 나눔과 친교로 지평을 넓혀야 한다.

= 제10장 =

# 속죄제

레위기의 5대 제사 중 네 번째는 속죄제다. 속죄제란 단어는 히브리어로 '하타'(죄를 짓다, 과녁에서 벗어나다)에서 온 '하타트'이다. '죄'란 이처럼 하나님이 정해 놓은 길에서 하나님의 백성이 벗어나 빗나간 생각과 행동을 하는 것을 말한다.

죄는 일시적으로 하나님과의 관계를 막히게 한다. 그 관계를 회복하기 위해 드리는 제사가 속죄제다. 죄와 상관없는 제사는 없지만, 속죄제의 경우 죄와 직접적으로 연결되어 있다. 죄를 속한다는 의미에서 '정결제' 혹은 정화 제사[1]란 용어를 사용하기도 한다.

## 1. 부지중에

> 이스라엘 자손에게 말하여 이르라 누구든지 여호와의 계명 중 하나라도 그릇 범하였으되 (레 4:1-2).

---

[1] 속죄제를 번역하는 '하타트'의 동사의 어간은 피엘형인 '히테'인데, '정화시키다'란 의미이다. '히테'는 '정결하게 하다'의 '티하르'(겔 43:23-26)와 정화하다의 의미가 있는 '키페르'와 유사한 의미가 있기 때문에 정화 제사로 번역하는 것이 더 적절하다고 주장하기도 한다. 정중호, 위의 책, 76.

본 절에서 '그릇'이란 말은 부지중에(unintentionally), 혹은 '우발적으로'란 뜻이다(레 4:13, 22, 27). 속죄제는 '부지중에' 다시 말하면, 고의적이지 않는 죄를 속하는 제사이다. 계명을 알고, 지켜야 할 법도 알고 있는데 순간적으로 전혀 의도하지 않는 상태에서 죄를 짓거나, 게을러서, 또는 부주의함으로, 소홀히 여김으로 지은 죄를 의미한다. 범죄 용어로 말하면, '과실치사의 범죄'에 해당한다. 이렇듯 우발적으로, 고의적이지 않는 죄는 본인이 죄를 지었는지도 잘 알지 못한 경우가 대부분이다.

> 만일 이스라엘 온 회중이 여호와의 계명 중 하나라도 부지중에 범하여 허물이 있으나 스스로 깨닫지 못하다가 그 범한 죄를 깨달으면 회중은 수송아지를 속죄제로 드릴지니 그것을 회막 앞으로 끌어다가(레 4:13-14).

따라서 그 범한 죄를 깨달아야 속죄제를 드릴 수 있다. 우리말 성경에 번역되지 않은 '아샴'(그들이 죄책감을 느끼다)이란 단어가 13절과 14절 사이에 있다. 이 단어를 포함하여 14절을 다시 해석하면, "그 범한 죄를 깨달으면 그들이 죄책감을 느끼는데, 그 때 속죄제를 드려라"가 된다. 또한 스스로 죄를 깨달을 수도 있지만, 타인이 죄를 깨우쳐 줄 수도 있다(레 7:23, 28). 속죄제는 죄로부터 자유로울 수 있는 사람은 아무도 없다는 사실을 깨우쳐 준다. 하나님의 백성으로서 말씀을 따라 살아가지만 크든 작든 계명대로 온전히 살아가는 사람이 어디 있겠는가?

심지어 의식하지 못하고 지은 죄들, 우발적으로 지은 죄들, 부지중에 지은 죄들은 헤아릴 수가 없을 정도이다. 지은 죄에 대해 스스로 깨닫지 못하고, 누군가가 깨우쳐 주지 못하고 사장되어진 경우도 있음을 부인할 수 없다. 이런 경우는 속죄제도 드리지 못한다. 만일, 죄를 속하시 않는다면, 하나님의 진노 아래 처하게 된다.

그렇다면, 깨닫지 못해서 속죄하지 못한 죄는 어떻게 해결하는가?

이 문제를 해결하는 것 중의 하나가 번제다. 번제에는 속죄의 기능이 있다는 것을 이미 살폈다. 내가 무슨 죄를 지었는지도 모르고, 깨닫지도 못할 때, 하나님의 진노를 막아 주는 제사이다.

> 그의 아들들이 자기 생일에 각각 자기의 집에서 잔치를 베풀고 그의 누이 세 명도 청하여 함께 먹고 마시더라. 그들이 차례대로 잔치를 끝내면 욥이 그들을 불러다가 성결하게 하되 아침에 일어나서 그들의 명수대로 번제를 드렸으니 이는 욥이 말하기를 혹시 내 아들들이 죄를 범하여 마음으로 하나님을 욕되게 하였을까 함이라 (욥 1:4-5).

다른 하나가 대 속죄일이다. 일 년에 한 번 이스라엘의 대제사장이 지성소에 들어가는 날로서 일 년 동안 지은 모든 이스라엘의 범죄를 짊어지고 들어간다. 다시 말하면, 속죄제로 해결되지 않는 모든 죄를 지고 들어가서 하나님으로부터 속죄 받은 날이 대 속죄일이다.

욥도 자기와 아들들의 생일날 번제를 드리고, 또한 이스라엘 백성들은 대속죄일에 속죄함으로 일 년 동안 해결하지 못한 죄를 해결한다. 이를 통해 속죄제는 부지중에, 무의식중에, 우발적으로 지은 죄라도 내가 깨달아야만 드릴 수 있는 제사임을 알 수 있다.

속죄제의 '부지중에' 지은 죄에 대해 깨닫지 못했을 때 신약의 백성들은 어떻게 적용할 수 있을까?

몇 가지 해결책이 있다.

**첫째**, 내주해 계신 성령의 역사이다.

그리스도인이 죄를 짓고도 의식하지 못하거나, 깨닫지 못하면 성령님이 내 속에서 근심하신다. 영적인 민감함을 갖고, 뜻 모를 불안함이 엄습할 때, 성령이 내 죄 때문에 근심하고 있지 않는지 돌아보고, 생각나게 하시고, 기억나게 하시는 성령을 의뢰하고 회개해야 한다.

**둘째**, 번제와 같은 예배를 통해 해결해야 한다.

예배는 하나님의 자비로 인하여 모든 죄를 사하시고 모든 관계가 회복되는 은총의 도구임을 잊지 말아야 한다. 특히, 주일 예배 때 참회하는 시간이라든가, 모든 예배 가운데 주시는 말씀을 통해 구체적으로 깨닫게 하시는 경우도 있으며, 또한 성찬식이 있다. 성찬식은 이전의 모든 죄를 사하고, 언약을 갱신하는 최고의 은혜의 자리다.

## 2. 회개

또 한 가지 간과하지 말아야 할 것은 죄를 깨달았는데도 해결하지 않는 경우다. 예수 그리스도를 통해 속죄 제사를 드릴 수 있는 길이 열렸는데도 깨달아진 죄에 대해 회개하지 않는 것이다. 객관적인 속죄는 이루어졌으나, 주관적인 속죄는 남아 있다. 그럼으로 이미 이루어진 속죄가 내게 적용되기 위해 깨달은 죄에 대해 회개해야 한다. 회개하지 않는 죄는 남게 되고, 그 대가를 치러야 한다. 하나님의 백성이 받은 구원이 완성되기 위해 이 땅의 해결되지 않은 죄에 대해 심판하신다.

> 주 예수의 이름으로 너희가 내 영과 함께 모여서 우리 주 예수의 능력으로 이런 자를 사탄에게 내주었으니 이는 육신은 멸하고 영은 주 예수의 날에 구원을 받게 하려 함이라 (고전 5:4-5).

음행하면서도 회개하지 않는 자를 향해, 그런 자를 책망하지 않고 받아주고 있는 고린도 교회를 향해 바울이 선포한 경고이다. 죄에 대해 설내로 쉽게 생각하지 말아야 한다. 예수로 말미암아 구원받았다고 죄에 대해서 쉽게 생각하고 넘어져도 회개하지 않는다면 현세의 삶에서 그 대가는 치르게 된다.

따라서 늘 자백하고, 회개하는 삶을 살아야 한다. 회개가 복음이요, 이미 이루신 속죄와 용서에 대한 은총의 통로요, 축복이다.

## 3. 노블레스 오블리제

이제 속죄제를 드리는 절차를 한 번 살펴보자. 절차 중 가장 특징은 피를 뿌리는 의식에 있다. 번제와 화목제는 제물을 잡은 다음에 그 피를 받아서 회막문 앞 제단 사방에 뿌린다(레 1:5; 3:2).

속죄제는 죄를 지은 대상에 따라서 뿌리는 곳이 다르다.

**첫째**, 제사장이 범죄하였을 경우에 피를 제단 앞에 쏟는 것이 아니라 그 피를 들고 회막 안으로 들어가서 성소의 휘장 앞에 일곱 번 뿌린다.

> 기름 부음을 받은 제사장은 그 수송아지의 피를 가지고 회막에 들어가서 그 제사장이 손가락에 그 피를 찍어 여호와 앞 곧 성소의 휘장 앞에 일곱 번 뿌릴 것이며 제사장은 또 그 피를 여호와 앞 곧 회막 안 향단 뿔들에 바르고 그 송아지의 피 전부를 회막문 앞 번제 단 밑에 쏟을 것이며(레 4:5-7).

**둘째**, 이스라엘 온 회중이 범죄 하였을 때도 제사장과 마찬가지로 휘장 앞에 일곱 번 뿌린다.

> 만일 이스라엘 온 회중이 여호와의 계명 중 하나라도 부지중에 범하여 허물이 있으나 스스로 깨닫지 못하다가(레 4:13).

> 그 제사장이 손가락으로 그 피를 찍어 여호와 앞, 휘장 앞에 일곱 번 뿌릴 것이며(레 4:17).

**셋째**, 족장이 범죄 하였을 때는 번제단 뿔들에 바르고, 피는 제단 밑에 쏟는다(레 4:22, 25).

**넷째**, 일반 평민이 범죄 하였을 때도 족장과 마찬가지로 번제단 뿔들에 바르고, 피는 전부 제단 밑에 쏟는다(레 4:27, 30).

기름부음을 받은 대제사장과 온 이스라엘 회중은 성소의 가장 깊은 곳, 즉 휘장까지 가서 피를 뿌리고 족장 즉, 지도자들과 일반 평민은 바로 번제단의 뿔들에 바른다.

속죄제의 또 다른 특징은 다른 제사의 경우 제물의 크기에 따라 제사 드리는 방법이 나온다. 먼저, 소로 드리는 경우, 다음은 양과 염소로 드리는 경우, 마지막으로 비둘기로 드리는 경우였다.

화목제도 마찬가지다. 먼저 소로 드리는 경우, 다음은 양으로 드리는 경우, 마지막으로 염소로 드리는 경우이다. 화목제는 이웃과 나누어야 하기에 비둘기는 없다.

반면에 속죄제는 제사를 드리는 자의 신분에 따라 다르다. 먼저 기름 부음 받은 대제사장이 범죄 한 경우는 송아지로, 이스라엘의 회중도 역시 송아지로, 족장의 경우는 숫염소로, 일반 평민의 경우는 암염소로 드린다.

속죄제를 드리는 규례는 다음과 같은 메시지를 내포하고 있다.

**첫째**, 같은 범죄라도 신분에 따라서 죄의 비중이 다르다.

제사장의 범죄는 온 백성이 지은 죄와 동급이다. 성소의 가장 깊은 곳까지 들어가서 피를 뿌린다. 그리고 백성의 지도자와 일반 평민은 회막 안으로 들어가지 않고, 밖에 있는 번제 단 뿔에 바르고, 제단 아래에 쏟는다.

**둘째**, 제물의 크기도 차이가 있다.

제사장과 온 회중은 모두 송아지를 드리지만, 제사장의 경우 흠 없는 수컷이며, 회중의 경우는 수송아지로 되어 있다. 같은 방식이지만, 제물의 크기에 따라 백성의 지도자인 족장들은 좀 더 큰 숫염소를, 일반 평민은 암염소를 드리므로 차이를 보인다.

이러한 사실은 같은 범죄라도 죄의 비중이 다르다는 메시지를 던져 준다. 가장 큰 죄는 종교 지도자들이 지은 범죄다. 종교 지도자 한 사람의 죄는 온 백성의 죄와 맞먹는다. 왜냐하면, 제사장의 경우는 백성들의 죄를 속하기 위해 제사를 집례 하는 사람이기 때문이다. 백성의 죄를 사하는 제사를 관장하는 자가 죄를 짓는다는 것은 하나님 앞에서 엄청난 범죄다. 그러므로 종교 지도자들의 타락은 심각한 일이 아닐 수 없다.

또한, 일반 평민보다는 지도자일수록 그 범죄의 비중은 커진다. 그러므로 지도자가 될수록 같은 범죄를 지어도 그 범죄의 비중은 훨씬 더 커진다는 사실이다. 제사장의 개인 범죄의 경우는 휘장에 피를 뿌리고, 온 백성의 죄도 역시 휘장에 피를 뿌린다. 족장들과 일반 평민들은 번제단에 피를 뿌리는데, '피를 뿌리는 것'은 뿌림을 받는 자나, 뿌리는 장소가 정결해 진다는 의미이다.

> 또 손가락으로 그 피를 그 위에 일곱 번 뿌려 이스라엘 자손의 부정에서 제단을 성결하게 할 것이요(레 16:19).

이와 같이 속죄제는 개인의 죄에 대한 속죄의 기능을 가지고 있다. 더 나아가 개인이나 공동체의 죄 때문에 더러워진 성전을 정화시키는 기능도 있다. 그래서 이 속죄제를 정화 제사, 정결 제사로 부르기도 한다.

## 4. 죄의 영향력

다음으로, 죄는 영향력을 가진다는 사실이다. 개인의 죄는 절대로 개인으로 끝나지 않고, 파급력이 있다. 일단 죄를 짓게 되면, 그 결과 때문에 성소가 오염이 된다. 성소는 하나님이 계신 곳이기 때문에 하나님의 처소가 오염되었다면, 하나님은 더 이상 그곳에 계실 수가 없다. 다른 말로 표현하면, 죄를 짓는다는 것은 하나님에게도 영향을 미친다는 사실이다.

명절에도 많은 사람이 고향을 다녀온다. 기쁘고 행복해야 할 명절에 교통사고가 나서 사람들이 다치거나 심지어 죽는 소식을 접할 때가 있다. 방송에서 그 소식을 들으면, 잠시 안타까운 마음이 들다가도 '그러려니' 하고 넘어간다.

하지만 만약 그 방송에 나온 차가 내 자식, 내 가족의 차였다면 어떨까? 그 충격은 상상을 초월할 것이다.

왜 하나님이 우리의 범죄 때문에 영향을 받으시는가?

바로 우리와 하나님과의 관계는 아버지와 자녀의 관계요, 신랑과 신부의 관계요, 주인과 종의 관계이기 때문이다. 너무나도 가까운 사이요, 너무나도 사랑하는 사이이기에 하나님은 우리의 죄로 인하여 영향을 받는다. 모든 피조물 가운데 유일하게 하나님에게 영향을 주는 것은 하나님의 형상대로 지음을 받은 인간이다. 그러므로 우리는 죄를 지었을 때, 내게 어떤 형벌이 내려질 것인가 두려워하기에 앞서, 나를 사랑하시는 하나님이 내 죄 때문에 얼마나 불편해 하실까, 얼마나 괴로워하실까 먼저 이것을 생각할 수 있어야 한다.

죄의 영향력은 공동체로 확산된다. 구약의 이스라엘은 성막을 중심으로 모여 있는 공동체였다. 한 사람이 죄를 짓게 되면, 속죄제를 드릴 때, '피'를 성소와 번제단에 뿌렸다. 거룩하신 하나님이 죄 때문에 오염된 성소에 계시지 않기 때문에 성소를 정결케 하기 위함이다. 개인의 죄는 공동체로부터 하나님이 떠나시는 원인이 된다.

다시 말하면, 나의 범죄 함으로 내 가족 가운데 하나님의 임재가 떠나고, 나의 범죄 함으로 우리 교회에 하나님의 임재가 떠난다. 그러므로 개인의 죄 때문에 공동체가 하나님의 임재를 경험할 수 없다고 생각해 보라. 끔찍한 일이 아닐 수 없다

그러므로 우리는 공동체의 중요성을 직시해야 한다. 서로에 대해 무관심하는 것은 결국 내게 영향을 미치게 된다. 서로 죄를 짓지 않도록 관심을 갖고 기도해야 한다. 상대방이 성령 충만하고 열정을 쏟을 때 더 격려하고 칭찬해 주어야 하며, 연약한 가운데 있을 때, 더 관심을 가져야 한다.

왜냐하면, 그 사람이 죄를 짓게 되면, 그 영향은 공동체 전체로 확산되기 때문이다. 더 나아가 국가적으로도 큰 범죄가 일어났을 때, 내 일이 아니라고 무관심해서는 안 되며, 왜 이런 일이 일어날 수밖에 없었는지 그 문제를 함께 해결하려고 노력해야 하는 것처럼 가족도, 교회도 마찬가지이다.

예수 그리스도를 믿는 자들은 공동체를 떠나서는 아무런 의미가 없다. 우리는 그리스도라는 몸을 이루는 지체이기 때문이다. 지체는 그 자체로 존재의미가 없다. 몸의 구성원으로서 조화를 이루고 연결되어 있을 때 지체는 의미 있는 존재가 된다. 속죄제를 통해 공동체의 중요성을 깊이 되새기를 바란다.

## 5. 요약

(1) 속죄제는 하나님 앞에서 죄로부터 자유로울 수 있는 사람은 한 사람도 없다는 것을 깨우쳐 준다. 이는 모두가 죄 사함을 받아야 하며, 예배의 자리가 죄 사함을 위한 은총의 자리임을 보여 준다.

(2) 예수의 보혈이 이미 이루어 놓으신 속죄의 은총을 회개를 통해 받아야 한다.

(3) 동일한 범죄라도 신분과 지도력에 따라 죄의 비중이 다르며, 개인의 죄는 공동체에 악영향을 끼친다. 나의 죄만이 아니라 우리의 죄 용서를 위해 기도해야 한다. 속죄제는 예배에 있어 회개와 공동체적인 중보기도의 중요성을 강조한다.

# 제11장

# 속건제

레위기 제사의 마지막 부분인 속건제는 어떤 제사인가?

> 누구든지 여호와의 성물에 대해 부지중에 범죄 하였으면 여호와께 속건제를 드리되 (레 5:15).

## 1. 마알

'부지중에 범죄 하였으면'이란 구절 가운데 히브리어 원문에 따르면 중요한 두 개의 단어가 생략되어 있다. 생략된 단어 두 개를 넣어서 다시 번역하면 '부주의로 신실치 못하게 행함으로 죄를 지었다면'이다. 여기에서 '부주의로 죄를 짓다'와 '신실치 못하게 행하다'가 의미상 비슷하기 때문에 '신실치 못하게 행하다'를 생략해 버린 것이다.

그런데 여기에서 생략된 '신실치 못하게 행하다'란 말이 이 속건제를 밝히는데 있어서 결정적인 단서다. 이 단어는 히브리어로 '마알'이다. 이 단어는 구약성경에 44번 나오는데, 이 단어가 나오는 경우 사람에 대한 죄가 아니고 하나님에 대해 죄를 범할 때만 등장한다. 따라서 '마알'은 신성을 모독하는 중죄에 해당한다.

이는 크게 두 가지로 나눌 수 있다.

**첫째**, 하나님의 거룩한 성소에 대해 위배 행위를 했을 때다.

역대하 26장에 웃시야왕이 제사장만이 들어갈 수 있는 성소에 들어가서 분향하려다가 문둥병에 걸리는 사건이 일어난다. 자격 없는 자가 성소를 더럽혔다. 또한, 여호수아 7장에 여리고성 전쟁에서 이스라엘이 승리한다. 그 성은 첫 번째 전투였기 때문에 처음 난 것은 하나님에게 온전히 드려야 했다. 하지만 아간이 여호와의 명령을 무시하고 물건을 감춘다. 이러한 범죄가 '마알'에 해당한다.

**둘째**, 하나님의 이름으로 맹세한 것을 파기했을 경우이다.

여호수아 9장에 이스라엘 백성들과 기브온 백성들이 서로 평화 조약을 맺는다. 비록 기브온 백성들이 속였지만, 하나님의 이름을 걸고 맹세를 했기 때문에 그 조약은 파기할 수가 없다. 따라서 기브온에서 전쟁이 일어났을 때에 여호수아가 출동하여 기브온을 위해 싸운다. 많은 세월이 지난 후에 이 맹세가 파기된다. 다윗 시대에 갑자기 삼 년 동안 가뭄이 이스라엘에 있었다. 그 때 다윗이 하나님에게 기도하자 여호와 하나님이 이렇게 말한다.

> 다윗의 시대에 해를 거듭하여 삼 년 기근이 있으므로 다윗이 여호와 앞에 간구하매 여호와께서 이르시되 이는 사울과 피를 흘린 그의 집으로 말미암음이니 그가 기브온 사람을 죽였음이니라 하시니라(삼하 21:1).

사울이 기브온 사람들을 죽임으로써 400년 전에 여호수아가 하나님의 이름으로 맹세했던 그 계약을 깨뜨렸다. 이것이 '마알'로서 하나님의 이름으로 맹세한 것을 파기한 경우이다. 이 일 때문에 사울의 후손들 중에서 일곱 명을 기브온 사람들에게 내주어서 죽인다. 성경은 그 사건을 '여호와 앞에서 목매어 죽이매'로 표현하고 있으며, 이로 인하여 이스라엘의 가뭄이 해결된다. 그러므로 '마알'이란 하나님 앞에 지은 범죄를 가리키는 것으로서, 거룩한 성소를 침범하거나 하나님의 이름으로 맹세한 것을 깨뜨릴 때 범하는 신성 모독의 중죄를 가리킨다.

따라서 속건제는 하나님 앞에 신성 모독의 범죄를 지을 때 드리는 제사로서, 첫째, 여호와의 성소와 관련된 죄를 지었거나, 둘째, 여호와의 이름으로 맹세한 것을 깨뜨릴 때 드린다.

여호와의 성소와 관련된 죄가 어떤 것들이 있는가?

여호와의 성물에 대해 죄를 범한 경우이다.

여기에서 언급하는 성물이 무엇인가?

레위기 22장에 보면, 제사장의 몫으로 주어진 제물을 가리킨다. 제사를 드리고 난 후에 화제로 여호와께 태워서 드리고, 일부는 제사장에게 돌아간다. 이 때, 제물의 일부가 제사장에게로 몫이 돌아가는데, 이것을 '성물'이라고 한다. 이 성물은 거룩한 것이므로 제사장만 먹을 수 있다. 레위기 24장에는 성소에 바친 진설병(떡) 역시 성물에 속했다. 그러므로 제사장의 몫으로 드려진 제물을 부주의하게 먹게 될 때 성물을 범하는 죄가 된다.

레위기 27장에 보면, 사람이 하나님에게 드린 모든 동물, 집, 밭, 십일조를 성물이라고 한다. 일단 이스라엘 백성이 하나님에게 물건을 바치면 그 물건은 성물이 된다. 이런 경우 성물을 범하는 죄는 하나님에게 바친 것에 대해 계속해서 자기의 권리를 주장하는 것을 말한다.

또한, 하나님에게 무엇을 바치기로 서원했다거나, 마땅히 바쳐야 할 십일조를 바치지 않는 것도 모두 성물을 범한 죄에 해당한다. 이 경우는 속건제를 드려서 죄를 해결해야만 했다.

## 2. 배상 제사: 정의 실현

속건제는 이웃의 재산에 손해를 입힐 때 즉, 다른 사람에게 경제적으로 손해를 입힌 경우 드리는 제사다. 이것 역시도 '신성을 모독하는 죄' 즉, '마알'의 죄로서 속건제를 드리는 죄로 규정한다.

> 여호와께서 모세에게 말씀하여 이르시되 누구든지 여호와께 신실하지 못하여 범죄 하되 곧 이웃이 맡긴 물건이나 전당물을 속이거나 도둑질하거나 착취하고도 사실을 부인하거나 남의 잃은 물건을 줍고도 사실을 부인하여 거짓 맹세하는 등 사람이 이 모든 일 중의 하나라도 행하여 범죄 하면 이는 죄를 범하였고 죄가 있는 자니 그 훔친 것이나 착취한 것이나 맡은 것이나 잃은 물건을 주운 것이나(레 6:1-4).

출애굽기 22장은 남의 물건에 손해를 끼치거나, 이웃의 재산에 손해를 입혔는데도 그것을 부인하는 경우로 인해 법정에 가게 될 때 손해를 끼친 원금의 200퍼센트를 배상해야 한다. 그런데 만일 스스로 잘못을 깨닫게 되어 속건제를 드릴 경우는 120퍼센트 즉, 원금의 5분의 1만 배상한다.

> 그 거짓 맹세한 모든 물건을 돌려보내되 곧 그 본래 물건에 오분의 일을 더하여 돌려보낼 것이니 그 죄가 드러나는 날에 그 임자에게 줄 것이요(레 6:5).

여기에서 속건제는 배상이라는 특징이 있음을 알 수 있다. 그래서 속건제를 '배상 제사'라고 한다. 모든 제사는 드리는 제물이 있듯이 속건제도 마찬가지이다. 속건제의 제물은 한 가지 숫양이다. 이는 하나님에 대한 배상이다. 이 배상이 이루어져야 그 죄가 사해진다.

> 그는 또 그 속건 제물을 여호와께 가져갈지니 곧 네가 지정한 가치대로 양 떼 중 흠 없는 숫양을 속건 제물을 위하여 제사장에게로 끌고 갈 것이요 제사장은 여호와 앞에서 그를 위하여 속죄한즉 그는 무슨 허물이든지 사함을 받으리라(레 6:6-7).

속건제는 하나님에게만 배상으로 끝나지 않는다. 성물에 대한 범죄의 경우는 제사장에게 120퍼센트 배상해야 한다. 또한 남의 재산에 손해를 끼쳤을 경우, 하나님에게는 숫양을 드리고그리고 이웃에게는 원금과 함께 5분의 1을 더 주어야 한다. 그래야 이 죄가 사함을 받는다.

따라서 배상 제사인 속건제의 예배 정신은 정의의 실현이다. 죄의 유형은 두 가지다. 하나는 나와 하나님 사이에서 지은 죄요, 다른 하나는 나와 사람 사이에 지은 죄다. 속건제는 이 두 가지가 다 해당이 된다. 속건제는 나와 하나님과의 죄에 있어서도 제사장에게 배상하고, 나와 다른 사람 사이에 지은 죄에 대해서 당사자에게 반드시 배상한다.

누가복음 19장에 보면, 삭개오 이야기가 나온다. 삭개오는 부자이며, 세리장이다. 그가 부자가 된 이유는 세리장 신분과 관련이 있다. 당시에 세리는 죄인과 동급으로 취급되었다. 세금을 걷어서 로마에게 바쳐야 했고, 거기에다가 더 많이 착취하여 자기 배를 불리는 사람으로 여겨졌기 때문이다.

그런 삭개오에게 예수님이 자기 마을로 지나간다는 소식이 들린다. 그는 키가 작기 때문에 예수님을 보기 위해 체면을 차리지 않고 돌무화과나무 위로 올라갔다. 예수님은 삭개오에게 내려오라고 하시면서, 그의 집에서 머물겠다고 하신다. 예수가 죄인의 집에 머무른다는 말에 사람들은 매우 놀라워했다. 하지만, 죄인과 세리의 친구이신 예수님에게는 전혀 이상한 일이 아니었다. 예수님을 영접한 삭개오의 고백을 보라.

> 삭개오가 서서 주께 여짜오되 주여 보시옵소서 내 소유의 절반을 가난한 자들에게 주겠사오며 만일 누구의 것을 속여 빼앗은 일이 있으면 네 갑절이나 갚겠나이다. 예수께서 이르시되 오늘 구원이 이 집에 이르렀으니 이 사람도 아브라함의 자손임이로다(눅 19:8-9).

신약에서 볼 수 있는 속건제의 예배 정신이다. 삭개오는 예수님을 만나고 나서 채권자가 아니라 자신을 채무자로 인식했다. 빚진 자의 삶으로 전환하여 자기의 재산이 사람들에게서 착취한 것임을 예수님께 고백하고, 가난한 자들을 위해 재산의 절반을 기부한다. 만일, 앞으로 남에게 손해를 끼친다면, 400퍼센트를 갚겠다고 선언한다. 속죄제의 배상 조건인 120퍼센트에 훨씬 더한 금액이다. 삭개오의 배상에 대한 의지와 채무자로서의 인식의 전환을 엿볼 수 있다.

속건제에서 배상을 120퍼센트를 규정한 것은 죄인에 대해 무거운 형벌을 부과하거나 죄인으로 낙인찍으려는 것이 아니다. 이것은 잘못한 사람이 그 손해를 끼친 사람에게 용서의 마음을 구하는 것이며, 회개하고 정상적인 삶을 영위하도록 하려는 의도가 깔려 있다.

또한, 속건제를 통해 우리가 지은 모든 죄는 하나님과의 관계에서만이 아니라 다른 사람과의 관계와도 얽혀 있다는 점이다. 드러나지 않았을 뿐이지 우리가 지은 죄의 경우는 생각으로 지은 경우를 제외한 거의 대부분은 다른 사람에게 영향을 미친다.

그러므로 구체적으로 드러나지 않는 죄는 하나님 앞에 속죄를 위해 회개해야 한다. 속죄를 하되, 하나님 앞에 배상하는 마음으로 헌금을 준비해서 드리기를 추천한다. 그리고 범죄가 표면적으로 드러났을 경우에는 하나님 앞에 회개할 뿐만 아니라 당사자와의 관계에서 이 문제를 반드시 풀어야 한다. 그것이 속건제의 예배 정신이다.

사회생활을 하면서 혹은 사업체를 운영하거나 장사하면서, 의도와는 다르게 범죄할 때가 있다. 어떤 경우는 사회 구조의 모순 때문에 죄를 짓는 경우도 있다. 사실, 이것으로부터 자유로울 수 있는 사람은 아무도 없다. 이럴 때 내가 깨달았든지 깨닫지 못했든지 간에, 속건제의 예배 정신을 실현해야 한다. 채무자로서, 빚진 자의 자세를 견지하고, 평소에 주변의 가난한 사람들을 구제하는 일과 자선 단체에 기부를 실천하는 일이다. 기업들이 사회적 책임을 위해, 많은 기부금을 내놓거나, 장학 사업을 하는 것이 기업의 이미지 재고를 위한 것일 수도 있지만, 구조적인 모순 속에 지은 범죄, 나도 모르게 다른 사람과 이웃을 해치는 경우에 대한 속죄의 의미로 배상하는 측면도 있다.

## 3. 용서함? 용서를 구함?

　이창동 감독, 전도연 주연 <밀양>이라는 영화는 그리스도인들이 보고 토론해 볼 만한 가치가 있다. 영화는 밀양이라는 작은 도시를 배경으로 전개되는데, 신애라는 여인의 아들이 학원장에 의해 납치가 되고 죽게 된다. 신애는 자식 잃은 슬픔을 교회를 통해 위로를 받고, 은혜를 경험하고, 감옥에 갇힌 살인자를 용서하기로 한다.

　감옥에서 대면한 살인자의 모습에 신애는 큰 충격을 받는데, 살인자의 모습이 아니라 온화하고 세상 걱정 없는 얼굴을 하고 있었다. 더군다나 그 살인자는 신애를 향해 이렇게 말을 한다.

　"나는 이미 내 지은 죄에 대해 하나님으로부터 용서를 받았습니다. 그래서 마음이 평안합니다"

　그 말을 듣고 신애는 그 자리에서 기절하고 만다. 그리고 절규한다.

　"내가 용서하지 않았는데, 누가 용서한단 말인가!"

　그리스도인으로서 가슴 아픈 장면이다. 영화감독이 의도한 바 이 장면은 현재 한국 교회의 단면을 보여 주었다. 이 살인자의 모습 속에 바로 우리의 모습이 있지는 않은지….

　내가 지은 죄 때문에 다른 사람에게 손해를 끼쳤다면, 그 죄를 하나님에게 자백하면 죄 사함의 확신을 가져도 되는가!

　그것으로 끝나는 것인가!

　절대로 그렇지 않다.

　속건제의 예배 정신은 무엇인가?

　살인자는 먼저 하나님 앞에 회개하고 난 후에 반드시 신애 앞에 무릎을 꿇고 사죄를 해야 하고, 마땅한 배상을 해야 한다. 이것이 속건제가 그리스도인들에게 전하는 메시지다.

　성경에서 내게 잘못한 사람을 용서해야 한다는 메시지를 많이 듣는다. 그러나 내가 지은 죄 때문에 다른 사람에게 손해를 끼치고, 상처를 입혔다면 그 사람에게 용서를 구해야 한다. 용서하는 것에만 익숙해 있다면 이제는 용서를 구하는 것에도 익숙해야 할 차례다. 용서를 구하는 자세와 나 때문에 피해를 본 사람에 대해 배상하려는 자세가 바로 속건제의 예배정신이기 때문이다.

## 4. 요약

(1) 속건제는 성물 곧 하나님에게 드리고 나서도 여전히 자신의 권리를 주장하는 것과 하나님의 이름으로 함부로 맹세함으로써 여호와의 권위를 훼손하는 것이 하나님 앞에서 큰 죄임을 드러낸다.
(2) 이웃에게 경제적인 손해를 끼쳤을 때 반드시 채무자로 인식하여 배상을 해야 하며, 이것은 정의의 실현이 예배의 범주임을 강조한다.
(3) 예배자는 타인을 용서하는 것과 함께 타인에게 용서를 구하는 자세를 견지해야 한다.

## 제2부

# 성전에서 회당까지

제12장   청종
제13장   경외
제14장   능력
제15장   찬양과 경배
제16장   정의
제17장   인애와 앎

## 제2부

# 성전에서 회당까지

광야 40년 이후 가나안 땅에 정착하게 된 이스라엘은 새로운 환경에 적응해야만 했다. 가장 큰 문제는 바로 가나안의 신들과 제의 그리고 야훼 하나님과 성막 체제 사이의 선택이란 현실적인 문제였다. 성막은 실로에서부터 놉으로, 기드온으로 옮겨 가면서 산당으로 점점 전락하였으며, 사사 시대 이후 모든 구심점이 사라지고, 영적으로도 자기 소견에 옳은 대로 행하는 포스트 성막 시대의 대 혼란이 찾아오게 되었다.

이런 혼란의 상황에서 사무엘 선지자가 등장하게 되었고, 마치 세례 요한이 예수 그리스도의 길을 열어 준 것처럼 다윗의 길을 열어 주었다. 또한, 하나님이 택한 다윗을 통해 새로운 변곡점을 맞이하게 되었다. 신명기를 통해 명령하신 한 분 하나님을 섬기는 단 하나의 중앙 성소를 세울 비전을 이룰 인물로 다윗을 선택하였고, 사무엘을 통해 기름부음을 받게 된다.

다윗은 하나님을 경외하는 자로, 하나님 마음에 합한 자였으며, 왕 위에 올라 예루살렘을 정복하고 그곳으로 방황하고 있던 법궤를 옮겼으며, 성전을 건축할 모든 준비를 하였다. 성전 건축을 위한 준비는 단지 건축만이 아니라 성전 예배에 대한 모든 기틀을 마련하였다. 제사장과 레위인의 조직과 시스템을 확립하고, 특히 찬양과 관련된 조직과 악기 등 제반 사항을 완벽하게 갖추었다.

결국, 사무엘하 7장에서 그의 아들로 인해 성전을 건축할 것과 다윗의 왕권이 영원할 것이라는 언약을 체결하게 된다. 이제 그의 아들 솔로몬 시대에 성전을 건축하여 이제 성전 시대를 맞이하게 되었다.

화려한 성전으로 예루살렘은 세상의 중심이 되었고, 성전 때문에 예루살렘과 이스라엘은 하나님의 복의 통로가 되어 번영의 길이 보장되었다. 하지만 성전을 건축한 위대한 업적을 남긴 솔로몬 당대에 정치적 목적으로 정략 결혼을 하게 되고, 그로 인해 외국의 우상들이 궁궐에서부터 시작되는 또 다른 비극이 시작되었다. 이로 인해 나라는 분열되고, 중앙 성소를 확보하지 못한 북 왕국은 단과 벧엘에 성소를 세우면서, 혼합주의의 길을 걸어갔다. 결국, 앗수르에 의해 멸망하여 사마리아는 말 그대로 혼합주의 예배의 산실로 전락하게 되었다.

이후 유다마저 성전이 하나님을 가두는 오류를 범했고, 이는 성전과 성전 밖에서의 이율배반적인 삶으로 전락하게 했으며, 그로 인한 수많은 예언자의 외침에도 심판의 길을 피하지 못했다. 바벨론에 의해 유다도 멸망하면서, 성전은 산산조각 파괴되었고, 성전의 기명들은 빼앗겼고, 왕족과 제사장의 핵심 그룹들이 포로로 끌려가는 비극을 맞이하였다.

단 하나의 성전이 파괴되고, 포로로 끌려간 이방 지역에 성전을 세울 수 없기에 성전 예배는 단절이 되고, 그곳에서 그들이 성전 예배에 가려진 말씀을 회복하는 회당이 세워졌다. 그곳에서 점차 예배의 형식을 갖추면서 의식 중심이 아닌 새로운 말씀 중심의 예배의 틀이 세워지면서 제사장이 아닌 랍비가 중심이 된다. 회당은 성전과 달리 흩어진 공동체를 형성할 수 있었고, 공동체를 통해 백성들의 삶을 지도하는 생활 예배의 구심 역할을 했다.

## 제12장

# 청종

우이독경이란 말이 있다. 말을 해도 알아듣지 못하는 사람을 일컫는 사자성어다. 일 년간 아프리카에서 단기 선교사로 일 년 정도 한 적이 있는데, 서로 말이 통하지 않으니 함께 있는 것 자체가 괴로웠다. 항상 만나도 "안녕하세요. 감사합니다" 이런 말만 하니 답답하기 그지없었다. 자기 생각을 나눌 수 없고, 표현할 수 없으니 관계도 진척이 되지 않고, 친밀감도 생기지 않았고, 표현력 자체가 한계가 있으니 서로 오해가 생길 일들도 많았다.

영적으로도 마찬가지다. 요한복음 12장에 예수님이 기도하는 장면이 나온다.

> 아버지여, 아버지의 이름을 영광스럽게 하옵소서. 하시니 이에 하늘에서 소리가 나서 이르되 내가 이미 영광스럽게 하였고 또다시 영광스럽게 하리라 하시니 곁에 서서 들은 무리는 천둥이 울었다고도 하며 또 어떤 이들은 천사가 그에게 말하였다고도 하니 예수께서 대답하여 이르시되 이 소리가 난 것은 나를 위한 것이 아니요 너희를 위한 것이니라 (요 12:28-30).

예수님이 기도할 때 하늘에서 음성이 들려온다. 그 음성은 예수님을 위한 것이 아니라 거기 서 있는 무리들을 위한 것이었다. 그런데 정작 그 음성을 들어야 할 사람들은 하늘에서 들려온 음성을 듣지 못한다. 그들에게는 천둥치는 소리였고, 천사가 신비한 말을 한 것으로 들렸다. 영적으로 귀가 막히는 것은 일종의 심판이다. 점점 하나님과의 관계도, 예배도 형식적이 되고, 믿음은 식어질 수밖에 없기 때문이다.

## 1. 말씀이 희귀한 시대

사무엘상은 사사 시대의 끝자락에서부터 출발한다. 사사 시대는 영적인 혼란기요, 도덕적인 타락의 극치를 보여 주는 시대였다.

> 그 때에 이스라엘에 왕이 없으므로 사람이 각기 자기의 소견에 옳은 대로 행하였더라 (삿 21:25).

> 이스라엘의 왕은 하나님임에도 불구하고, 왕 되신 하나님을 인정하지 않았으며, 영적, 도덕적 기준도 없이 자기 자신이 기준이 되는 시대였기 때문에 다툼과 갈등과 폭력이 극에 달한 시기였다. 심지어 제사장마저도 하나님을 알지 못했기에 하나님의 음성을 들을 수도 없었고, 하나님의 음성이 들리지도 않았다. 당시 사사 시대를 대표하는 엘리가 등장한다. 그는 대제사장이었고, 사사였다(삼상 4:18).

> 아이 사무엘이 엘리 앞에서 여호와를 섬길 때에는 여호와의 말씀이 희귀하여 이상이 흔히 보이지 않았더라(삼상 3:1).

이 시대에는 하나님의 말씀이 희귀하였다. 희귀하다는 것은 희소가치가 있어 값으로 따질 수 없는 가치가 있다는 의미이지만, 다른 의미로는 양이 턱없이 부족하다는 의미도 있다. 하나님의 말씀이 희귀하다는 것은 말씀 자체는 너무나도 소중하고 귀하다는 의미인데, 그 소중한 말씀이 지금 너무 부족하다는 것이다.

말씀은 생명의 양식인데, 이것을 먹을 수 없고, 들을 수 없다면, 영적 기근의 시대임이 분명하다. 이상이 흔히 보이지 않았다.

말씀이 희귀하니 거기에 무슨 비전이 보이겠는가!

북한은 성경을 소지할 수 없다. 성경을 숨겨 두고, 책별로 찢어서 가지고 다니면서 읽는다. 이런 경우는 성경이 없기 때문에 말씀 자체를 들을 수 없고, 볼 수도 없다. 반면에 대한민국은 말씀이 넘쳐난다. 대다수 그리스도인들은 성경을 3~4권 소유하고 있을 것이다. 인터넷 매체를 통해 명설교가 넘쳐난다. 그런데도 하나님의 음성을 듣지 못하고, 비전도 볼 수 없다. 마치 홍수 때 마실 물이 없는 것처럼 말이다.

> 보라 날이 이를지라 내가 기근을 땅에 보내리니 양식이 없어 주림이 아니며 물이 없어 갈함이 아니요 여호와의 말씀을 듣지 못하는 기갈이라(암 8:11).

이 기근은 여호와의 말씀이 없는 기갈이 아니다. 말씀을 듣지 못하는 기갈이다.

말씀은 있는데, 왜 듣지 못하는가?

사무엘상은 그 이유를 밝혀 준다.

## 2. 예배는 들음이다

예배할 때 하나님이 듣는가?

우리가 듣는가?

예배는 만남이요, 교제이기에 일방적으로 말하고 일방적으로 듣지 않는다. 예배는 하나님과 우리 사이의 인격적인 친밀한 교제의 자리이기에 하나님이 들으신다. 우리의 찬양을 듣고, 우리의 기도를 듣는다. 또한, 우리도 듣는다. 하나님의 말씀을 듣고, 성령을 통해 하나님의 음성을 듣는다.

이처럼 예배는 서로가 서로에게 듣는 것이다. 우리가 찬양하고 기도하고 고백하는 것을 하나님이 듣지 못한다면 그것은 예배일 수 없다. 반대로 하나님이 말씀하시는 것을 우리가 듣지 못한다면, 그 예배는 껍데기에 불과하다.

> 사무엘이 이르되 여호와께서 번제와 다른 제사를 그의 목소리를 청종하는 것을 좋아하심 같이 좋아하시겠나이까 순종이 제사보다 낫고 듣는 것이 숫양의 기름보다 나으니 (삼상 15:22).

순종이 제사보다 낫다. 순종은 히브리어로 '샤마'라는 동사에 온 단어로 '듣다. 청종하다'는 의미다. 순종은 곧 들음이다. 예배보다 듣는 것을 하나님이 더 좋아하신다고 말씀하신다.

예배에 있어서 듣는 것이 얼마나 중요한가!

> 엘리의 눈이 점점 어두워 가서 잘 보지 못하는 그 때에 그가 자기 처소에 누웠고 (삼상 3:2).

하나님의 음성을 가장 민감하게 들어야 할 사람은 다름 아닌 대제사장이다. 그는 예배를 집례 하는 자요, 말씀을 가르치는 사람이다. 그런데 그의 눈이 점점 어두워 가서 잘 보지 못한다. 단순히 육안이 어둡다는 말이 아니라 영적인 눈이 흐려져서 하나님의 뜻을 분별하지 못한다는 것이다. 영의 눈이 흐리다는 것은 영적인 귀도 막혀 있어서 하나님의 음성을 듣지 못한다.

> 여호와께서 사무엘을 부르시는지라 그가 대답하되 내가 여기 있나이다 하고(삼상 3:4).

하나님이 사무엘을 부르신다. 사무엘은 어린 아이다. 엘리 대제사장의 시종처럼 성소에 봉사하면서 훈련을 받고 있는 견습생에 불과하다. 당연히 하나님이 말씀을 들어야 할 엘리는 듣지 못하고, 아직 분별력이 없는 어린아이에게 음성이 들려온다. 이것은 결코 정상적인 모습이 아니다.

## 3. 예배를 귀하게

왜 엘리는 하나님의 음성을 듣지 못할까?

그가 예배를 귀하게 여기지 않았기 때문이다. 사무엘상 2장에 엘리의 아들들의 행실이 나온다. 그들은 아버지를 뒤이어 제사장으로 섬기고 있었다. 그런데 그들은 하나님에게 제사 드리기 위해 가져 온 제물을 탈취한다. 하나님에게 먼저 드리고 나서 제사 후에 그 일부가 제사장의 몫이 되었다. 이 절차를 뒤집는다.

> 이 소년들의 죄가 여호와 앞에 심히 큰 것은 그들이 여호와의 제사를 멸시함이었더라 (삼상 2:17).

엘리의 아들들은 예배를 가장 귀하게 여겨야 하는 직분이었는데도 예배를 멸시했다. 하나님은 안중에도 없고 자기가 생각하는 대로, 원하는 대로 행동하면서 하나님을 모욕했다. 설상가상으로 그들은 성전에서 봉사하는 여인들과 동침하는 악을 자행한다(삼상 2:22).

하나님은 그들을 죽이기로 작정하신다. 이들의 행위에 대해 엘리는 결코 책임을 면할 수 없다. 그는 대제사장으로서, 아버지로서 그들을 징계하지 않았다. 예배를 누구보다도 소중하게 여겨야 할 대제사장인 엘리가 예배를 업신여기고, 그 아들들보다도 하나님을 더 중히 여기지 않음을 책망하신다.

> 너희는 어찌하여 내가 내 처소에서 명령한 내 제물과 예물을 밟으며, 네 아들들을 나보다 더 중히 여겨 내 백성 이스라엘이 드리는 가장 좋은 것으로 너희들을 살지게 하느냐 (삼상 2:29).

예배를 귀하게 여겨라. 예배가 무너지면 모든 것이 무너진다. 다른 죄를 범하면, 용서 받을 기회가 있다. 예배를 통해 그 죄를 고백하고 제물을 드리므로 죄가 사해지고, 하나님과의 관계가 회복된다. 그런데 하나님에게 드릴 예배가 무너지면, 예배를 통해 하나님 앞에서 더 이상 용서 받을 기회조차도 사라지게 된다. 그 어떤 것도 예배 이상 더 중요한 것, 더 우선적인 것은 없다.

> 사람이 사람에게 범죄 하면 하나님이 심판하려니와 만일 사람이 여호와께 범죄 하면 누가 그를 위하여 간구하겠느냐(삼상 2:22).

## 4. 하나님의 음성과 묵상

> 여호와께서 사무엘을 부르시는지라 그가 대답하되 내가 여기 있나이다 하고(삼상 3:4).

하나님이 사무엘을 부르신다. 분명히 사무엘을 불렀는데, 그는 엘리가 자기를 부르는 줄 알고 엘리에게 달려간다. 다시 하나님이 사무엘을 부른다(삼상 3:6). 다시 엘리에게로 달려간 사무엘은 아직 하나님의 음성을 분별하지 못하고 있다.

결국, 세 번째 하나님이 사무엘을 부를 때에 엘리기 가르쳐 준대로, 사무엘이 대답한다.

> 말씀하옵소서 주의 종이 듣겠나이다(삼상 3:10).

사무엘은 엘리와는 다르게 하나님의 음성을 들었다. 그런데 하나님의 음성인지 분별을 못하였다.

> 사무엘이 아직 여호와를 알지 못하고 여호와의 말씀도 아직 그에게 나타나지 아니한 때라(삼상 3:7).

사무엘이 여호와를 알지 못했을까?

그는 엘리에게 하나님이 어떤 분인지 성소에 머무르면서 배웠을 것이다. 어리지만 누구보다도 하나님에 대한 지식이 많았다.

그런데 왜 아직 여호와를 알지 못하였을까?

'안다'(히, 야다)는 들어서, 배워서 어떤 정보를 저장하는 식의 앎이 아니라 경험적 앎이다. 다시 말하면, 내가 직접 체험하고, 겪어보고서 아는 것이다. 따라서 사무엘이 하나님을 아직 알지 못했다는 것은 하나님을 직접 만나지 못해서 전인격적인 사귐이 없었다는 것이다.

그렇다면, 어떻게 하나님의 음성을 들을 수 있을까?

묵상에 답이 있다. 묵상이란 스스로 말씀을 읽고 이 말씀을 통해 내게 주시는 하나님의 음성이 무엇인지 깊이 생각하는 것이다. 처음에는 사무엘처럼 이것이 엘리의 음성인지, 하나님의 음성인지. 아니면 이것이 내 내면의 소리인지, 하나님의 음성인지 혼동할 수 있다.

그러나 경험을 통해 점차적으로 하나님의 음성을 듣게 된다. 설교를 들을 때도 마찬가지다. 설교를 하나님의 음성으로 듣는 것은 간접적인 체험이다. 그러나 설교를 듣는 가운데 가슴에 다가오는 말씀이 있다면, 그 말씀을 붙들고 묵상해야 한다.

그 말씀을 통해 나에게 어떤 말씀을 하시기를 원하셨을까?

그럴 때, 내면에 하나님의 음성이 직접 들리기 시작할 것이다.

## 5. 하나님의 음성과 나눔

하나님의 음성은 소그룹을 통해 말씀을 서로 나눌 때 들린다. 혼란스러운 상황에서 다른 사람의 조언을 들어라. 사무엘이 엘리의 음성인지, 하나님의 음성인지 혼란스러워할 때 엘리가 조언해주었다. 그 조언대로 드디어 사무엘은 하나님의 음성을 분별할 수 있었고, 그 때부터 그는 하나님의 음성을 직접 듣는 차원으로 발돋움하게 되었다. 소그룹 훈련을 받을 때 가장 강조하는 메시지가 있었다.

"설교는 내 삶에 전환점을 가져옵니다. 그러나 내 삶의 진정한 변화는 소그룹에서부터 시작됩니다."

말씀의 묵상과 소그룹의 나눔은 하나님의 음성을 듣는 핵심이다. 소그룹 나눔과 묵상은 이미 예배의 중요한 스펙트럼을 형성한다. 예배는 일방적이지 않다. 예배는 만남이요, 인격적인 사귐의 장이다.

묵상을 통해 하나님과의 소통을, 나눔을 통해 사람과의 소통을.

이 두 가지가 아름답게 조화를 이룰 때에 듣는 귀가 열리게 된다. 예배 때 우리가 고백하고 드리는 모든 것을 하나님이 다 들으신다. 그러므로 하나님이 말씀하시는 것을 우리도 들어야 한다. 그럴 때 예배의 감격이 살아나는 것이다.


## 6. 요약

(1) 예배는 하나님이 우리의 기도와 찬양을 들으시며, 우리도 말씀으로, 성령의 감동으로 하나님의 음성을 듣는 사귐의 장이다.
(2) 하나님의 음성은 말씀을 반복적으로 묵상함으로 들을 수 있다.
(3) 하나님의 음성은 묵상한 말씀을 나눌 때에 들을 수 있다.
(4) 묵상과 소그룹의 나눔을 통한 상호 들음이 예배의 중요한 요소이다.

## 제13장

# 경외

### 1. 양날의 검

　예배에 대한 다양한 정의가 있지만, 예배는 양날을 가진 검이라고 할 수 있다. 양날을 가진 검은 비유적으로 칼은 어떻게 사용하느냐에 따라서 선한 도구가 되기도 하고, 살인무기가 되기도 한다는 표현이다. 예배도 이와 같다. 사실 예배는 아무나 드리는 것이 아니다. 하나님의 자비하심으로 구원을 받은 하나님의 백성이 하나님에게 드린다. 구원 받지 못한 사람들은 예배할 수도 없고, 그들이 예배한다고 해도 하나님은 받지 않으신다.

　예배는 하나님을 믿고, 그분의 은혜를 깨달은 자들이 하나님을 높이고, 영광을 올려드리는 것이다. 하나님도 당신의 백성들이 드리는 예배를 가장 기뻐하신다. 그래서 하나님은 예배하는 자들을 찾으신다. 하나님이 예배를 기뻐하시기 때문에 하나님은 예배하는 자에게 은혜 주시고, 복을 주신다. 이 비밀을 깨달은 자들은 예배를 삶에 가장 우선순위에 둔다.

　초대 교회 시절에 '카타콤'이 있었다. 당시는 예수 믿는 것이 발각이 되면, 처형되거나 심한 박해를 받는 시기였다.

　그렇다고 그들이 예배를 포기했는가?

　동굴을 파서 지하 3~4층 높이에서 생활하며 예배를 드렸다. 예배에 자신의 생명을 걸었다. 예배의 진짜 가치를 알고 예배 속에 담긴 비밀을 깨달으면 이렇게 되는 것이다.

반대로 예배를 잘못 드리면 축복이 아니라 심판이 임하기도 한다. 대표적으로 출애굽기 34장에서 시내산에 모세가 머물러 있을 때, 산 아래에서 벌인 금송아지 사건이다. 그들이 드린 예배는 하나님의 진노를 일으켰고, 이스라엘이 진멸당할 뻔 했다. 잘못된 예배가 심판을 초래하게 된 것이다.

고린도전서 11장 성찬 예배를 드리는 가운데 그들 중에 성찬의 정신을 훼손하고 성찬식을 경히 여긴 자들이 있었다. 바울은 경고한다.

> 너희 중에 병든 자가 많고, 죽은 자들이 적지 않고, 약한 자들이 많은 이유가 바로 여기에 있다(고전 11:30).

하나님의 은혜의 통로인 성찬 예식이 도리어 그들에게 심판의 통로가 되었던 것이다.

그런 측면에서 예배는 양날을 가진 검과 같다고 말할 수 있다. 사무엘하 6장의 말씀은 이점을 잘 보여 준다. 본문은 다윗왕이 예루살렘을 점령하고, 저 변방에 방치되어 있는 하나님의 언약궤를 예루살렘으로 모시고 오는 과정을 보여 준다.

## 2. 심판

사무엘하 6:1 이하에 보면, 다윗이 하나님의 언약궤를 옮기기 위해 준비하는 것을 보면, 상상을 초월한다.

**첫째**, 군사 삼만 명을 동원한다.

직전에 블레셋과 전쟁에서 승리를 하였다. 그런데 언약궤를 옮기기 위해 1절에 보면, 그 군사들을 다시 소집한 것이다. 지금 언약궤가 있는 지역이 블레셋과 접경 지역이기 때문에 자칫 충돌이 일어날 수 있음을 대비한 것으로 여겨진다.

**둘째**, 이 일을 수행하는데, 신하들이나 제사장들에게 위임할 수 있는데, 왕인 다윗이 직접 나선다.

**셋째**, 악대를 조직하여 성대하게 연주를 하면서 옮기고 있다.

다윗이 이 언약궤를 옮기기 위해 얼마나 철저하게 준비했는지 알 수 있다. 모든 수단과 방법을 총동원하고 있으며, 이 일을 자신이 직접 진두지휘하는 열정을 쏟아낸다.

하지만 언약궤를 옮기는 일이 실패로 돌아간다. 언약궤를 옮기는 일을 맡은 사람 중에 웃사가 즉사하는 불상사가 발생하였기 때문이다. 하나님의 궤를 새 수레에 싣고 오던 길에 갑자기 소들이 뛰므로 이 궤가 흔들리게 되고 그것을 고정시키기 위해 궤를 만진 결과로 인한 참사였다.

> 여호와 하나님이 웃사가 잘못함으로 말미암아 진노하사 그를 그곳에서 치시니 그가 거기 하나님의 궤 곁에서 죽으니라. 여호와께서 웃사를 치시므로 다윗이 분하여 그곳을 베레스웃사라 부르니 그 이름이 오늘까지 이르니라(삼하 6:7-8).

이 일은 다윗에게 큰 충격이었다. 다윗이 분노했다. 언약궤를 옮기기 위해 이렇게 엄청난 준비를 하였는데, 어떻게 이런 일이 일어날 수 있는가?

하나님 앞에서 일종의 항의였다. 하지만 하나님을 향한 분노의 마음이 하나님을 경외하는 마음으로 바뀐다.

> 다윗이 그날에 여호와를 두려워하여 이르되 여호와의 궤가 어찌 내게로 오리요 하고 (삼하 6:9).

언약궤는 다윗성이 아닌 가드 사람 오벧에돔의 집으로 옮겨 삼 개월 동안 머물게 된다. 이 언약궤의 실패 경험이 다윗을 예배자로 거듭나게 한다. 삼 개월 동안 다윗은 깊이 생각했을 것이다.

왜 이런 일이 일어났을까!

그렇게 만반의 준비를 했는데, 하나님은 허락하지 않으셨을까?

법궤라고도 하는 이 언약궤는 하나님의 임재의 상징이다. 이스라엘은 언약궤 앞에 무릎 꿇고 그 영광의 임재 앞에 두려워 떨었다. 그런데 언약궤가 익숙해졌는지 어느 순간 이스라엘의 승리와 성공을 위한 '부적' 정도로 취급하기 시작했다. 언약궤를 통해 하나님의 거룩하심을 보아야 하는데, 부적 같은 언약궤만 본 것이다. 그런 상황에서 블레셋이 쳐들어오게 되고, 이번에도 언약궤를 부적처럼 앞세운다. 전쟁은 패배하고, 언약궤마저 적군에게 빼앗기는 초유의 사태가 벌어진다.

그 충격이 얼마나 컸던지, 언약궤를 빼앗겼다는 소식을 듣고 당시 대제사장이었던 엘리는 넘어져서 목이 부러져 죽게 된다. 그 순간 이들은 자신의 잘못보다는 하나님이 이방신보다 더 약한 분으로 여기는 혼란에 빠졌을 수도 있다.

이런 생각도 잠시 블레셋 사람들이 언약궤를 빼앗은 후에 자기들의 신을 모시는 산당에 두었는데, 언약궤를 두는 산당마다 그 신상들이 다 쓰러진다. 자신들이 패한 블레셋을 언약궤가 압도하고 있었다. 언약궤를 감당하지 못한 블레셋은 정성스런 예의를 갖추고 다시 이스라엘로 보낸다.

수레 위에 실린 언약궤는 벧세메스에 도착한다. 그러자 이 지역 사람들이 언약궤가 돌아옴을 기뻐하면서 제사를 드렸지만 언약궤 속을 들여다보다가 (5만)70명이 즉사한다. 여전히 언약궤를 가볍게 본 것이다.

다시 말하면, 언약궤가 돌아오는 것을 보면서 기뻐했지만, 여전히 그들 가운데 하나님의 거룩하심과 하나님을 향한 경외심은 없었다. 언약궤를 들여다보는 자마다 죽을 것이라고 이미 율법에 기록이 되어 있는데도 그들은 하나님의 말씀을 가볍게 여겼고, 그 결과는 처참했다. 이 사건이 있은 후 무려 칠십 년이 지나도록 이스라엘의 변방에 언약궤는 방치되어 있었다.

## 3. 경외

　이제 다윗이 왕이 되고, 승승장구하여 예루살렘을 점령한다. 다윗은 유다와 이스라엘 전 지파를 통합하여 예루살렘을 통일 왕국의 수도로 정한다. 그런 계획의 일환으로 다윗은 방치되어 있던 이 언약궤를 다시 모셔 오려고 한 것이다. 철저한 준비였는데도 언약궤를 모셔 오는 과정에서 사람이 죽는 불상사가 벌어졌다.
　마치 70년 전에 언약궤로 인해 70명이 즉사한 사건과 유사한 일이 또 발생한 것이다. 이 때 다윗의 준비는 인간적인 방법이었다. 아무리 준비한들 그것은 블레셋 사람들이 언약궤를 이스라엘로 돌려보낸 그 방식에 불과했다. 이것은 그들 안에 하나님의 말씀이 여전히 희미했던 증거다.

> 봉사하는 데에 쓰는 모든 기구 곧 불 옮기는 그릇들과 고기 갈고리들과 부삽들과 대야들과 제단의 모든 기구를 두고 해달의 가죽 덮개를 그 위에 덮고 그 채를 꿸 것이며......진영을 떠날 때에 아론과 그의 아들들이 성소와 성소의 모든 기구 덮는 일을 마치거든 고핫 자손들이 와서 멜 것이니라 그러나 성물은 만지지 말라 그들이 죽으리라 회막 물건 중에서 이것들은 고핫 자손이 멜 것이며(민 4:14-15).

> 제사장 아론의 아들 엘르아살이 맡을 것은 등유와 태우는 향과 항상 드리는 소제물과 관유이며 또 장막 전체와 그 중에 있는 모든 것과 성소와 그 모든 기구니라. 여호와께서 또 모세와 아론에게 말씀하여 이르시되 너희는 고핫 족속의 지파를 레위인 중에서 끊어지게 하지 말지니(민 4:16-18).

> 그들이 지성물에 접근할 때에 그들의 생명을 보존하고 죽지 않게 하기 위하여 이같이 하라 아론과 그의 아들들이 들어가서 각 사람에게 그가 할 일과 그가 멜 것을 지휘하게 할지니라. 그들은 잠시라도 들어가서 성소를 보지 말라 그들이 죽으리라(민 4:19-20).

다윗은 왜 그렇게 했을까?

편리를 위해 그랬을 수 있다. 바알레유다에서 예루살렘까지는 약 15킬로미터다. 이 거리를 메고 가는 상당히 어렵다. 편의를 위해 수레를 이용했을 것이며, 블레셋 사람들도 그렇게 했을 때 아무런 문제도 없었기 때문에 더 확신했을 수도 있다.

그러나 근본적인 이유는 하나님을 향한 경외감이 없었기 때문이다. 아무리 힘들어도 하나님이 정하신 방식이면 그대로 따라야 한다. 편의를 위해 하나님의 정하신 방법을 무시한다는 것은 하나님을 쉽게 보는 것이다. 더 나아가 세상이 하는 방법을 하나님을 섬기는 방법으로 무작위로 받아들이기도 한다.

다윗이 언약궤를 대한다는 것은 하나님 임재 앞에 서는 것이다. 이는 예배 가운데 하나님 앞에 서는 것과 같다. 다윗이 언약궤를 옮기기 위해 아무리 많은 준비를 했다고 해도 아직 영적으로 준비가 부족했다. 하나님을 대하는 마음가짐의 문제이다.

과연 우리 안에 하나님 경외함이 있는가!

지금 하나님에게 드리는 예배하는 당신의 마음과 자세를 돌아보라.

하나님을 대면하는 예배를 너무 소홀히 여기고 있지는 않는가!

하나님이 정말 거룩하신 분이라는 것을 안다면, 하나님의 말씀을 통해 정해 주신 방식을 무시하고, 세상적인 방식으로 예배하고, 자신의 편의만을 생각하고 예배할 수는 없다. 예배를 드리는 사람은 많다. 어떤 분은 예배를 자주 드린다. 예배를 너무 자주 드리기 때문에 예배를 가볍게 여기거나 신중하지 못하게 드린다면, 그렇게 드리는 예배는 도리어 해가 된다는 사실을 잊지 말아야 한다.

## 4. 축복

베레스 웃사라는 베레스('치다')와 웃사('고집, 강함')를 뜻한다. 하나님이 꺾이지 않는 강한 고집을 치셨다. 다윗이 이 사건을 경험하고 나서 감히 하나님의 궤 앞으로 다가갈 수가 없었다. 너무 두려워 감히 예배의 자리로 나가고 싶은 마음이 사라질 정도로 두려웠다. 그런데 삼 개월이 지난 어느 날 놀라운 소식이 들린다. 언약궤가 있는 오벧에돔이란 사람의 모든 소유에 복을 내리셨다는 것이다.

> 여호와의 궤가 가드 사람 오벧에돔의 집에 석 달을 있었는데 여호와께서 오벧에돔과 그의 온 집에 복을 주시니라. 어떤 사람이 다윗 왕에게 아뢰어 이르되 여호와께서 하나님의 궤로 말미암아 오벧에돔의 집과 그의 모든 소유에 복을 주셨다 한지라 (삼하 6:11-12).

그 순간 다윗은 언약궤는 두려움의 대상 아니라 축복의 통로라는 사실을 깨닫게 된다. 다윗에게 담대함이 생겼고 다시 언약궤를 모시기 위해 시도를 한다. 이전과는 완전히 다르다. 궤를 멘다.

> 여호와의 궤를 멘 사람들이 여섯 걸음을 가매 다윗이 소와 살진 송아지로 제사를 드리고 다윗이 여호와 앞에서 힘을 다하여 춤을 추는데 그 때에 다윗이 베 에봇을 입었더라. 다윗과 온 이스라엘 족속이 즐거이 환호하며 나팔을 불고 여호와의 궤를 메어오니라 (삼하 6:13-15).

역대상 15장에는 여호와의 궤를 더 이상 수레로 이동하지 않고, 하나님의 말씀대로 고핫 자손을 선발한다. 그들이 언약궤를 어깨에 메고 이동을 시작한다. 레위 사람들 중 노래하는 자들을 세우고 비파와 수금과 제금 등의 악기를 크게 울려서 연주한다. 그 연주 소리에 맞추어 궤를 멘 사람들이 한 발자국 한 발자국 걸음을 내딛는다. 여섯 걸음을 내 딛었을 때 다윗은 그 걸음을 멈추게 하고, 그 자리에서 하나님에게 제사를 드린다.

왜 여섯 걸음을 내딛자 행진을 멈추고 제사를 드렸을까?

궤를 옮기는 것을 하나님이 받아주셨다는 확신이 들었기 때문이다.

첫 번째와 두 번째 사이에 어떤 차이가 있는가?

첫 번째 실패할 때와는 달리 두 번째는 다윗이 하나님 앞에서 얼마나 신중한가?

순서 하나하나, 준비하는 과정부터 시작하여 예배드리는 모든 순간에 하나님을 의식하고 있다. 경외감의 회복이다. 경외감이 하나님의 말씀으로 주의를 돌리게 하고, 그 말씀 따라 순복하게 하였다.

다음 다윗의 고백을 들어보라.

> 전에는 너희가 메지 아니하였으므로 우리 하나님이 우리를 찢으셨으니 이는 우리가 규례대로 그에게 구하지 아니하였음이라(대상 15:13).

제사를 드리면서 다윗은 여호와 앞에 힘을 다하여 춤을 추는데 다윗의 속옷까지 드러날 정도였다. 하나님을 두려워하는 마음을 갖고, 철저하게 예배를 준비하고, 순서 순서를 신중함으로 나아가면, 예배가 너무 경직될 것 같고, 자유 함이 없을 것 같은데, 오히려 그 반대의 역사가 나타나고 있다.

다윗 자신이 준비한 것을 하나님이 받으시고, 하나님을 향한 마음을 하나님이 인정한다는 확신이 드니, 그 안에 어느 누구도 막을 수 없는 자유 함이 찾아온 것이다. 자기 자신도 주체할 수 없는 기쁨이 찾아왔다.

이것이 진짜 우리가 누려야 할 예배가 아닐까?

다윗이 예배의 실패와 성공은 하나님을 경외함에 달려 있다. 이것이 다윗을 최고의 예배자로 거듭나게 하였다. 이런 은혜가 예배자 모두에게 있기를 바란다.

## 5. 요약

(1) 예배는 양날의 검이다. 하나님의 축복의 통로이기도 하고, 심판의 통로가 되기도 한다.
(2) 예배의 실패와 성공은 하나님 경외감에 달려 있다.
(3) 하나님을 경외함은 예배의 진정한 자유를 준다.

# 제14장

# 능력

## 1. 위기와 두려움

비행기를 타고 아래를 내려다보면, 온 세상이 평온해 보이지만 아래로 내려오면, 너무나도 많은 일들이 벌어지고 있다. 한해를 펼쳐 놓고 볼 때는 그저 그렇게 지나가고, 세상은 그저 아무 일 없는 듯 잘 돌아가는 것 같지만 하루하루 들여다보면, 거기에는 생과 사의 갈림길에서 몸부림치고 있는 치열함이 있다.

몇 년 전에 프랑스 파리에서 연쇄적으로 테러가 발생하여 도시를 공포에 몰아넣은 적이 있다. 전쟁은 대비할 수 있지만, 테러는 막을 수 없기에 더 무섭다고 한다. 우리에게 찾아오는 위기가 마치 테러와 같다. 예상할 수 없는 곳에서 찾아오고, 불청객처럼 순식간에 다가와서 우리의 삶을 흔들어 놓는다. 위기를 만나면, 두려움이 찾아온다. 위기 자체보다도 더 큰 위기는 그 상황 앞에서 두려움에 사로잡히는 것이다.

파리 테러가 일어나고 많은 이들이 희생자를 추모하기 위해 광장에 모여 촛불 행사를 하고 있었다. 행사 도중에 먼 곳에서 '쿵'하는 소리가 났다. 광장은 순식간에 아수라장이 되었다. '쿵' 소리는 건축 자재가 떨어지는 소리였는데, 사람들은 총소리로 들은 것이다. 두려움에 사로잡히면, 현실감이 떨어진다. 상식도 마비된다. 상황에 대응하는 능력도 현저하게 떨어진다.

사무엘상 13장은 사울왕이 블레셋과 전투하는 장면이 나온다. 전쟁 전에 하나님에게 예배드리기 위해 사무엘 선지자를 기다린다. 약속한 시간이 지나가고 사무엘이 도착하지 않자 백성들은 점점 흩어지기 시작한다. 사울은 점점 두려움에 사로잡히는 위기의 순간을 맞이한다. 그 때 사울은 자신이 직접 제사를 집례 한다. 그리고 도착한 사무엘에게 이렇게 말한다.

> 사무엘이 이르되 왕이 행하신 것이 무엇이냐 하니 사울이 이르되 백성은 내게서 흩어지고 당신은 정한 날 안에 오지 아니하고 블레셋 사람은 믹마스에 모였음을 내가 보았으므로 이에 내가 이르기를 블레셋 사람들이 나를 치러 길갈로 내려오겠거늘 내가 여호와께 은혜를 간구하지 못하였다 하고 부득이하여 번제를 드렸나이다 하니라(삼상 13:14-12).

제사를 집례 하는 사람은 제사장이라는 것은 상식이다. 하지만 위기에 직면하여 두려움에 사로잡히니 상식도 마비되었다. 결국, 일을 망치게 되고, 하나님으로부터 버림을 받았다. 우리도 이 땅에 발을 붙이고 살아가기에 순간 위기에 직면한다. 위기는 우리에게 다가와 위협만 주기도 하고, 삶을 통째로 흔들어 놓기도 한다. 어떤 형태의 위기일지라도, 위기가 찾아오면, 두려움에 사로잡힐 수 있다. 이 위기에 직면하여 하나님의 사람들은 어떻게 극복하는지, 그 비결이 무엇인지 상고해 보자.

역대하 본문은 유다의 왕이었던 여호사밧이 겪은 위기 상황에 대한 기록이다. 역대하 19장에 보면 여호사밧왕이 나라를 정의롭게 다스리기 위해 사법 제도를 정비하면서 내치에 힘을 쏟고 있다. 어느 때보다 나라에 평안이 지속되고 있는 상황에서 주변국이었던 모압과 암몬과 마온 사람들이 연합군을 형성하여 유다를 쳐들어온다는 보고를 받는다.

연합군이 진을 치고 있는 곳이 '엔게디'로 예루살렘에서 불과 25킬로미터 떨어져 있다. 하루 길이면 예루살렘에 당도할 수 있는 거리다. 분명 여호사밧왕이나 유다에 위기 상황이었다. 여호사밧왕은 두려워하였다(대하 20:3). 당연한 일이다. 두려워하지 않는 것이 비정상적이다. 하지만 두려움에 사로잡힐 것이냐 아니면 두려움 속에서도 그 상황을 대처할 수 있느냐는 다른 문제이다. 본문은 하나님을 믿고 섬기는 그리스도인에게 일종의 위기 대응 매뉴얼과 같다.

## 2. 위기에는 예배의 자리로

> 여호사밧이 두려워하여 여호와께로 낯을 향해 간구하고 온 유다 백성에게 금식하라 공포하매(대하 20:3).

그리스도인이 위기의 순간에 직면할 때 반응은 두 가지다.

**첫째**, 두려움에 사로 잡혀 염려하는 것이다.
**둘째**, 하나님 앞에 나가 예배하는 것이다.

당신은 이 상황에서 어떤 것을 선택했으며 그 결과는 어떠하였는가? 염려를 선택하면 당신은 더 깊은 절망의 수렁에 빠질 것이다. 하지만 그 상황에서 예배의 자리를 선택한다면, 반드시 위기를 극복할 수 있다. 여호사밧이 두려워한다고 해서 그냥 주저앉아 있었다는 말은 아니다. 그가 할 수 있는 일을 찾아서 이런저런 전략도 짰을 것이다. 그러나 그 모든 것 중에서 그가 가장 먼저 한 일은 여호와께로 낯을 향해 간구한 일이다. 두려움을 안고 예배의 자리로 나갔다.

위기의 순간에 내 힘으로 이렇게 저렇게 해보고 그것마저도 도저히 되지 않는 한계에 직면하고 난 후에 이제 기도나도 해볼까?

이런 자세가 아니라 가장 먼저 예배의 자리로 나가 하나님의 얼굴을 구하고 도움을 청했다. 이처럼 그리스도인은 위기 상황에서 우선적으로 해야 할 일이 바로 예배의 자리로 나가는 것이다. 예배에서 승부를 걸어야 한다. 이 차이 하나가 너무나도 다른 결과를 만들어낸다.

## 3. 위기에는 중보 전선으로

> 여호사밧이 두려워하여 여호와께로 낯을 향해 간구하고 온 유다 백성에게 금식하라 공포하매 유다 사람이 여호와께 도우심을 구하려 하여 유다 모든 성읍에서 모여와서 여호와께 간구하더라(대하 20:3-4).

여호사밧은 위기 앞에 그 스스로 하나님에게 나아가 간구할 뿐만 아니라 그 즉시 백성들에게 금식을 공포했다. 이는 그가 공동체를 통해 역사하시는 하나님의 능력을 알았기 때문이다. 그리스도인은 위기의 순간에 혼자 붙들고 끙끙거리지 않는다. 기도의 동역자들께 중보기도를 부탁해야 한다. 기도 제목을 거리낌 없이 나눌 수 있는 신실한 사람이 있다면 그는 복 있는 자다. 중보의 동역자가 능력 있는 신앙생활의 원동력이다. 혼자만의 신앙을 유지하고, 나만의 방식으로 신앙 생활하는 것이 잘못되었다고 말할 수는 없으나 교회 공동체의 능력을 간과한다는 면에서 지혜롭지 못하다.

교회는 그리스도의 몸이요, 각자는 그 몸을 이루는 지체다. 지체라는 말은 혼자로는 완전한 존재가 아니라는 것이다. 하나님은 온전함에 이르도록 교회 공동체를 세웠고, 그 안에서 유기적으로 연결되는 것이 성장과 성숙의 비결이다.

여호사밧왕이 금식할 것을 선포하자 온 백성이 반응을 하였다. 모든 성읍에서 심지어 여인들과 자녀들 어린아이까지 예루살렘으로 몰려와 하나님의 성전에 모여서 하나님에게 도우심을 구하였다.

> 유다 모든 사람들이 그들의 아내와 자녀와 어린이와 더불어 여호와 앞에 섰더라(대하 20:13).

능력을 발휘하는 공동체의 전형을 보여 준다. 어떤 문제가 있을 때, 중대한 문제 앞에 온 성도가 함께 모여서 기도할 수 있는 교회. 서로를 위해 중보 하는 교회. 이런 교회는 위기를 기회로 만들 수 있다.

필자의 교회는 여름 선교에 전 교인이 참여한다. 매해 선교 계획을 할 때, 우리 힘으로는 불가능한 목표를 설정한다. 하나님이 하실 여지를 드리는 일종의 믿음 선교(Faith Mission)인 셈이다. 그리고 일천번제기도운동을 전개한다. 매일 새벽기도와 저녁 기도로, 온 성도들이 여름 선교를 위해 집중 기도를 드린다. 매해 어린이를 포함하여 100여명이 참석하여, 현지 교회와 연합하여 교회학교, 성경학교를 비롯하여 다양한 봉사 활동을 진행한다. 그 결과 하나님은 우리를 통해 귀한 사역을 행하셨다.

충북 보은에 있는 농촌 교회는 근로팀에서 교육관을 지었다. 그곳은 지금 지역 아동 20여명이 방과 후 공부방으로 사용하고 있다. 경남 함양에 있는 교회는 어르신들을 위한 승합차가 필요했는데, 자기 교회도 아닌데 이렇게 와서 봉사하는 것을 보고, 그 교회 성도 한 분이 도전을 받고 승합차를 헌물 했다. 재정이 풍족해서 할 수 있는 일이 아니다. 선교 선포식을 하고 선교 저금통을 배부하고 기도하며 넣은 동전들이 마중물이 되어 하나님의 능력의 통로가 된다.

어느 해 여름 선교가 시작되자마자 큰 시험에 직면했다. 바로 80세 권사님이 기도로 섬기고 싶다고 해서 참가하였는데, 숙소에서 넘어지셔서 노인에게는 치명적인 고관절이 골절되었다. 낙상 사고로 입원을 하면, 대부분 욕창으로 이어지거나 다른 곳에 감염이 일어나 생을 달리하는 경우를 목회하면서 자주 경험했기 때문에 두려움이 밀려왔다. 자녀 중 불신자도 있어 그분들의 걱정을 덜어드리고자 교회에서 모든 병원비를 다 지불하였다.

그런데 놀랍게도 삼 개월 만에 깨끗하게 치료되었다. 그 자녀 중 교회에 등록하게 되고, 위기는 새로운 기회가 되었다. 매일 새벽을 깨우시는 권사님이었기에 새벽마다, 모일 때마다 성도들의 합심 중보기도가 있었다. 이런 체험은 성도들로 하여금 위기에 직면할 힘을 주고, 어려운 일이 있을 때 염려하거나 낙심하지 않고, 예배의 자리로, 중보기도의 자리로 나아가게 하였다. 중보기도의 능력은 체험하지 아니하면 아무리 강조해도 효과가 별로 없다. 여호사밧과 온 백성들의 간구는 지금 이 순간에도 중보기도의 능력을 믿는 이들에게 생생한 체험이 되고 있다.

## 4. 위기에는 말씀을 무기로

위기에 직면해 있을 때 엄습하는 두려움을 깨뜨릴 수 있는 비결은 무엇일까?
예배의 자리로 나가는 것이고, 온 성도들이 연합하여 기도하는 것이다. 그런데도 이 영적인 전쟁의 공격 무기는 말씀이다. 예배 가운데 선포된 말씀과 기도 가운데 주신 성령의 감동과 묵상할 때 주시는 레마(말씀)는 승리를 위한 최고의 무기다. 여호사밧이 여호와의 전에 모여 있는 온 회중을 향해 말씀을 선포한다.

> 우리 조상들의 하나님 여호와여 주는 하늘에서 하나님이 아니시니이까 이방 사람들의 모든 나라를 다스리지 아니하시나이까 주의 손에 권세와 능력이 있사오니 능히 주와 맞설 사람이 없나이다(대하 20:6).

여호사밧은 하나님은 우리 조상들의 하나님이다. 우리 조상들에게 하나님이 행하신 일을 보니, 하나님은 하늘의 하나님, 모든 나라를 다스리시는 분이요, 그 손에 권세와 능력이 있어 어떤 것도 그와 대적할 수 없다고 선포한다. 이는 위기에 직면할 과거에 내 삶에 역사하셨던 하나님, 그 하나님이 행하신 일을 기억하라는 것이다. 그 승리의 기억은 분명 염려와 두려움으로부터 벗어날 수 있게 하는 동력이다.

더 나아가 신앙인은 작은 것이라도 늘 승리를 경험해 나가야 한다. 작은 승리는 큰 승리로 이어지기 때문이다. 다윗이 골리앗을 물리쳐 나갈 수 있었던 것은 목동으로서 사나운 맹수가 양들을 물어가려고 올 때, 그 맹수를 물리쳐 이긴 경험이 있었기 때문이다.

> 우리 하나님이시여 전에 이 땅 주민을 주의 백성 이스라엘 앞에서 쫓아내시고, 그 땅을 주께서 사랑하시는 아브라함의 자손에게 영원히 주지 아니하셨나이까 그들이 이 땅에 살면서 주의 이름을 위하여 한 성소를 주를 위해 건축하고 이르기를 만일 재앙이나 난리나 견책이나 전염병이나 기근이 우리에게 임하면 주의 이름이 이 성전에 있으니 우리가 이 성전 앞과 주 앞에서 서서 이 환난 가운데에서 주께 부르짖은즉 들으시고 구원하시리라 하였나이다(대하 20:7-9).

여호사밧은 지금 말씀을 통해 약속하셨던 것을 기억하고, 그 약속을 붙들고 기도한다. 하나님이 약속하신 것이니 신실하신 하나님은 반드시 이루신다.

> 하나님은 사람이 아니시니 거짓말을 하지 않으시고 인생이 아니시니 후회가 없으시도다 어찌 그 말씀하신 바를 행하지 않으시며 하신 말씀을 실행하지 않으시랴(민 23:19).

성경은 모두에게 차별 없이 주어지는 객관적인 약속이다. 하지만, 그 말씀이 믿음으로 나를 향한 약속이 되어야 한다. 여호사밧은 이 약속을 믿음으로 취한다. 믿음이 들어갈 때 바라는 것들이 실상이 되고, 보지 못하는 것들이 증거가 된다. 믿음으로 약속을 취하니, 이 말씀은 더 이상 아브라함에게 주신 약속이 아니라, 성전을 건축하고 기도했던 솔로몬에게 주신 약속이 아니라 바로 여호사밧에게 주신 약속이 되었다.

> 옛적에 이스라엘이 애굽 땅에서 나올 때에 암몬 자손과 모압 자손과 세일산 사람들을 침노하기를 주께서 용납하지 아니하시므로 이에 돌이켜 그들을 떠나고 멸하지 아니하였거

늘 이제 그들이 우리에게 갚는 것을 보옵소서. 그들이 와서 주께서 우리에게 주신 주의 기업에서 우리를 쫓아내고자 하나이다(대하 20:10-11).

이 여호사밧의 기도의 내용은 실로 놀랍기 그지없다. 지금 당한 이 위기는 하나님 앞에 순종함으로 인한 결과라고 당당하게 외친다. 신명기 2장에서 이스라엘이 광야를 지날 때 암몬 자손과 모압과 세일 사람들을 공격할 때 하나님이 막으신다.

왜냐하면, 저들은 롯의 자손이요, 에서의 자손이므로 내가 그들에게 그 땅을 기업으로 주었으니 너희들은 그들을 공격하지 말라고 하였기 때문이다. 그 때 이스라엘은 하나님의 명령에 순종하여 그들과 싸우지 않고 먼 길을 돌아서 간다. 여호사밧은 지금 그 순종의 대가로 지금 우리가 위기에 처해 있다고 기도한다. 하나님의 말씀대로 그 때 이들을 남겨 둔 대가로 지금 어려움을 당하고 있음을 토로한다.

주님! 과연 어떤 것이 정당한 행위입니까?
하나님 말씀에 순종하는 자들이 위기에 빠지는 것이 정당합니까?
아니면, 하나님의 명령으로 인하여 은혜를 입은 자들이 하나님의 통치를 무시하고 배은망덕하게 행동하는 것이 정당한 것입니까?

우리가 실컷 잘못해 놓고, 하나님 불쌍히 여겨 달라고 기도하는 것도 하지 않는 것보다는 낫다.
하지만, 지금 이 기도는 얼마나 당당한 부르짖음인가?
"만일 주님이 지금 이 순간 개입하지 않으면, 나는 하나님 말씀에 순종할 더 이상의 명분이 없습니다. 하나님의 말씀 때문에 불의에 빠지기 싫어서 많은 손해를 보았습니다.
그런데 지금 나의 모습은 어떠합니까?

이 상황에서 주님이 개입해 주지 않으면, 하나님이 도와주시지 않으면, 우리가 어떻게 하나님의 말씀대로 순종할 수 있겠습니까?"
이런 기도를 드릴 수 있는 사람이 이 시대 가운데 얼마나 될까?

만약 그런 기도를 드린 그리스도인과 교회가 있다면, 한국 교회와 이 나라는 희망이 있다.

## 5. 위기에는 직면하라

말씀을 선포하고, 말씀으로 기도하자 성령의 역사가 시작된다. 구체적인 전략이 나오기 전에 이들 가운데 하나님의 영의 감동을 입은 야하시엘이 일어나 확신을 심어 준다. 그것은 다름 아닌 이 전쟁은 하나님에게 속한 것이니 두려워하지 말라는 성령의 음성이었다.

> 야하시엘이 이르되 온 유다와 예루살렘 주민과 여호사밧왕이여 들을지어다. 여호와께서 이같이 너희에게 말씀하시기를 너희는 이 큰 무리로 말미암아 두려워하거나 놀라지 말라 이 전쟁은 너희에게 속한 것이 아니요 하나님에게 속한 것이니라(대하 20:15).

하나님에게 속한 전쟁이라면 우리는 어떻게 그 전쟁을 수행해야 하는가?
하나님이 다 이루시니 우리는 그냥 앉아 있으면 되는 것인가?
아니면 그 확신을 가지고 담대함으로 과감하게 직면하는 것인가?

자칫 전자를 선택하는 오류에 빠질 수 있나. 그러나 하나님은 이스라엘에게 분명하게 말씀하신다.

> 내일 너희는 그들에게로 내려가라 그들이 시스 고개로 올라올 때에 너희가 골짜기 어귀 여루엘 들 앞에서 그들을 만나려니와 이 전쟁에는 너희가 싸울 것이 없나니 대열을 이루고 서서 너희와 함께 한 여호와가 구원하는 것을 보라 유다와 예루살렘아 너희는 두려워하지 말며 놀라지 말고 내일 그들을 맞서 나가라 여호와가 너희와 함께 하리라 하셨느니라 하매 (대하 20:16-17).

하나님은 이스라엘에 말씀하신다.
"그들을 만날 것이니 대열을 이루고 서라."
"그들을 맞서 나가라."
하나님은 이 전쟁을 직면하라고 하신다. 하나님에게 속한 전쟁이라고 믿는 자는 상황을 회피하거나 뒷걸음질 치지 않고 과감하게 직면한다.
다음은 놀이 공원의 범퍼카를 보면서 작시한 <직면하다>라는 시의 내용이다.

> 처음에는 부딪히지 않으려고 슬슬 피하며 외곽만 빙빙 돌았지.
> 내가 타고난 드라이버여서일까.
> 이 작은 차를 거의 1분여 동안 한 번도 부딪히지 않고 운전했어.
> 근데, 뭔가 이상해. 재미가 하나도 없는 거야.
> 다른 이들은 목에 디스크가 걸릴 지경으로 서로 부딪히는데,
> 하나같이 웃고 있는 게 아니겠어. 미친 거 아냐?
> 왜 그럴까. 에라~ 모르겠다. 나도 미친 척하고 휙 끼어들었어.
> 순간 한 녀석이 내 옆구리를 들이박더니 후진으로 쌩 도망쳐 버리는 거야.
> 동시다발적으로 나한테만 공격을 해 오는데, 정신이 몽롱해지네.
> 근데 이상해. 이제야 좀 즐거워지는 것 같아.

여호사밧과 유다백성들은 전쟁은 하나님에게 속한 것임을 믿었다. 그들은 하나님이 앞서 행할 것임을 확신했다.

> 여호사밧이 몸을 굽혀 얼굴을 땅에 대니 온 유다와 예루살렘 주민들도 여호와 앞에 엎드려 여호와께 경배하고(대하 20:18).

하나님의 말씀을 듣고, 예배하고 찬양으로 반응한다. 이제 그들이 구체적으로 어떻게 직면하는지가 궁금해진다.

## 6. 위기에는 찬양하라

왕이 백성들과 의논을 한다. 이번에는 왕이 명령하지 않고, 백성들의 의견을 물어보고, 온 백성들이 한 마음으로 결정한다. 하나님을 찬송하고 예배드리는 반응 가운데 백성들이 내놓은 것은 바로 군대 앞에 성가대를 조직하여 배치하고 하나님의 승리를 찬양하는 것이었다.

> 백성과 더불어 의논하고 노래하는 자들을 택하여 거룩한 예복을 입히고 군대 앞에서 행진하며 여호와를 찬송하여 이르기를 여호와께 감사하세 그의 인자하심이 영원하도다 하게 하였더니(대하 20:21).

긍정적으로 보면, 말 그대로 블루 오션이다. 누구도 상상하지 못한 전혀 새로운 아이디어다. 하지만 부정적으로 보면, 집단 자결을 하자는 말이다. 이토록 지금 결정한 사항은 새롭지만, 위험한 작전이다. 전쟁터이기 때문이다. 하지만 이들의 결정은 결코 즉흥적이지 않았다.

먼저, 그들은 이 위기 앞에 예배의 자리로 왕이 나아갔다. 왕은 온 백성에게 금식을 선포하고, 백성은 마음을 합하여 함께 중보기도를 드렸다. 그 속에서 하나님의 감동으로 여호사밧이 백성에게 말씀을 선포한다. 그 말씀을 하나님의 약속으로 취할 때, 성령이 이 전쟁은 사람에게 속한 것이 아니라 하나님에게 속해 있다는 확신을 주셨다.

확신 가운데 예배하며 찬송하면서 그들이 그 상황에 직면한 방식은 전쟁터에서 성가대를 조직하는 일이었다. 믿음이 아니면 설명이 불가능한 기상천외한 방식이었다. 이 성가대는 마치 이스라엘이 전쟁터에 나갈 때 앞세웠던 100전 100승의 언약궤를 상기시킨다.

··· 여호와께 감사하세 그의 인자하심이 영원함이로다 ··· (대하 20:21).

이미 여호사밧과 유다는 승리를 선포하고 있다. 감사는 하나님이 행하신 일들을 기억하며 올려드리는 영적인 반응이다. 이들은 전쟁에서 승리할 것을 선포하면서 감사를 드리고 있다. 그리고 그 인자하심이 영원하리라고 노래한다.

연합군에 둘러싸여 위기 가운데 있지만, 택한 백성을 붙드시고, 자비와 긍휼로 건지시고 인도할 것을 확신 가운데 선포한다. 하나님과의 언약 관계임을 기억하면서 언약 백성에게는 인자를 베푸시는 하나님의 성품을 높여드린다.

그 노래와 찬송이 시작될 때에 여호와께서 복병을 두어 유다를 치러 온 암몬 자손과 모압과 세일산 주민들을 치게 하시므로 그들이 패하였으니 곧 암몬과 모압 자손이 일어나 세일산 주민들을 쳐서 진멸하고 세일 주민들을 멸한 후에는 그들이 서로 쳐죽였더라 (대하 20:22-23).

여호와께서 복병을 두어 전쟁은 대승을 하였다. 복병은 이 전쟁은 하나님에게 속한 전쟁이었음을 드러내고, 그 수많은 전리품은 하나님의 신실한 약속을 증명하였다. 그 전쟁의 골짜기가 이제 축복의 골짜기(브라가)로 변했다.

> 넷째 날에 무리가 브라가 골짜기에 모여서 거기서 여호와를 송축한지라 그러므로 오늘날까지 그 곳을 브라가 골짜기라 일컫더라. 유다와 예루살렘 모든 사람이 다시 여호사밧을 선두로 하여 즐겁게 예루살렘으로 돌아왔으니 이는 여호와께서 그들이 그 적군을 이김으로써 즐거워하게 하셨음이라. 그들이 비파와 수금과 나팔을 합주하고 예루살렘에 이르러 여호와의 전에 나아가니라. 이방 모든 나라가 여호와께서 이스라엘의 적군을 치셨다 함을 듣고 하나님을 두려워하므로 여호사밧의 나라가 태평하였으니 이는 그의 하나님이 사방에서 그들에게 평강을 주셨음이더라(대하 20:26-30).

하나님에게 속한 전쟁임을 선포하고, 하나님의 방법으로 이긴 싸움의 결과는 세상이 하나님을 믿는 백성들을 두려워하며, 평강이 그 주변에 임한다.

이스라엘이 가나안에 입성하여 여리고성을 치기 직전 길갈이라는 곳에서 하나님의 명령을 따라 할례를 행하였다. 남자가 할례를 행하면, 며칠 동안은 힘을 쓰지 못하는데, 전쟁을 앞두고, 주변에 적의 정탐꾼들도 있는 상황에서 부적절한 전략이었다.

그러나 이 전쟁은 하나님에게 속한 전쟁이었기에 아직 하나님의 백성이라는 표징인 할례를 행치 않는 사람들에게 우리는 하나님의 군대라는 것을 확인하기 위해 할례를 명했고, 여호수아는 순종한다. 이후 여리고성이 어떻게 무너졌는지 여호수아 6장은 생생하게 기록한다.

여호사밧이 위기에 직면했지만 위기는 기회가 되고, 슬픔은 감사가 되고, 두려움의 한 숨소리는 찬양이 되고, 염려는 축복으로 역전되었다. 여호사밧과 백성들이 행한 일과 결과는 능력 있는 그리스도인의 모습이 어떠한지를 보여 준다.

가장 먼저 하나님 앞에 나아간다. 백성에게 금식을 선포하며, 기도할 것을 명령한다. 백성은 마음을 합하여 중보의 전선을 취한다. 하나님의 말씀이 여호사밧을 통해 울려 퍼진다. 그 담대함을 가지고 하나님을 찬양하며 믿음의 행진을 한다.

전쟁터에서 이루어지는 이 행위들 즉, 금식과 기도, 설교와 성령의 감동, 믿음의 결단, 감사의 찬양은 이곳이 예배의 모든 요소를 갖춘 예배 현장임을 방불케 한다. 치열한 전쟁터와 같은 삶 속에서도 온 땅에 충만하신 하나님의 주권을 인정하는 예배자는 위기를 기회로, 전쟁이 축복으로 역전되는 능력을 체험한다. 예배는 능력이다.

## 7. 요약

(1) 전쟁터와 같은 치열한 삶의 현장이 곧 예배의 자리이다.
(2) 금식, 말씀, 기도 그리고 찬양은 예배 의식에서만이 아니라 삶의 위기상황에서도 드려야 할 예배의 요소이다.
(3) 위기를 기회로 역전하는 것은 전쟁은 온 땅에 충만한 하나님에게 속해 있음을 믿음으로 선포하는 예배자에게 주어진다.

=== 제15장 ===

# 찬양과 경배

　시편은 예배의 모음집이라고 해도 틀린 말이 아니다. 여기에는 하나님을 향한 예배의 모든 요소가 담겨 있다. 감사와 찬양, 기도, 탄식과 회개, 신앙고백, 권면, 헌신과 결단 등이 총망라되어 있다. 더 나아가 같은 주제라도 다양한 상황과 시대를 반영하고 있어 내용이 획일적이지 않고 그 지평이 넓고 풍성하다. 그 중에서 찬양과 감사가 분량에서 압도적이다.

　장르로 볼 때는 탄식시가 가장 많다. 하지만 탄식시도 처음에는 탄식으로 시작하지만 후반부는 감사와 찬양으로 마무리된다. 찬양과 감사는 두 단계로 구분할 수 있다. 하나는 하나님이 행하신 일에 대해 감사와 찬양을 올려드리는 것이고, 다른 하나는 하나님의 하나님 되심을 고백하면서 그분의 성품을 높이는 경우이다. 전자를 '찬양'이라고 한다면 후자는 '경배'라고 칭할 수 있다.

　본 장에서는 시편 103편을 통해 예배의 중요한 두 요소인 찬양과 경배의 의미를 살펴보고자 한다.

## 1. 찬양하라

　　내 영혼아 여호와를 송축하라 내 속에 있는 것들아 다 그의 거룩한 이름을 송축하라 내 영혼아 여호와를 송축하며 그의 모든 은택을 잊지 말지어다(시 103:1-2).

'송축하라'는 '찬양하라'는 뜻이다. 1절 하반절에는 '여호와' 대신에 '그의 거룩한 이름'으로 표현한다. 여호와의 이름은 항상 어떤 사건과 관련이 되어 있다. 사건 속에서 하나님 자신이 그의 이름을 계시하거나, 혹은 그 사건을 경험한 사람이 이름으로 자신의 신앙을 고백하기도 한다.

창세기 22장에서 아브라함이 독자 이삭을 제단에 바치는 사건과 관련하여 아브라함은 하나님의 이름은 '여호와이레'(창 22:14)로 부른다. "여호와께서 준비하신다"는 이 말은 "하나님은 미리 보고 계신다"는 뜻이다. 아브라함이 독자 이삭을 바치라는 하나님의 명령에 순종하여 이삭을 바치려고 했을 때, 하나님이 그 믿음을 보시고, 이미 이삭 대신에 다른 제물을 준비시켜 놓으셨다. 이 경험을 통해 하나님은 내 마음의 중심을 다 보고 계시고, 내 걸어가는 모든 인생의 여정에 미리 보시고, 곳곳에 내게 필요한 것을 준비시켜 놓으신 분임을 고백한다.

출애굽기 15장에는 '여호와 라파'라는 하나님의 이름이 등장한다. 모세가 홍해를 건넌 후에 수르 광야로 들어가 사흘 길을 걸었으나 물을 얻지 못하고 마라라는 곳에 이른다. 그곳에 물이 있어서 마셨지만 써서 도저히 마실 수가 없었다. 백성은 모세를 원망하게 되고, 모세는 여호와께 부르짖는다. 여호와께서 그에게 한 나무를 가리키시고, 모세가 물에 던지니 물이 달게 되었다. 이 사건 이후에 하나님이 말씀하신다.

> 이르시되 너희가 너희 하나님 나 여호와의 말을 들어 순종하고 내가 보기에 의를 행하며 내 계명에 귀를 기울이며 내 모든 규례를 지키면 내가 애굽 사람에게 내린 모든 질병 중 하나도 너희에게 내리지 아니하리니 나는 너희를 치료하는 여호와임이라(출 15:26).

하나님이 이스라엘을 물로 시험하면서 만일 너희들이 내 말을 잘 들으면, 모든 질병으로부터 너희를 건져 내리라고 약속하신다. 본문은 사건을 체험한 아브라함의 고백으로 하나님의 이름이 나온 것과 다르게 그 약속을 주신 하나님이 직접 자신의 이름을 계시하신다. 나는 여호와 라파, 너희를 치료하는 여호와다. 따라서 '이름'은 하나님이 행하신 일과 관련되어 있다.

2절에 여호와를 송축하되 왜 그의 은택을 잊지 말라고 하는가?

하나님으로부터 받은 은혜 때문이다. 하나님이 우리를 위해 행하신 일로 인해 감사하며, 받은 은혜를 기억하며 높이는 것이 '찬양'이다. 시편 103편 본문은 하나님이 행하신 일이 무엇인지, 그 목록이 나와 있다.

> 그가 네 모든 죄악을 사하시며, 네 모든 병을 고치시며, 네 생명을 파멸에서 속량하시고, 인자와 긍휼로 관을 씌우시며, 좋은 것으로 네 청춘을 독수리 같이 새롭게 하시는도다. 여호와께서 공의로운 일을 행하시며 억압당하는 모든 자를 위하여 심판하시는도다. 그의 행위를 모세에게, 그의 행사를 이스라엘 자손에게 알리셨도다(시 103:3-7).

하나님이 행하신 일이 무엇인가?

모든 죄악을 사해 주신다. 모든 병을 고쳐 주신다. 멸망으로부터 우리를 건져 주신다. 인자와 긍휼로 관을 씌워 주신다. 내 심령을 늘 새롭게 하신다. 공의로 내 삶을 다스리신다. 억울한 자를 위하여 친히 보복해 주시고, 심판을 행하신다. 이 모든 것은 하나님이 우리를 위해 행하신 일들이다. 이러한 일을 행하신 하나님의 은혜를 기억하며 노래하고 높이는 것이 찬양이다. 시편의 본문은 찬양과 함께 늘 감사가 나타난다. 이는 하나님이 우리에게 행하셨음을 깨달아야만 드릴 수 있기 때문이다.

나의 입술의 찬송과 감사는 하나님이 나를 위해 일을 행하셨다는 것이고, 그것을 깨닫고 있다는 증거이다. 하나님이 우리를 위해 일을 행하셨어도, 깨닫지 못하면 찬송할 수 없다. 성경에서 항상 찬송하라. 범사에 감사하라고 명령한 이유가 여기에 있다. 하나님이 현재 나를 위해 하신 일도 찬양의 이유가 된다. 하지만 이미 나를 위해 행하신 일들도 있다. 나를 구원하셨다는 사실은 평생 이 은혜를 찬양해도 부족하다.

따라서 현재 내 판단에서 하나님의 행하심을 깨닫지 못한다고 하더라도, 하나님이 나를 구원하셨다는 사실 하나 만으로 마땅히 찬양하고 감사해야 한다.

## 2. 성전으로 올라가는 노래

> 감사함으로 그 문에 들어가며, 찬송함으로 그 궁정에 들어가서 그에게 감사하며 그의 이름을 송축할지어다(시 100:4).

찬송과 감사는 하나님을 만나기 위해 문을 여는 것이다. 이스라엘은 여호와를 만나기 위해 성전으로 갈 때에 찬양을 드렸다. 시편에 보면, '성전으로 올라가는 노래'(120-134편)가 대표적인 경우이다.

> 내가 산을 향해 눈을 들리라 나의 도움이 어디서 올까
> 나의 도움은 천지를 지으신 여호와에게서로다
> 여호와께서 너를 실족하지 아니하게 하시며 너를 지키시는 이가 졸지 아니하시리로다
> 이스라엘을 지키시는 이는 졸지도 아니하시고 주무시지도 아니하시리로다
> 여호와는 너를 지키시는 이시라 여호와께서 네 오른쪽에서 네 그늘이 되시나니
> 낮의 해가 너를 상하게 하지 아니하며 밤의 달도 너를 해치지 아니하리로다
> 여호와께서 너를 지켜 모든 환난을 면하게 하시며 또 네 영혼을 지키시리로다
> 여호와께서 너의 출입을 지금부터 영원까지 지키시리로다(시 121:1-8).

성전에 올라가면서 이런 노래들을 부른다. 하나님이 나를 위해 행하신 이 놀라운 일들을 찬양하며 감사의 노래를 부른다. 감사와 찬양은 성전의 문을 열고, 하나님 앞으로 나를 인도하며, 또 다른 감사와 찬양으로 나를 인도할 것을 믿음으로 선포하게 한다.

## 3. 다양하게 찬양하라

시편에는 하나님을 찬양하는 방법들이 나온다.[1] 그 스펙트럼이 얼마나 다양한지 모른다. 찬양하는 방식마저 점점 획일화되고, 그것이 마치 절대적인 기준처럼 여기는 것이 얼마나 협소하고 옹졸한지를 느끼게 한다.

**첫째**, 입으로, 노래로, 큰 소리로 외치며 하나님을 찬양한다.

내가 입으로 여호와께 크게 감사하며 무리 중에서 찬송하리니(시 109:30).

기쁨으로 여호와를 섬기며 노래하면서 그 앞에 나아갈지어다(시 100:2).

너희 의인들아 여호와를 기뻐하며 즐거워할지어다 마음이 정직한 너희들아 다 즐거이 외칠지어다(시 32:11)

**둘째**, 손뼉으로, 손을 들고, 악기로 하나님을 찬양한다.

너희 만민들아 손바닥을 치고 즐거운 소리로 하나님에게 외칠지어다(시 47:1).

성소를 향해 너희 손을 들고 여호와를 송축하라(시 134:2)

나팔 소리로 찬양하며 비파와 수금으로 찬양할지어다 소고 치며 춤추어 찬양하며 현악과 퉁소로 찬양할지어다 큰 소리 나는 제금으로 찬양하며 높은 소리 나는 제금으로 찬양할지어다 호흡이 있는 자마다 여호와를 찬양할지어다 알렐루야(시 150:3-6).

---

[1] 시편에 나타난 찬양의 방법은 박희광, 『속 시원한 예배』(예수전도단, 2022, 5), 78-115 가운데 제목들을 인용하였다.

**셋째**, 몸을 굽혀, 서서, 춤을 추면서 하나님을 찬양한다.

오라 우리가 굽혀 경배하며 우리를 지으신 여호와 앞에 무릎을 꿇자(시 95:6).

밤에 여호와의 집에 섰는 여호와의 모든 종들아 여호와를 송축하라(시 134:1).

춤추며 그의 이름을 찬양하며 소고와 수금으로 그를 찬양할지어다(시 149:3).

하나님을 찬송하게 하기 위해 피조물을 지으신 하나님, 찬양을 어떤 자에게, 우상에게 빼앗기지 않겠다는 하나님이 그분의 이름을 찬송하며 감사함으로 그를 위대하다고 높이는 것을 황소로 제사드림보다 더 기뻐하신다. 찬양은 하나님을 만나기 위한 예배의 문을 열기에 하나님을 만나 깊은 사귐 가운데 들어가기 위해 찬양이 살아나야 한다.

이 백성은 내가 나를 위하여 지었나니 나를 찬송하게 하려 함이니라(사 43:21).

나는 여호와이니 이는 내 이름이라 나는 내 영광을 다른 자에게, 내 찬송을 우상에게 주지 아니하리라(사 42:8).

내가 노래로 하나님의 이름을 찬송하며 감사함으로 하나님을 위대하시다 하리니 이것이 소 곧 뿔과 굽이 있는 황소를 드림보다 여호와를 더욱 기쁘시게 함이 될 것이라(시 69:30-31).

## 4. 경배하라

예배의 두 번째 요소는 '경배'이다. 찬양과 경배 가운데 첫 번째 단계가 찬양이라면, 두 번째 단계가 경배이다. 절기 때 백성들은 성전 뜰에 머물러 있고, 성전 제사를 드리는 경우 번제 단에서 제물을 바친다. 제사장들이 백성들을 대신해서 하나님의 임재가 있는 성소에 들어가고, 대제사장은 대속죄일에 지성소에 들어간다.

지성소가 하나님의 보좌다. 예수 그리스도로 인해 열린 휘장으로 모두가 하나님의 보좌 앞에 나갈 수 있는 제사장이 되었다. 경배는 하나님의 보좌 앞에 나아가는 것이고, 하나님의 보좌 앞에 무릎을 꿇는 것이다.

> 여호와는 긍휼이 많으시고 은혜로우시며 노하기를 더디 하시고 인자하심이 풍부하시도다 항상 경책하지 아니하시며 노를 영원히 품지 아니하시리로다(시 103:8).

시편 103:1-6은 하나님이 행하신 일을 말씀하고 있다면, 8-9절은 하나님의 성품을 말씀한다. 그래서 경배의 단계는 하나님의 임재, 하나님 그분의 성품, 다시 말하면, 하나님 그분 자신을 높이는 것이다. 경배는 하나님이 무슨 일을 행하셨기 때문에 찬양하는 것이 아니라 오직 하나님 그분 자체를 대면하고 높이는 것이다.

예배 가운데 찬양은 한 주간 동안 하나님이 내게 행하신 일을 감사하고 자랑하고 높인다. 은혜를 기억하고 감사하며 예물도 드린다. 이 찬양과 감사를 통해 하나님이 계신 문을 열고 보좌 앞에 나아간다.

이제 주님의 보좌 앞에 나아갔다는 것은 하나님의 임재 가운데 들어갔음을 의미한다. 하나님의 임재 가운데서 하나님은 사신을 셰시하신다. 그분이 말씀하시고, 우리는 그분의 음성을 듣는다. 여기에서 하나님이 어떤 분인지 알게 되고, 그분으로 내 영이 충만해진다.

> 여호와 하나님은 긍휼이 많으시고, 은혜로우시며, 노하기를 더디 하시고, 인자하심이 풍부하시도다(시 103:8).

하나님이 나를 위해 행하신 일로 찬양을 하는 것이 아니라 하나님의 성품을 노래한다. 하나님이 나를 위해 행하신 것이 없어도 그분 자신을 높인다. 그러므로 경배는 "하나님 나의 병을 고쳐 주셔서 감사합니다"가 아니다. 하나님이 나를 고치시든, 고치지 않으시든 상관없이, 주님이 나를 자유케 하시든, 자유케 하지 않으시든, 상관없이 주님의 존재 자체를 높여 드리는 것이다. 일명 '그리 아니하실지라도'의 고백이다.

감사와 찬양의 고백이 이제는 내면화되어 하나님을 향한 깊은 신뢰로부터 우러나오는 단계가 바로 '경배'이다. 하나님이 나를 위해 씌어준 면류관을 그분의 보좌 앞에서 다시 벗어 하나님에게 던지며, 오직 하나님만이 영광 받기에 합당하시다고 엎드리는 것이 경배이다.

## 5. 그리 아니하실지라도

이 찬양과 경배는 삶의 예배로 확대 적용이 된다. 예배는 삶이기 때문에 예수님을 믿는 생활에서도 예배의 정신은 그대로 드러난다.

욥은 하나님의 축복을 받았고, 하나님을 잘 섬겼다. 그런데 마귀의 참소로 순식간에 모든 것을 잃어버린다. 욥은 하나님을 원망하지 않고, "땅에 엎드려 경배한다"(1:20). 욥은 하나님이 자기에게 무슨 일을 하셨기 때문에 예배한 것이 아니다. 도리어 욥은 지금 은혜를 받거나 복을 받는 상황이 아니라 거의 저주의 상황이다.

그런데 왜 욥은 하나님을 원망하지 않고, 도리어 예배할까?

욥은 경배 단계의 신앙이다. 다시 말하면, 하나님이 그를 위해 무엇을 했기 때문에 예배하는 수준이 아니라 욥은 이미 하나님에 대한 절대적인 신뢰 속에 그분 존재 자체와 성품 때문에 하나님을 섬기며 예배하였던 것이다.

일반적으로 하나님의 큰 치유를 경험했다든지, 심한 곤고함과 어려운 문제들이 하나님 때문에 해결되었다든지 여러 가지 하나님의 역사로 인하여 믿음이 생긴다. 미지근한 신앙인들도 이런 체험을 하면 신앙의 불이 붙기 시작한다. 하지만 그것이 전부가 아니다. 시간이 지날수록 하나님의 큰 인도하심이나 역사 같은 것이 점점 희미해진다. 그 때에 대다수가 하나님을 향한 첫 사랑을 잃어버리기 쉽다.

하지만 바로 이때 인식을 전환해야 한다. 다시 말하면, 이 때가 찬양의 단계에서 경배의 단계로 올라가는 시점이다. 하나님은 우리가 그분이 이루어 놓으신 역사와 기적 때문에 섬기기를 원치 않는다. 이것은 영적으로 어린아이의 수준이다. 시간이 지나면 이런 것들은 점점 희미하게 느껴진다. 사람에게는 점점 더 큰 것을 기대하는 심리가 있기 때문이다.

만일 원하는 모든 것을 하나님이 기적과 능력으로 풍성하게 채워 준다면, 그에게는 기적과 능력만 보일 것이다. 하나님마저도 자기만족을 위한 우상으로 전락시킬 것이 불 보듯 뻔하다. 하나님은 얕은 물가에서 만족하며 사는 것이 아니라 더 깊은 세계, 지금과 이 땅과는 비교할 수 없는 완성된 세계를 소망하며 살기를 원한다.

그래서 신앙이 자랄수록 원하는 대로 채워 주시지 않는다. 모든 것을 다 얻어도 그것은 맛보기에 지나지 않기 때문이다. 변하지 않는 것, 영원한 것을 위해 점점 하나님으로부터 은혜를 경험할수록 하나님 그분을 신뢰하고 그분 자체에 집중해야 한다. 그분이 행하신 일이 아니라 그분의 성품에 집중해야 한다. 그럴 때 진정 우리가 추구해야 할 것이 무엇인지를 깨닫게 되고, 진정 감사와 찬양에서 경배의 단계로 발돋움할 수 있다.

홍성건 목사님의 『하나님이 찾으시는 사람』이란 책에 캐더린 쿨만 여사의 체험을 소개한 내용이 있다.[2] 그녀가 하루는 너무나도 생생한 꿈을 꾸게 되었는데, 그 꿈에서 세 여인이 주님 앞에서 간절히 기도하고 있는 장면을 보았다.

하나님이 오시더니 첫 번째 여인을 꼭 안아 주셨다. 그러자 그 여인이 큰 위로를 받는다. 두 번째 여인에게 가서는 어깨를 가볍게 만져 주시고 아는 체를 하셨다. 세 번째 여인은 그냥 지나쳐 버린다. 꿈속에서 쿨만은 하나님에게 질문한다.

"주님! 왜 이 세 여인을 차별하십니까?
첫 번째 여인은 하나님에게서 그처럼 깊이 안아 주시고, 위로해 주시는데, 두 번째 여인은 어깨만 토닥거려 주시고, 세 번째 여인은 왜 그냥 지나가십니까?
세 번째 여인에게 신앙적으로 문제가 있어서입니까?"

그 때 주님이 말씀하신다.
"아니다. 처음 여인은 내가 꼭 안아 주지 않으면 위로를 받지 못할 자이지만, 세 번째 여인은 내가 그냥 지나쳐도 내가 자기를 얼마나 사랑하는지를 알기 때문이지."

만약 우리가 첫 번째 여인의 단계에 머물러 있다면, 우리는 하나님이 그렇게 역사하실 때만 하나님이 나를 사랑하신다고 생각할 것이다. 그러나 세 번째 여인의 단계가 되면, 언제나 어떤 상황에서도 하나님을 높이는 예배자가 된다. 하나님이 우리를 위해 행하신 것들로만 찬양하는 차원을 넘어서서 하나님 그분 때문에 하나님을 높이는 경배의 차원으로 나아가기를 바란다.

---

2   홍성건, 『하나님이 찾으시는 사람』, (예수전도단, 1998, 8), 47-48.

> 비록 무화과나무가 무성하지 못하며 포도나무에 열매가 없으며 감람나무에 소출이 없으며 밭에 먹을 것이 없으며 우리에 양이 없으며 외양간에 소가 없을지라도 나는 여호와로 말미암아 즐거워하며 나의 구원의 하나님으로 말미암아 기뻐하리로다(합 3:17-18).

진정한 삶의 기쁨은 하나님 그분 때문에 기뻐하는 것이다. 그러면 때로는 우리의 삶이 메마를지라도, 풍성하지 않아도 기뻐할 수 있다. 하나님을 경배하는 자는 하나님 안에 있는 풍성함을 소망으로 삼기 때문에, 현실을 바라보는 관점이 다르다. 메마른 상황을 해석하는 차원이 다르다. 세상이 감당할 수 없는 예배자의 수준이 바로 이것이다.

## 6. 요약

(1) 예배는 하나님이 나를 위해 행하신 일을 기억하고 그 행하심을 찬양하고 감사드리는 것이다.
(2) 찬송과 감사는 하나님의 임재 가운데로 들어가는 문을 여는 것이다.
(3) 찬양을 드리는 방법은 다양하다. 입으로, 손으로, 악기로, 춤으로 하나님을 찬양하는 것에 제한은 없다.
(4) 찬양이 임재의 문을 여는 것이라면 경배는 그분의 음성을 듣고, 그분을 느끼고, 그분으로 충만해지는 것이다.
(5) 하나님의 하나님 되심, 그분의 존재 자체로 높이며, 성품을 노래하는 것이 경배이기에 삶 속에서도 '그리 아니하실지라도'의 신앙으로 연결된다.

## 제16장

# 정의

구약성경에서 예배를 언급할 때 그 중심은 성전일 것이다. 왜냐하면 하나님은 이미 자기 이름을 위해 한 장소를 택할 것을 모세를 통해 말씀하셨고, 다윗과 솔로몬을 통해 예배와 절기를 위해 오직 하나의 예배의 장소인 예루살렘 성전을 건축하게 하였다.

> 오직 너희의 하나님 여호와께서 자기의 이름을 두시려고 너희 모든 지파 중에서 택하신 곳인 그 계실 곳으로 찾아 나아가서(신 12:5).

모든 제사와 절기들이 성전에서 드려졌기에 이곳은 이스라엘을 영적으로 하나로 모으는데 결정적인 역할을 하였다. 특히, 제사를 드리므로 깨어진 하나님과의 관계가 회복되었기에, 성전의 중요성은 절대적일 수밖에 없었다.

그런데 성전에 대한 비판이 예언자들로부터 나오기 시작하고, 심지어 성전의 무용론까지 등장한다. 예언자들의 주장은 당시 사람들의 입장에서는 도저히 받아들일 수 없었고, 심지어 이단 취급을 했지만, 그것은 성전을 향한 하나님의 생각을 대언하는 것이었기에 충격일 수밖에 없었다.

하나님은 자신이 직접 명하시고, 세우신 성전에 대해 왜 이러한 입장을 보이는가?

이 예언자들의 목소리를 통해 성전에서 예배하는 자기 백성들에게 무엇을 말씀하시고자 하셨는가?

이와 같은 질문에 대해 예언서를 통해 진지하게 살펴보고자 한다. 여기에서는 이사야, 예레미야, 에스겔과 같은 대 예언서와 소 예언서 중 아모스를 통해 그들의 일관된 메시지에 귀를 기울여 보자.

## 1. 이사야의 만민이 기도하는 집(56장)

이사야 56-66장은 바벨론 포로에서 돌아온 귀환 공동체의 삶을 배경으로 한다. 재건된 성전를 통해 이미 안식일 제도와 희생 제사와 같은 예배가 실행되고 있었다. 그러나 여기에는 시온을 재건하려는 프로젝트를 둘러싸고 공동체 안에 분열과 파쟁이 일어나고 있었는데, 에스라-느헤미야에 나타난 것처럼 철저한 국수적인 입장에 서 있는 전통주의와 개방적인 입장을 취하면서 포용적인 입장에 서 있는 개혁주의가 양립하고 있었다.[1]

여기에서 이사야 56장[제3이사야]은 어떤 입장을 취하고 있으며, 왜 이 본문을 주목해야 하는가?

이 본문이 예수님께서 십자가를 앞두고 예루살렘에 입성하여 행한 성전 정화 사건과 관련이 있기 때문이다. 성전을 뒤집어엎으면서 인용한 구약 본문이 이사야 56장과 예레미야 7장이다. 그렇다면, 이 말씀을 인용한 예수님의 관점에서 이사야의 본문을 들여다 보자. 본문에서도 핵심 논제로 등장한 것이 '성전'이다. 성전을 향해 만민이 기도하는 집이라고 정의를 내린다.

성전이 모든 민족과 백성과 방언이 기도하는 집이라면, 여기에서 이사야 선지자를 통해 전하고자 하는 성전의 기능과 예배의 가치는 무엇인가?

---

1　김회권, 『이사야』 (복 있는 사람, 2020, 6), 492-494.

## 1) 정의와 의

> 여호와께서 이와 같이 말씀하시기를 너희는 정의를 지키며 의를 행하라 이는 나의 구원이 가까이 왔고 나의 공의가 나타날 것임이라 하셨도다. 안식일을 지켜 더럽히지 아니하며 그의 손을 금하여 모든 악을 행하지 아니하여야 하나니 이와 같이 하는 사람, 이와 같이 굳게 잡는 사람은 복이 있느니라(사 56:1-2).

이사야가 가장 먼저 던지는 메시지는 정의(미슈파트)와 의(츠다카)를 행하는 것이다. 주님의 구원과 공의가 임박했기 때문이다. 선지자는 '정의와 의'를 주님이 임하시는 하나님 나라의 핵심 가치로 선포한다. 본문에서 안식일을 지켜 더럽히지 어니하는 것은 하나님과의 관계(의)를, 손을 금하여 모든 악을 행하지 아니하는 것은 사람과의 관계(정의)를 가리킨다. 특히, 안식일 규례와 관련하여 주어지는 다음의 메시지는 사뭇 놀랍다.

> 여호와께 연합한 이방인은 말하기를 여호와께서 나를 그의 백성 중에서 반드시 갈라내시리라 하지 말며 고자도 말하기를 나는 마른 나무라 하지 말라 여호와께서 이와 같이 말씀하시기를 나의 안식일을 지키며 내가 기뻐하는 일을 선택하며 나의 언약을 굳게 잡는 고자들에게는(사 56:3-4).

이방인과 고자가 등장한다. 이들은 신명기 23장의 율법에 근거하여 여호와의 총회에 들어오지 못하는 대상들이다. 하지만 하나님나라가 임할 때 이 문제가 극복되고 있다. 즉, 이방인도 고자도 안식일을 지키고 내가 기뻐하는 일을 선택하며, 그 언약을 붙잡는 자를 하나님이 받아 주신다(56:5-6). 더 나아가 그들도 성전에서 번제와 희생을 하나님의 제단에 드릴 수 있다.[2]

---

2 차준희, 『예언서 바로 읽기』 (성서유니온선교회, 2013, 6), 66-67.

> 내가 곧 그들을 나의 성산으로 인도하여 기도하는 내 집에서 그들을 기쁘게 할 것이며 그들의 번제와 희생을 나의 제단에서 기꺼이 받게 되리니 이는 내 집은 만민이 기도하는 집이라 일컬음이 될 것임이라 (사 56:7).

하나님 나라가 임할 때는 하나님을 예배하는 일은 더 이상 민족적, 인종적, 더 나아가 성적인 차별이 존재하지 않을 것이다. 그 때는 이 성전에서 누구나 예배할 수 있고, 기도할 수 있다. 성전은 안식일을 통해 하나님과의 관계를 회복시키며(의), 사람과의 차별의 장벽을 허무는(정의) 자리이다.

> 이스라엘의 파수꾼들은 맹인이요 다 무지하며 벙어리 개들이라 짖지 못하며 다 꿈꾸는 자들이요 누워 있는 자들이요 잠자기를 좋아하는 자들이니 이 개들은 탐욕이 심하여 족한 줄을 알지 못하는 자들이요 그들은 몰지각한 목자들이라 다 제 길로 돌아가며 사람마다 자기 이익만 추구하며 오라 내가 포도주를 가져오리라 우리가 독주를 잔뜩 마시자 내 일도 오늘 같이 크게 넘치리라 하느니라 (사 56:10-12).

반면에 이스라엘의 파수꾼을 맹인이요, 게으른 개로 비하하며, 몰지각한 목자들이며, 자기의 이익만 추구하는 자들로 비유하면서 그들은 여호와의 진노의 포도주를 맛보게 될 것이라고 선포한다. 이들은 국수주의의 입장에서 여전히 인종과 민족과 계층과 성이라는 경계를 긋고 그들 스스로의 선민사상이라는 포도주에 취해 사는 자들을 의미한다.

### 2) 차별을 깨뜨려라!

이사야가 책망하는 성전의 모습은 성전 공동체의 폐쇄성이다. 선민의식에 사로잡혀 여전히 자기들의 민족적 우월함과 인종적인 순혈주의를 주장하며 그것을 경계삼아 그 경계 밖에 있는 자들을 차별하는 것이다. 그래서 이 차별을 타파하는 것이 정의요, 정의를 추구하는 자가 주님의 구원의

날, 공의가 실현되는 날 하나님 앞에 당당하게 설 수 있다.[3]

예수님이 성전 정화 사건에서 이 구절을 인용하는 것도 바로 성전의 기능이 예배라면, 예배는 삶의 영역에서 차별의식을 깨뜨리며, 포용성과 개방성과 보편성의 가치를 추구하는 것임을 선포하는 것이다. 본 구절의 '만민이'는 히브리어로 전치사 '르'가 사용된다. 이것을 주격으로 번역하면, '만민이'가 되지만, 목적격으로 번역하면, "만민을 위하여"가 된다(사 56:7, NIV : for my house will be called a house of prayer for all nations).

다시 말하면, 이사야의 예언은 두 가지의 의미를 내포한다.

**첫째**, 만민 즉 어떤 차별의 경계를 뛰어넘은 민 족과 백성과 방언 어느 누구라도 하나님 앞에 와서 예배할 수 있는 집이 바로 성전이라는 것이다. 이는 솔로몬이 성전을 완공하고 봉헌식 때 이미 드린 기도의 내용이다.

> 또 주의 백성 이스라엘에 속하지 아니한 자 곧 주의 이름을 위하여 먼 지방에서 온 이방인이라도 그들이 주의 크신 이름과 주의 능한 손과 주의 펴신 팔의 소문을 듣고 와서 이 성전을 향해 기도하거든 주는 계신 곳 하늘에서 들으시고 이방인이 주께 부르짖는 대로 이루사 땅의 만민이 주의 이름을 알고 주의 백성 이스라엘처럼 경외하게 하시오며 또 내가 건축한 이 성전을 주의 이름으로 일컫는 줄을 알게 하옵소서(왕상 8:41-43).

사도 바울도 갈라디아서에서 이를 복음으로 선언한다.

> 너희가 다 믿음으로 말미암아 그리스도 예수 안에서 하나님의 아들이 되었으니 누구든지 그리스도와 합하기 위하여 세례를 받은 자는 그리스도로 옷 입었느니라. 너희는 유대인이나 헬라인이나 종이나 자유인이나 남자나 여자나 다 그리스도 예수 안에서 하나이니라. 너희가 그리스도의 것이면 곧 아브라함의 자손이요 약속대로 유업을 이을 자니라(갈 3:26-29).

---

3   김회권, 위의 책, 501-503.

**둘째**, 성전은 이제 예루살렘 성전이 전 세계의 영적인 구심점임과 동시에 이제는 땅 끝을 향한 원심점이 되어야 한다는 것이다.

예루살렘 성전으로 만민이 순례를 와야 하는 곳을 넘어 이제는 모든 족속을 위하여 뻗어나가 하나님의 하나님 되심을 증거 해야 한다.

이것은 결국 이사야가 다음과 같이 선언했던 것과 관련된다.

> 이는 나의 구원이 가까이 왔고 나의 공의가 나타날 것임이라 하셨도다(사 56:1).

이는 하나님이 보내신 구원자가 오실 때 이루어지는 하나님의 공의의 실현 그리고 하나님 나라의 정의가 펼쳐지는 때임을 예언하며, 바울은 예수 그리스도를 통해 이 일이 이루어졌음을 선포하고 있는 것이다. 예수님도 승천하시면서 지상명령으로 성전(교회)는 온 세계의 영적인 구심점인 동시에 열방을 향한 복음의 원심점이라는 점을 선포한다.

> 그러므로 너희는 가서 모든 민족을 제자로 삼아 아버지와 아들과 성령의 이름으로 세례를 베풀고 내가 너희에게 분부한 모든 것을 가르쳐 지키게 하라 볼지어다 내가 세상 끝날 까지 너희와 항상 함께 있으리라 하시니라(마 28:19-20).

> 오직 성령이 너희에게 임하시면 너희가 권능을 받고 예루살렘과 온 유대와 사마리아와 땅 끝까지 이르러 내 증인이 되리라 하시니라(행 1:8).

이사야의 성전에 대한 메시지는 성전의 기능인 예배가 가지는 복음의 가치를 강력하게 선포한다. 성전은 만민이 기도하는 집이요, 만민을 위해 기도하는 집이다. 그렇다면, 여기에서 나타난 예배의 가치는 정의의 실현이다. 이는 하나님 앞에서, 그리스도 안에서는 어떤 차별을 배제하며, 결코 게토화되어서는 안 되며 세상 끝을 향해 성육신의 자세로 겸손하게 섬기되 특히 약자를 위한 섬김이 하나님 나라의 공의의 실현임을 강조한다.

## 2. 예레미야의 성전 설교(7장)

예레미야 7장과 26장은 성전 설교로 불리며, 성전의 파괴 예언과 왜 그렇게 될 수밖에 없는지를 적나라하게 폭로한다. 이는 성전의 주 기능인 예배와 직결되어 있으며, 예언자들의 예배관을 잘 드러내준다.

> 너희는 이것이 여호와의 성전이라, 여호와의 성전이라, 여호와의 성전이라 하는 거짓말을 믿지 말라. 내 이름으로 일컬음을 받은 이 집이 너희 눈에는 도둑의 소굴로 보이느냐 보라 곧 내가 그것을 보았노라 여호와의 말씀이니라. 그러므로 내가 실로에 행함 같이 너희가 신뢰하는바 내 이름으로 일컬음을 받는 이 집 곧 너희와 너희 조상들에게 준 이곳에 행하겠고(렘 7:4, 11, 14).

예레미야의 성전 비판은 실로 충격적이다. 더 이상 이곳은 성전이 아니라 도둑의 소굴이며, 성소와 언약궤를 모독했던 사사 시대의 실로처럼 철저하게 파괴될 것을 예언한다. 이 설교로 인해 예레미야는 신성 모독자로 살해 위협을 받게 된다.

그는 과연 성전을 중심으로 살아가는 이스라엘의 예배와 삶이 어떠했기에 자신의 목숨을 담보로 하면서 이 과격한 메시지를 쏟아내는 것일까?

### 1) 도둑의 소굴

> 만군의 여호와 이스라엘의 하나님이 이와 같이 말씀하시되 너희 길과 행위를 바르게 하라 그리하면 내가 너희로 이곳에 살게 하리라(렘 7:3).

> 너희가 만일 길과 행위를 참으로 바르게 하여 이웃들 사이에 정의를 행하며 이방인과 고아와 과부를 압제하지 아니하며 무죄한 자의 피를 이곳에서 흘리지 아니하며 다른 신들 뒤를 따라 화를 자초하지 아니하면(렘 7:5-6).

성전으로 예배하러 가는 사람들에게 "똑바로 살아라. 죽지 않고 망하지 않으려면 바르게 살아라"고 외친다. 다시 말하면 성전 안으로 들어가기 전에 성전 밖에서 똑바로 살 것을 말씀한다.

그렇다면 어떻게 살라는 것인가?

예레미야는 성전에서 드리는 예배를 경건하게 드릴 것을 말하지 않고, 그들의 예배를 하나님이 받지 않으시는 이유가 성전 밖에 정의가 실종되었기 때문이라고 말한다. '길과 행위를 바르게 하는 것'은 주변에 살고 있는 가난한 이웃, 달리 도움을 청할 길 없는 어려운 이웃의 친구가 되어 주고, 그들을 돌보는 것이라고 말하면서, 이것이 하나님 앞에 드리는 성전예배와 뗄레야 뗄 수 없는 관계임을 강조한다.[4]

"너희가 살기 위해 길과 행위를 바르게 하라"고 강조한 네 가지 중에서, "다른 신들 뒤를 따라 화를 자초하지 말라"(우상 숭배) 즉, 하나님과의 관계에 대한 말씀이 한 가지인 반면에 구제하고, 어려운 이웃들을 돕고, 세상에서 억울하게 고통당하는 사람들과 함께하고 그들의 아픔에 공감하는 다시 말하면, 일상에서 정의를 구현하는 삶은 세 가지를 언급하고 있다.

문제는 성전 밖에서는 정의가 실종된 삶인데도 하나님 앞에 나와서는 떳떳하게 예배를 드리고 있었다는 사실이다.

### 2) 이율배반

> 너희가 도둑질하며 살인하며 간음하며 거짓 맹세하며 바알에게 분향하며 너희가 알지 못하는 다른 신들을 따르면서 내 이름으로 일컬음을 받는 이 집에 들어와서 내 앞에 서서 말하기를 우리가 구원을 얻었나이다 하느냐 이는 이 모든 가증한 일을 행하려 함이로다 내 이름으로 일컬음을 받는 이 집이 너희 눈에는 도둑의 소굴로 보이느냐 보라 나 곧 내가 그것을 보았노라 여호와의 말씀이니라(렘 7:9-11).

---

4   차준희, 『예레미야서 다시보기』(프리칭아카데미, 2007, 4), 88-89.

성전 밖에서 그들이 행하는 악들은 도둑질하고, 살인하고, 간음하고, 거짓 맹세하는, 다시 말하면 십계명 다 어기는 삶에 거기다가 제1계명까지 어기고 있다. 성전 밖에서 하나님이 없는 자처럼 살다가 성전에 와서 제사를 드리면서는 이렇게 고백한다.

> 우리는 구원 받은 하나님의 선택된 백성이다. 내가 지금 성전에 있기 때문이다.

이에 대해 하나님은 예레미야를 통해 이런 자들이 모여 있는 그곳은 더 이상 성전이 아니라 도둑의 소굴이다. 더 이상 성전이라고 말하지 말며, 만일 성전이라고 말한다면 그것은 거짓말이라고 하신다.

이런 강력한 표현으로 비판하고 있는 것은 성전 안과 밖의 삶이 다른 이율배반적인 신앙 즉, 하나님을 성전 안에다 가두고, 세상에서는 자신이 원하는 대로 기준 없이 살아가는 신앙 때문이다. 더 이상 성전은 하나님을 위한 곳이 아니라 백성들 자기의 필요를 채우는 공간이 되어 버리고, 하나님은 많은 제물로 기분을 맞춰 드리면 되는 분으로 여기고 있다.

> 만군의 여호와 이스라엘의 하나님이 이와 같이 말씀하시되 너희 희생제물과 번제물의 고기를 아울러 먹으라. 사실은 내가 너희 조상들을 애굽 땅에서 인도하여 낸 날에 번제나 희생에 대해 말하지 아니하며 명령하지 아니하고 오직 내가 이것을 그들에게 명령하여 이르기를 너희는 내 목소리를 들으라 그리하면 나는 너희 하나님이 되겠고 너희는 내 백성이 되리라 너희는 내가 명령한 모든 길로 걸어가라 그리하면 복을 받으리라 하였으나 (렘 7:21-23).

하나님에게 제사를 드릴 때 희생 제물은 제물의 대부분을 태우지 않기 때문에 헌제자나 제사장의 분깃으로 돌아가는 반면 번제물은 하나님 앞에다 태워서 드린다. 그런데 번제물도 너희들이 먹으라고 말씀하신다는 것은 그 제사를 받지 않겠다는 것이다. 시내산에서 하나님과 이스라엘이 서로 언약을 체결하고 난 후에 주신 것은 십계명을 비롯한 법을 주었다. 그 계명을 지키지 못할 때 언약 관계가 깨지기 때문에 그것을 회복하기 위해 제사법을 주셨다.

그렇다면, 무엇이 더 우선인가?

하나님 주신 계명에 순종하고, 하나님의 말씀을 듣는 것이 더 우선이라는 것이다.

다음의 경우를 가정해 보자. 두 자녀가 있다. 한 자녀는 부모의 말에 귀를 기울이고, 말씀대로 순종하지만, 이 자녀는 부모에게 선물도 제대로 해 주지 못하고, 물질적으로 도움이 되지 못한다. 그런데 다른 자녀는 평소에 부모님의 말에 듣는 시늉은 하는데 한 귀로 듣고 흘려버리거나 잔소리로 여긴다. 하지만 부모에게 용돈을 꼬박꼬박 보내 주고, 선물 공세도 자주 한다.

이 두 자녀 중 어느 자녀를 부모는 더 기뻐하겠는가?

당연히 부모의 말을 잘 듣고 귀담아 듣는 자녀일 것이다. 왜냐하면 부모의 말에 귀를 기울이고, 순종한다는 것은 부모를 부모답게 여기는 부모의 권위를 인정하는 것이기 때문이다. 마찬가지다. 하나님에게 드리는 제물, 찬양, 기도 이 모든 것은 하나님이 기뻐하시는 예배이지만, 하나님은 그분의 말을 순종하는 것을 더 좋아하신다.

왜냐하면, 하나님을 하나님으로 인정하는 것이요, 하나님의 권위를 인정하기 때문이다. 이것이 전제되지 않는 예배는 진정한 예배라고 할 수 없다.

> 사무엘이 이르되 여호와께서 번제와 다른 제사를 그의 목소리를 청종하는 것을 좋아하심 같이 좋아하시겠나이까 순종이 제사보다 낫고 듣는 것이 숫양의 기름보다 나으니 이는 거역하는 것은 점치는 죄와 같고 완고한 것은 사신 우상에게 절하는 죄와 같음이라 (삼상 15:22-23).

예레미야는 성전 설교를 통해 이렇게 선포한다.

성전 안에서 드려지는 예배가 성전 밖에서 살아가는 일상을 정당화하지 못한다. 반대로, 성전 밖에서의 일상의 삶이야말로 성전의 존재를 의미 있게 만든다.

> 너희는 너희가 하나님의 성전인 것과 하나님의 성령이 너희 안에 계시는 것을 알지 못하느냐 누구든지 하나님의 성전을 더럽히면 하나님이 그 사람을 멸하시리라 하나님의 성전은 거룩하니 너희도 그러하니라(고전 3:16-17).

성전은 하나님이 계시는 곳이다. 예수를 믿는 사람들이 모인 교회에 하나님이 계시기에 교회가 성전이다. 더 나아가서 개인적으로 흩어지지만, 하나님을 모시고 살아가는 우리 각자가 성전이다.

### 3) 정의가 곧 예배

예레미야의 성전 설교를 주목하자.

> 내가 너희를 이곳에 살게 하리니 곧 너희 조상에게 영원무궁토록 준 땅이니라(렘 7:7).

이는 너희들이 이곳에서 살려면, 즉, 이 땅에서 영생을 누리려면, 성전 밖에서 정의를 행하라. 약자를 돕고 구제하고 섬기라. 사람들을 배려하고 양보하면서 좋은 관계를 유지하라는 것이다. 반대로, 성전 밖에서는 하나님이 없는 자처럼 행동하면서, 성전 안에서는 그럴 듯하게 예배하는 자들을 향해 경고하신다.

이 모든 일은 가증한 일이다. 그러한 성전은 개인이든, 공동체이든 도둑의 소굴이다. 그런 곳은 내가 선택했어도, 내가 세웠어도 버릴 것이다.

하나님에게 성전에서 예배드리는 것과 일상에서 하나님의 말씀을 하나님 면전에서 들은 것처럼 듣는 것이 결코 분리될 수 없다. 왜냐하면, 그것이 하나님의 권위를 인정하며 하나님을 하나님 되게 하는 진정한 예배이기 때문이다.

## 3. 에스겔의 여호와 삼마(47-48장)

에스겔 말씀은 유다가 바벨론에게 망하고 난 후에 포로로 끌려간 그곳에서 선지자 에스겔을 통해 하나님이 주신 말씀이다. 1-32장은 하나님의 백성이 죄 때문에 심판을 받아 망하는 내용이다. 이 상황에서 그들이 하나님에게 느끼는 마음은 "하나님이 우리를 떠났다. 하나님이 우리를 버렸다. 하나님은 더 이상 우리와 함께 계시지 않는다"는 것이다. 예배드리던 예루살렘 성전이 무너졌고, 더 이상 성전을 재건할 수도 없는 말 그대로 희망마저 상실한 골짜기의 마른 뼈와 같다.

그런데 하나님은 에스겔을 통해 회복의 약속을 주신다. 36장의 새 언약에 대한 말씀을 주시고 37장에서 마른 뼈가 다시 살아나는 환상을 통해 새로운 희망을 선포하신다. 그리고 40-48장까지 성전 회복의 비전, 즉 새 성전을 통한 예배의 회복의 비전이었다.

성전 예배가 회복된다는 것은 그들을 떠나버린 여호와의 영광이 임하는 것이다. 그 영광이 임하는 그 자리는 '여호와 삼마'(겔 48:35)라 일컫는다. 하나님이 말씀하신다.

"여호와 삼마!
나 여호와는 너희의 과거 속에그리고 지금 이곳에, 항자 녕원보록 너희들 가운데 존재한다."

새 성전 비전의 결론인 여호와 삼마의 의미를 통해 그 속에 담긴 하나님의 영광과 임재로 대표되는 예배의 가치들을 상고해 보자.

## 1) 여호와 삼마는 성전이 아니라 성읍!

성읍은 어떤 곳인가?
사람들이 사는 곳이다.
내가 숨쉬고, 내가 먹고 자고 살아가는 일상!
그곳이 여호와 삼마다. 47장에 보면, 성전에서 물이 흘러나온다. 그 물이 성전을 한 바퀴 돌고 난 후에 성전 밖으로 흘러간다. 그 물이 닿는 곳마다 죽어 있는 것들이 다시 살아난다. 그리고 물로 모든 살아 있는 것이 풍성해 진다. 그 살아난 모든 지경이 "여호와 삼마"라는 성읍이 된다.
하나님은 성전에만 계신 분이 아니라 너희들이 호흡하면서 살아가는 일상에 거하시는 분이다. 그렇다면, 여호와 삼마는 우리에게 다른 의미로 다가온다.

너희들이 정작 그렇게 하나님이 함께 함을 원했지만, 하나님을 예루살렘 성전에다가 나를 가두었다. 마치 요술램프에다 가두어놓고, 필요할 때만 불러내어 너의 원하는 것만 해결하고그리고 성전 밖, 성읍으로 나갈 때는 하나님은 나오지 마세요.
그렇게 하지 않았느냐?
바로 너희의 일상을 정직하게 살펴 보라.
그러면서 너희들은 하나님이 어디 계십니까?
하나님이 왜 나를 이렇게 버리시느냐고 말할 수 있느냐?
하나님이 너희의 가정 속에 여전히 함께 있는데, 하나님이 있는 가정에서 어떤 일이 벌어지고 있느냐?
성전에 모일 때처럼 감사가 있느냐?
서로의 수고에 대해 격려가 있느냐?
상대방을 배려하는 것이 있느냐?
아니면 언어폭력, 분노와 원망, 배려 없는 이기심이 있지 않느냐?

하나님이 계시는 곳에 하나님과 상관없는 것들이 가득한데, 그것은 너희들이 하나님을 인정하고 있지 않는 것 아니냐?

그러면서 너희들은 하나님이 나와 함께 하지 않는다고 푸념을 늘어놓았다.

## 2) 여호와 삼마에서 일어난 일들

### (1) 경계를 넘지 않는다

성전에서 나온 생명의 물이 흘러가서 회복된 모든 지역이 여호와 삼마 성읍이 된다. 그 회복된 성읍은 원래 그들이 가나안 땅을 차지하고 분배를 받았던 경계를 넘지 않는다. 다시 말하면, 다른 나라를 침범해서 확장해야 하는 지역은 존재하지 않는다. 하나님이 그들에게 준 그 땅을 회복하는 것이 여호와 삼마다. 경계를 넘지 않는다는 것은 이런 의미다.

**첫째**, 선을 넘지 않는 절제와 자기 위치를 정확히 아는 지혜를 의미한다.
**둘째**, 다른 사람의 것을 넘보지 않는다는 것 즉, 나의 욕망 때문에 다른 사람에게 해를 끼치지 않는 것이다.

각 지파마다 경계를 정해 주고, 그 땅을 그들의 몫이라고 한다. 번영보다 우선적이어야 할 것은 지금 내가 가진 것, 내 삶의 경계 안에서 만족하고, 감사할 줄 알아야 한다. 이것을 잃어버리고 경계를 넘고 확장하는 것은 결국 나를 해치고, 모두를 어렵게 하는 것이다. 경계를 넘지 않는 자족의 삶은 서로가 평화롭게 공존하게 하는 지름길이다.

### (2) 공평한 분배가 이루어진다

에스겔 48:10 이하에 각 지파별로 몫이 돌아가는데, 분배를 받지 못한 자들이 나온다. 바로 제사장과 레위인들이다. 이들을 배제하는 것이 아니라 따로 그들이 거주할 성읍을 기업으로 분배한다.

21절에는 왕의 영토를 따로 분배를 해 준다.

> 거룩하게 구별할 땅과 성읍의 기지 좌우편에 남은 땅은 군주에게 돌릴지니 … (겔 48:21).

여기에서 '거룩하게 구별할 땅'은 제사장과 레위인들이 받은 땅이다. 그 땅 주변의 남은 땅을 왕에게 분배한다. 왕이 우선적으로 좋은 땅을 분배 받은 것이 아니라는 것도 파격적이다. 권력의 힘으로 밀어붙이는 것은 여호와 삼마와는 거리가 멀다.

에스겔 46:18에 보면, 왕의 영토를 규정해 주는 이유를 이렇게 밝힌다.

> 왕은 백성의 기업을 취하여 그 산업에서 쫓아내지 못할지니 왕이 자기 아들에게 기업으로 줄 것은 자기 산업으로만 할 것임이니라. 백성으로 각각 그 산업을 떠나 흩어지지 않게 할 것이니라 (겔 48:10).

심지어 왕이라고 할지라도 백성의 땅을 취할 수 없다. 권력과 부를 가진 자들이 모든 특권을 독차지 하는 모습은 전혀 여호와 삼마에서 찾아볼 수 없다.[5]

『부동산 계급사회』(손낙구 저, 후마니타스, 2008)라는 책을 보면, 서울대학교를 비롯한 SKY 대학의 합격률은 아파트 평수와 비례한다는 요지의 내용이다. 나름대로 분석과 객관적 자료에 근거하기에 우리 사회 단면을 보여 주기에 충분하다. 그래서 개천에서 용 난다는 말은 더 이상 통용될 수 없으며, 개천에서 용 써도 안 된다고 비판한다.

이러한 현상의 이면에는 하나님이 우리와 함께 하지 않는 것이 아니라 우리가 하나님을 버리고 있는 증거가 아니겠는가!

---

[5] 이종록, 『이 뼈들이 능히 살겠느냐』(한국성서학연구소, 2000, 3), 350-351.

물론 기득권자들의 책임이 크겠지만, 소시민도 정도의 차이는 있지만, 이런 가치관을 갖고 함께 따라가고 있지 않는가!

우리가 평소의 삶에서 하나님을 밀어내고 있으면서, 고통의 순간에는, 하나님이 도대체 무엇을 하시느냐고 부르짖고 있는 내 모습을 정직하게 성찰해 보라.

### (3) 차별이 아니라 자비와 배려

> 너희는 이 땅을 나누되 제비 뽑아 너희와 너희 가운데에 머물러 사는 타국인 곧 너희 가운데에서 자녀를 낳은 자의 기업이 되게 할지니 너희는 그 타국인을 본토에서 난 이스라엘 족속 같이 여기고 그들도 이스라엘 지파 중에서 너희와 함께 기업을 얻게 하되 타국인이 머물러 사는 그 지파에서 그 기업을 줄지니라 주 여호와의 말씀이니라 (겔 47:22-23).

땅을 경계에 따라 분배를 할 때 주신 말씀이다. 유대인들이 이방인을 얼마나 거리껴 하는지 모른다. 접촉하면 부정하다고 한다. 그러나 여호와 삼마는 이런 우월주의, 차별이 다 사라진다. 도리어 그들을 품어 주고, 그들에게 자비를 베푼다.

미국의 남북 전쟁에서 북군이 승리하면서 결국 노예 제도가 미국에서 폐지되었다. 그런데도 여전히 남부 지역에서는 흑인에 대한 차별이 심했다. 당시에 한 교회에서 흑인 아이가 예배당 창문으로 예배하는 광경을 보면서 눈물을 흘리고 있었다.

왜냐하면, 그곳은 백인들이 예배하는 곳인데, 흑인 아이는 주일 예배를 갔다가 들어가지 못하고 쫓겨난 것이나. 울다가 잠시 잠이 들었는데, 예수님이 그 아이를 찾아오셨다.

"얘야 왜 이곳에서 울고 있니?"

아이는 사실 대로 말했다.

"나는 들어갈 수가 없어요."

그 때 예수님이 이렇게 말한다.

"얘야 걱정하지 마라. 나도 저곳에 들어가지 못하고 있단다."

그 웅장한 예배당 안에는 예수가 없는 예배를 드리고 있었다.

여호와 삼마. 하나님이 계신 곳은 차별과 배제가 아닌, 서로를 향한 관용과 배려와 포용이 넘친다.

여호와 삼마!

하나님이 계신 곳은 성전이 아니라 내 일상임을. 그곳은 경계를 넘지 않는 자족이, 공존하는 공평이, 차별이 아닌 배려가 있는 곳임을.

주님! 하나님이 나와 함께 하지 않는 것이 아니라 정작 내가 하나님을 밀어내고 있지는 않은지 돌아보게 하소서. 내 삶에, 가정에서, 교회에서, 일상의 구체적인 현장이 여호와 삼마가 되게 하소서.

## 4. 아모스의 정의

### 1) 여호와의 날

> 화 있을진저 여호와의 날을 사모하는 자여 너희가 어찌하여 여호와의 날을 사모하느냐 그 날은 어둠이요 빛이 아니라(암 5:18).

여호와의 날은 다음 두 가지 의미를 갖는다.

**첫째**, 구원의 날이다. 즉, 하나님이 은혜 주시고, 위로하시고, 회복시켜 주시고, 복을 주시는 날이다.

**둘째**, 심판의 날이다. 악인을 심판하는 날이다.

여호와의 날을 사모하는 이들이 있다. 그들은 하나님의 택한 백성으로서, 그 날을 구원의 날로 생각하기 때문이다. 그러나 아모스는 그건 착각이라고 말한다. 너희의 사모함대로 그 날이 임한다면, 그것은 축복의 날이 아니라 심판의 날이 될 것이다.

그 심판의 날을 피하기 위해 어떻게 해야 할까?

> 너희는 벧엘에 가서 범죄하며 길갈에 가서 죄를 더하며 아침마다 너희 희생을, 삼일마다 너희 십일조를 드리며 누룩 넣은 것을 불살라 수은제로 드리며 낙헌제를 소리내어 선포하려무나 이스라엘 자손들아 이것이 너희가 기뻐하는 바니라 주 여호와의 말씀이니라 (암 4:4-5).

이스라엘 백성들은 예배를 드리면 된다고 생각했다. 그런데 하나님은 아모스를 통해 예배에 열심인 그들을 비꼰다. 그들의 예배 열심을 스스로를 만족하기 위한 것이라고 비하하기까지 한다. 다시 말하면, 하나님은 그들이 드리는 예배를 받지 않으심을 분명히 하신다. 그러면서 예배 처소인 벧엘로, 길갈로 가지 말라. 그곳은 여호와의 날이 임하여 심판을 받게 될 것이라고 경고한다.

## 2) 절기를 미워하여

> 벧엘을 찾지 말며 길갈로 들어가지 말며 브엘세바로도 나아가지 말라 길갈은 반드시 사로잡히겠고 벧엘은 비참하게 될 것임이라 하셨나니(암 5:5).

> 내가 너희 절기들을 미워하여 멸시하며 너희 성회들을 기뻐하지 아니하나니 너희가 내게 번제나 소제를 드릴지라도 내가 받지 아니할 것이요 너희의 살진 희생의 화목제도 내가 돌아보지 아니하리라 네 노랫소리를 내 앞에서 그칠지어다 네 비파 소리도 내가 듣지 아니하리라(암 5:21-23).

심지어 그들이 드리는 절기들을 미워하신다고 한다. 성경의 문장 가운데 가장 강력한 부정적인 단어들을 연속적으로 등장시키면서까지 말이다. 미워하여, 멸시하며, 기뻐하지 않으시며, 받지 아니하시며, 돌아보지 아니하며, 듣지도 아니한다. 5중주가 아니라 6중주, 즉 불완전의 극치를 보여주는 수를 사용하시며 부정적인 측면을 강하게 부각시킨다.

그 내용을 보라.

절기, 성회, 번제나 소제, 화목제, 노래와 악기 소리에 이른다. 이것은 뒤집어 보면, 하나님이 가장 좋아하고, 귀하게 여기고, 기뻐하시고, 그토록 받기를 원하시며, 주의를 기울이시고, 가장 듣기를 원하시는 6중주가 아닌가!

왜 이런 것들에서 하나님의 마음을 떠나버렸을까?

하나님이 그것 자체를 싫어하는 것이 결코 아니리라. 그렇다면 무엇 때문인가?

이에 대한 논쟁이 있었을 것이다. 바로 그들이 드리는 예배가 광야에서 법으로 주신 것이라는 논리였을 것이다.

> 이스라엘 족속아 너희가 40년 동안 광야에서 희생과 소제물을 내게 드렸느냐(암 5:25).[6]

하나님이 왜 이 말을 하시는가?

그 때 이스라엘이 하나님 앞에 드린 예배를 상기하고자 함이다.

그 때 이스라엘에게는 무엇이 있었는가?

그들에게 어떤 정교한 제사의 형식과 틀이 있었는가?

그들은 드릴만한 고귀한 것들을 가지고 있었는가?

---

6   이 질문의 의도는 제사 제도가 출애굽 시대에 제정되지 않아서 무효라고 주장하는 것이 아니다. 그들이 출애굽 시대를 들먹이는 정당성의 주장에 대해 문제 삼는 것은 제사 제도보다 먼저 주신 십계명의 명령, 즉 하나님에 대한 순종과 이웃을 향한 삶이 없음이다. 김태훈, 『사자의 부르짖음』(한국성서학연구소, 2012, 9), 175-176.

그들의 제사드릴 때 갖추어 입은 멋진 의복이 있었는가?
그들의 예배는 웅장하고 화려했는가?

아무것도 없었다. 그들은 보잘 것 없고, 가난하였어도 때로는 실수하고 넘어졌어도 하나님 한 분을 의지하며 하루하루 광야의 여정 속에 더불어 하나님에게 겸비함으로 나아갔다.
그런데 지금 그들은 어떠한가?

### 3) 세속화된 예배

> 너희가 너희 왕 식굿과 기윤과 너희 우상들과 너희가 너희를 위하여 만든 신들의 별 형상을 지고 가리라(암 5:26).

이것들은 혼합주의를 지칭하는 것으로 친 앗수르 세력이 도입한 예배였다.
이들이 하나님을 더 잘 섬기기 위해, 더 온전한 제사를 위해일까?
아니다. 실상은 세속권력 앗수르의 정치, 경제, 관습, 윤리에 대한 사대주의의 발상이다.[7] 하나님 주신 말씀보다는 세상의 가치들이 더 좋아 보이고, 맹목적으로 닮고 싶은 그들의 내면이 하나님을 예배하는 이런 방식으로 표현되고 있는 것이다. 예배의 세속화이다.
이러한 세속이 강력한 힘의 논리로 다가올 때, 그들의 예배는 무너진다. 하나님을 예배하는 형식은 남았지만, 그들의 일상의 삶은 하나님의 말씀과 계명들이 철저하게 세속 앞에 힘을 쓰지 못하고 무너졌다. 그들의 삶에 정의와 공의가 다 무너지고, 그러는 가운데 불의한 손을 가지고 그대로 오면서도 그것을 당연하게 여기고, 예배만 드리면 해결된다는 식의 마음이었다.

---

7  김태훈, 위의 책, 176.

### 4) 정의를 물 같이

> 오직 정의를 물 같이 공의를 마르지 않는 강 같이 흐르게 할지어다 (암 5:24).

아모스는 지금 왜 정의를, 공의를 법정에서 선포하지 않고, 성소 즉 예배 장소에서 몇 번이고 선포하고 있는가?

예배 장소에서는 신앙이나 우상숭배에 대해 말해야 하는 것이 아닌가?

예배는 성소에서의 예배 행위를 넘어 삶 전체와 직결되어 있음을 선포하기 위해다. 아모스는 결코 제의 자체를 거부하는 자가 아니다. 일상의 행위는 성소에서의 태도와 일치해야 함을 강조하는 것이다. 하나님을 사랑하고 전심으로 예배하는 자는 약자를 돌보고, 거짓 저울을 쓰지 않고, 권력으로 부를 축적하지 않고 이웃을 불쌍히 여기며, 지도층일수록 자기의 유익을 구하지 않고, 불의를 기뻐하지 않아야 한다.

하나님은 아모스를 통해 정의와 공의가 마르지 않는 강같이 흐르기를 기대한다. 그것이 성소에서 하나님에게 드리는 진실된 예배이며, 하나님을 진실로 경외하는 예배이기 때문이다.[8]

## 5. 요약

(1) 예언자들이 책망한 예배는 종교적 의식으로서의 행위와 일상의 행위와의 불일치였다. 그것은 예배의 대상이신 하나님을 종교적인 영역으로 가두는 것이기 때문이다.

---

8  김근주, 『소예선서 어떻게 읽을 것인가 1』 (성서유니온, 2015, 12), 498-499. "하나님이 찾으시는 것은 헌신(devotion)이지 예배(devotions)가 아니며, 제의(rite)가 아니라 올바름(right)이다."

(2) 삶이 곧 예배라면, 예배자는 삶에서 정의를 실현해야 한다. 정의의 실천이 예배다.

(3) 예언자들이 외치는 예배로서의 정의는 차별을 깨뜨리며, 약자를 배려하며, 평화롭게 공존하며, 힘의 논리에 굴복하지 않는 것이다.

=== 제17장 ===

# 인애와 앎

호세아는 하나님의 말씀을 대언하는 선지자다. 선지자가 선포하는 방식에는 신탁, 환상 그리고 상징 행위가 있다. 호세아는 독특하게 상징 행위가 예언 방식의 대다수를 이루는데, 행위가 일시적인 것이 아니라 그의 삶 전체 즉 인생 자체가 예언 활동이었다고 해도 과언은 아니다.

인생에 있어 가장 중요한 결혼을 하나님 말씀에 순종하여 부정한 여인과 하였고, 그 여인이 결혼 후에도 지속적인 음행에 빠짐에도 그녀를 용납하는 파격적인 행동을 보여 주었다. 결혼 후에 태어난 자식들의 이름을 통해 이스라엘을 향한 하나님의 심판과 회복의 메시지를 선포한다.

## 1. 야다

호세아는 아내인 고멜의 관계를 통해 하나님과 이스라엘을 부부 관계로 묘사한다(1-3장) 고멜이 호세아와 자녀를 낳으면서 살다가 그를 버리고 다른 사람을 따라간 것처럼 이스라엘도 하나님과 언약 관계 즉, 부부 관계였는데, 하나님을 버리고 우상을 따라 섬기는 실상을 폭로한다. 따라서 호세아는 부부처럼 친밀한 관계를 나타내는 '안다'(히, 야다)라는 단어가 자주 등장한다.

이스라엘 자손들아 여호와의 말씀을 들으라 여호와께서 이 땅 주민과 논쟁하시나니 이 땅에는 진실도 없고 인애도 없고 하나님을 아는 지식도 없고(호 4:1).

내 백성이 지식이 없으므로 망하는도다 네가 지식을 버렸으니 나도 너를 버려 내 제사장이 되지 못하게 할 것이요 네가 네 하나님의 율법을 잊었으니 나도 네 자녀들을 잊어버리리라(호 4:6).

하나님을 아는 지식은 '율법'의 대용어다. 이스라엘은 언약 백성으로 받았던 율법을 잊어버려 하나님이 누구신지, 하나님이 그들의 역사 가운데 행하신 일을 알지 못했다.

그렇다면, 하나님을 아는 지식은 머리에 저장하는 단순한 정보인가?

아니다. 그것은 경험적 앎이다. 말씀을 통해 하나님을 만나고, 인격적인 교제를 통해 하나님을 깊이 알아가는 것이다. 경험이 쌓이면서 하나님과의 관계가 친밀해지고, 신뢰로 이어져 서로에 대해 신실해지는 것이다. 이러한 경험적 앎을 잘 드러내는 것이 부부 관계이다. 그래서 안다(야다)의 의미가 남녀의 성적 관계를 나타내는 용례로 사용되기도 한다(창 19:6 참조).

그들의 행위가 그들로 자기 하나님에게 돌아가지 못하게 하나니 이는 음란한 마음이 그 속에 있어 여호와를 알지 못하는 까닭이라(호 5:4).

이스라엘이 하나님을 배반하고 우상을 따르게 될 때 선지자들의 끊임없는 경고와 외침을 통해 자신들의 잘못을 알게 되었다. 얼마나 하나님을 배반하고, 우상으로 더럽혀져 부정하게 되었는지를 깨닫는다. 그러나 그들은 돌아가지 못한다. 음란한 마음이 그 속에 있어 여호와를 알지 못하기 때문이다. 머리로는 돌아가야 한다는 것을 알지만 이미 그들의 가슴은 우상인 바알이 자리를 잡고 있다.

다시 말하면, 하나님은 머리에 지식으로 저장되어 있을 뿐이고, 우상인 바알은 그들의 실생활 속에서 깊이 젖어들어 경험되고 있었던 것이다. 따라서 이들이 하나님 앞에 돌아가지 못한 이유는 하나님을 아는(경험) 것의 부재 때문이다. 더 이상 그들 스스로 하나님에게 돌아올 수도 없는 상태에서 하나님이 이렇게 선포하신다.

> 내가 에브라임에게는 사자 같고 유다 족속에게는 젊은 사자 같으니 바로 내가 움켜갈 지라 내가 탈취하여 갈지라도 건져낼 자가 없으리라 그들이 그 죄를 뉘우치고 내 얼굴을 구하기까지 내가 내 곳으로 돌아가리라 그들이 고난 받을 때에 나를 간절히 구하리라 (호 5:14-15).

죄로부터 돌이켜 하나님에게 오지 못한 이스라엘을 향해 그들이 의지하는 것들로부터 도리어 심판을 당함을 경고한다. 예언은 반응이 중요하다. 경고를 듣고 돌이켜 회개하면 심판 예언은 경고로 끝나지만, 경고를 듣고도 완악함으로 돌이키지 않으면 예언은 경고가 아니라 현실이 된다. 이 말을 듣고 이스라엘 백성들이 충격을 받는다.

## 2. 여호와께로 돌아가자

> 오라 우리가 여호와께로 돌아가자 여호와께서 우리를 찢으셨으나 도로 낫게 하실 것이요 우리를 치셨으나 싸매어 주실 것임이라. 여호와께서 이틀 후에 우리를 살리시며 셋째 날에 우리를 일으키시리니 우리가 그의 앞에서 살리라. 그러므로 우리가 여호와를 알자 힘써 여호와를 알자 그의 나타나심은 새벽 빛 같이 어김없나니 비와 같이, 땅을 적시는 늦은 비와 같이 우리에게 임하시리라 하니라(호 6:1-3).

우리가 돌아가자. 돌아가지 아니하면, 예언자의 경고가 현실이 되지만 돌아가면 그분은 우리를 낫게 하시고, 싸매어 주실 것이다. 우리를 일으켜 다시 살리실 것이다.

그렇다면 돌아간다는 것이 무엇을 의미하는가?

여호와를 아는 것이다. 머리에 저장되어 있는 이론적인 지식이 아니라 실존적으로 중심을 하나님에게로 향하고, 그분의 말씀을 삶에서 체험하여, 그분과 친밀함과 신뢰관계를 더욱 신실하게 하자는 결단이다.

> 에브라임아 내가 네게 어떻게 하랴 유다야 내가 네게 어떻게 하랴 너희의 인애가 아침 구름이나 쉬 없어지는 이슬 같도다. 그러므로 내가 선지자들로 그들을 치고 내 입의 말로 그들을 죽였노니 내 심판은 빛처럼 나오느니라(호 6:4-5).

이 모든 것을 알고 깨닫고 더 나아가 완벽한 결단을 하지만, 호세아는 그들의 반응에 대해 아침 구름이나 쉬 없어지는 안개라고 평가한다. 결단은 있었지만 작심삼일로 끝나고 있었던 것이다.

## 3. 인애와 앎

> 나는 인애를 원하고 제사를 원하지 아니하며 번제보다 하나님 아는 것을 원하노라(호 6:6).

돌아간다는 표징이 무엇이고, 회개의 자리는 어디일까?

제사이다. 하나님은 회개할 때 회복시키는 은혜로 제사법을 주셨기 때문이다. 이들은 하나님에게 제사 드리며 나아간다. 그런데 하나님은 이들의 행위에 대해 나는 제사를 원치 않고 인애와 하나님 아는 것을 원한다고 하신다. 인애(헤세드)[1]는 언약적 신실성이요, 하나님 아는 것은 하나님을 인격적으로 만남으로 친밀한 사귐을 의미한다. 다시 말하면, 그들은 예배의 형식은 잘 복원했으나 예배자의 마음은 여전히 다른 곳에 있었다.

그들이 드리는 예배는 하나님을 사랑하는 마음(헤세드)이 없다. 예배는 드리지만, 여전히 세상을 사랑하고 마음이 그곳을 향해 있다. 하나님은 마음의 중심을 살핀다. 그러므로 예배를 드리지만 그 예배를 하나님이 무작정 받으신다고 생각한다면 착각이다.

수천 번의 예배가 하나님과 상관없는 예배라면 어떠할까?

한편으로 인애와 제사를 대비하고, 다른 한편으로 번제와 하나님을 아는 것을 대비한다.

다시 말하면, 하나님이 피조물로부터 가장 기뻐 받으시는 예배를 평가절하 하면서까지 인애와 하나님 아는 것을 강조하는 이유는 무엇일까?

예배가 결코 의식으로 드려지는 종교적인 행위로 한정될 수 없다는 것이다. 다시 말하면 예배는 하나님을 하나님 되게 하는 고백이기에 종교적인 자리에서 고백되어진 하나님을 일상 속에서 외면한다면 참된 예배라 할 수 없다는 것이다.

예언자들의 외침을 통해 계속해서 강조하는 것은 종교적인 행위로서의 예배와 일상에서의 삶이 결코 분리될 수 없다는 점이다. 인애는 하나님과의 언약적 신실성이다. 하나님이 성전에만 계시지 않고 열방을 주관하시는 통치자라는 믿음의 고백이 있다면, 이 땅에서의 삶에서 만나는 수많은 관계 가운데서도 신실함은 너무나 당연한 연결이다.

그런 면에서 호세아는 다음의 세 가지를 일깨운다.

---

[1] '헤세드'는 성경에서 14개 정도의 단어로 번역되는데, 그 중에서 인내, 긍휼, 자비, 아름다움 등으로 많이 사용된다. 호 6:6절은 문맥상 '사람 사이의 도리에 충실함' 또는 '하나님에 대한 신자의 도리에 충실함'으로 해석할 수도 있다. 따라서 인간적 도리를 충실하게 행하는 것이 곧 '하나님을 아는 것'이고, 그 도리를 행하는 것이 곧 예배의 자리이다. 차준희, 『예언서 바로 읽기』, 202-203.

**첫째**, 하나님 앞에 예배드리지만, 하나님 앞에 신실하지 못하고, 하나님보다 다른 것에 마음을 빼앗기면서 형식만이 껍데기처럼 남아 있는 마음이 떠난 예배를 책망한다.

**둘째**, 예배를 받으시는 하나님은 성전 안과 밖, 온 땅의 주권자가 되시므로 그곳에서도 하나님의 통치 원리가 하나님을 예배하는 자들을 통해 인정되어지고, 선포되어져야 한다. 그렇다면 세상에서 만나는 수많은 관계 속에서도 인애의 가치는 실현되어져야 한다.

**셋째**, 하나님을 아는 것은 친밀한 인격적 교제를 전제한다.

이는 매일 매순간 하나님을 의식하는 것이다. 따라서 일상이 하나님을 경험하는 자리이며, 그곳이 곧 예배의 처소가 되어야 한다. 일상에서 하나님을 만나기 위해 그곳에서도 하나님의 말씀이 들려져야 하며, 그 들려진 음성에 순종해야 한다. 그 들려진 말씀을 순종할 때, 종교적인 의식에서만 아니라 일상 속에서도 하나님을 체험한다. 일상에서 하나님을 만나고 경험하는 그 삶이 곧 영생이다.

> 영생은 곧 유일하신 참 하나님과 그가 보내신 자 예수 그리스도를 아는 것이니이다(요 17:3).

## 4. 요약

(1) 종교적인 행위로서의 예배와 일상에서의 삶은 결코 분리될 수 없다. 왜냐하면, 언약 관계인 하나님은 성전에만 있지 않고, 온 땅에 충만하시기에, 어느 때나 어느 곳에서도 신실함이 유지되어야 하기 때문이다(헤세드).

(2) 예배는 하나님을 만나고 사귀는 것이다(야다). 그 경험이 이루어지는 자리가 예배의 처소이며, 그곳이 곧 영생을 누리는 삶의 자리다.

**제3부**

# 예수에서 새 예루살렘까지

제18장   예수 이름으로
제19장   영과 진리로
제20장   찬송
제21장   기적
제22장   산 제물
제23장   성찬
제24장   나눔
제25장   새 예루살렘

── 제3부 ──

# 예수에서 새 예루살렘까지

　바벨론 포로에서 귀환한 이스라엘은 다시 성전을 재건하기에 이른다. 성전을 통해 민족중흥의 역사를 기대했지만, 이어지는 역사는 그들의 희망을 채워주지 못했다. 예언자들의 회복과 부흥의 희망은 깨어지면서 예언의 시대를 마감하고 묵시의 시대로 들어간다. 이방인들에 의해 성전이 더럽혀지고, 세속의 바람은 거칠게 몰아치면서, 절망적인 시기를 보낸다. 앞이 보이지 않는 상황에서 이스라엘 안에는 메시아에 대한 희망이 더욱 더 확고하고 간절해졌다.

　때가 되어 하나님의 아들 그리스도 예수가 오셨고, 회당에 들어가 설교하면서 구약의 말씀을 새롭게 재해석하면서 복음을 선포하였으며, 하나님 나라를 가져온 메시아로서의 발걸음을 시작한다. 공생애 기간 동안 제자를 불러 세웠고, 그들을 통해 교회를 세울 것을 말씀하신다. 더 이상 기능을 다하지 못하며 마치 수명이 다한 구시대의 유물이 되어 버린 성전을 과감히 심판하셨으며, 자신을 새로운 성전으로 나타내셨다.

　새 성전이신 예수는 성전에서 이루어지는 희생과 속죄 그리고 화목의 제물이 되면서 메시아의 사명을 다하셨다. 부활하심으로 그를 따르는 제자들을 통해 교회가 세워졌고, 교회는 하나님의 백성이요, 그리스도의 몸이요, 성령의 전으로서 성전을 대체하고, 새 이스라엘로 세워졌다.

　특히, 오순절 성령 강림 사건은 구약의 예배 종지부를 찍고 새로운 영적 예배의 문을 연 역사적 사건이었다. 이제 성전을 통해 예배드리지 않고, 성전을 대체하신 예수 그리스도의 이름으로 하나님 앞에 나아가 예배할 수 있으며, 성전이란 특정한 장소가 아니라 영과 진리로 예배하게 되었다. 성령의 강림은 구약의 성전과는 달리 교회로 하여금 원심적으로 열방을 향해 뻗어나가게 하였다. 성령을 통해 유대인과 이방인, 남자와 여자, 종과 자유자가 하나 되게 하는 영적인 대지진이 일어났으며, 모든 장벽을 부수고 다양한 계층과 인종이 차별 없이 모여 함께 예배하게 되었다. 각 지역에 세워진 교회가 처한 환경은 사도들과 신약의 저자들로 하여금 예수 그리스도를 중심으로 구약의 예배를 재해석하기 시작했고, 구약의 풍부한 예배의 가치와 의미들을 끌어와 예배의 정신을 세워 나갔다.

예수 그리스도 이름으로 드려지는 예배는 하나님과의 사귐을 더욱 깊게 하였으며, 하나님과의 사귐은 공동체적인 교제로 이어졌고, 이는 삶 자체가 예배가 되는 것으로 확대되었다. 예배 공동체는 선교를 목표로 하여 세상의 한 복판에서 구별된 예배자로, 영적 전쟁을 수행하는 그리스도의 군사로서 새 하늘과 새 땅을 향해 나아가고 있다.

그곳에서 거룩한 신부로 세워질 새 예루살렘은 신랑 되신 주님과의 완전한 연합을 이루며, 삼중적 완전한 사귐인 에덴의 회복의 역사를 맞이하면서, 예배는 '사귐'이란 의미로 창세기부터 시작하여 요한계시록으로 완성 된 성경 전체를 감싸주는 인클루시오(inclusio)가 된다.

= 제18장 =

# 예수 이름으로

　구약 시대 예배 중심은 성전이다. 출애굽한 이스라엘 백성들은 광야에서 성막을 세워 하나님을 예배하였는데, 가나안 입성 후 다윗이 점령하여 수도로 정한 예루살렘에 솔로몬이 성전을 건축한다. 성전을 중심으로 하여 온 이스라엘은 하나님을 예배하였다. 이스라엘의 남자들은 전국 방방곡곡에 흩어져 있어도, 심지어 외국에 있어도 일 년에 세 차례 즉, 유월절, 오순절, 초막절 세 절기에는 예루살렘을 순례하였다. 어느 곳에 있든지 간에 그들은 성전이 있는 예루살렘을 향해 기도할 정도로 성전은 이스라엘의 예배와 신앙과 삶의 구심점이었다.
　하지만, 유다가 바벨론에 멸망하면서, 성전은 파괴되고 유대인들은 바벨론으로 포로로 끌려간다. 포로로 끌려간 그들은 더 이상 성전 제사를 드리지 못한다. 신명기의 '하나의 성소' 규정으로 인해 파괴된 성전이 있는 예루살렘을 향해 기도만 드릴 뿐, 다른 장소에 다른 성전을 지을 수 없기 때문이다.
　그들은 성전 제사를 대체하기 위해 회당을 세운다. 그곳에서 율법을 읽고, 율법을 필사하고, 연구하면서 점차 예배의 틀을 만들어 간다. 성전 예배가 제물을 가지고 여호와 하나님에게 제사를 드리는 의식 중심의 예배였다면, 회당 예배는 모여서 찬송하고 기도하고 말씀을 나누고 연구하는 말씀 중심의 예배였다. 바벨론 포로에서 70년 만에 풀려난 유대인들은 고국으로 돌아와 성전을 재건하였다. 성전 제사도 다시 회복하고, 절기 예배도 회복하였지만, 회당이 사라진 것은 아니다. 도리어 회당 예배는 풀뿌리처럼 유대인들의 삶에 깊숙이 뿌리를 내리고 성전 예배와 함께 또 하나의 예배 전통으로 자리 잡게 되었다.

## 1. 때가 차매

때가 차매 하나님이 정하신 대로 예수 그리스도께서 이 땅에 오셨다. 예수님이 오시므로 인해 옛 언약의 시대가 가고, 새 언약의 시대가 도래 한다. 예수님은 어린 시절부터 회당에 들어가서 예배를 드리고, 공생애 기간 동안 그곳에서 말씀도 증거 하셨다.

> 예수께서 그 자라나신 곳 나사렛에 이르사 안식일에 늘 하시던 대로 회당에 들어 가사 성경을 읽으려고 서시매 선지자 이사야의 글을 드리거늘 책을 펴서 이렇게 기록된 데를 찾으시니 곧 주의 성령이 내게 임하셨으니 이는 가난한 자에게 복음을 전하게 하시려고 내게 기름을 부으시고 나를 보내사 포로 된 자에게 자유를, 눈먼 자에게 다시 보게 함을 전파하며 눌린 자를 자유롭게 하고 주의 은혜의 해를 전파하게 하려 하심이라 하였더라. 책을 덮어 그 맡은 자에게 주시고 앉으시니 회당에 있는 자들이 다 주목하여 보더라 (눅 4:16-20).

예수님은 어렸을 적부터 절기를 지키기 위해 예루살렘 성전을 방문하였고, 성전을 향해 내 아버지의 집이라고 말씀하신다.

> 그의 부모가 해마다 유월절이 되면 예루살렘으로 가더니 예수께서 열두 살 되었을 때에 그들이 이 절기의 관례를 따라 올라 갔다가 (눅 2:41-42).

> 예수께서 이르시되 어찌하여 나를 찾으셨나이까 내가 내 아버지 집에 있어야 될 줄을 알지 못하셨나이까 하시니 그 부모가 그가 하신 말씀을 깨닫지 못하더라(눅 2:49-50).

## 2. 성전 심판

예수님이 30세가 되어 하나님 나라의 공적 생애를 시작한다(눅 3:23). 그리고 가이사랴 빌립보에서 제자들을 향해 자기 정체성에 대해 질문한다. 그 때 베드로의 대답을 듣고 그 신앙고백 위에 자기 교회를 세우겠다고 말씀하신다.

> 시몬 베드로가 대답하여 이르되 주는 그리스도시요 살아 계신 하나님의 아들이시니이다. 예수께서 대답하여 이르시되 바요나 시몬아 네가 복이 있도다 이를 네게 알게 한 이는 혈육이 아니요 하늘에 계신 내 아버지시니라 또 내가 네게 이르노니 너는 베드로라 내가 이 반석 위에 내 교회를 세우리니 음부의 권세가 이기지 못하리라(마 16:16-18).

그리고 마태복음 18장에서 교회를 두 가지로 규정하신다. 하나는 두 세 사람 이상이 모이는 공동체이며, 다른 하나는 예수의 이름으로 모이는 공동체이다. 예수님은 공생애 말기에 예루살렘에 올라가신다. 그곳에서 맨 먼저 성전에 들어가셔서 그 모든 것을 둘러엎으신다.

> 예수께서 성전에 들어 가사 성전 안에서 매매하는 모든 사람들을 내쫓으시며 돈 바꾸는 사람들의 상과 비둘기파는 사람들의 의자를 둘러엎으시고(마 21:12).

성전에서 매매하는 것과 돈 바꾸는 환전, 비둘기 파는 행위는 당시 성전을 책임지고 있는 제사장들이 합법적으로 인정하는 것이었다. 성전에서 제사를 드리는 제물에는 흠이 없어야 하지만 먼 곳에서 제물을 가지고 오는 과정에서 흠이 생길 수 있기 때문에 대부분의 사람은 성전의 뜰에서 제물로 드릴 짐승을 샀다. 또한, 유대인들은 성전세를 내야 했다. 당시 통용되는 로마 화폐가 아닌 유대인의 화폐로 드려야 하기에 환전이 이루어질 수밖에 없었다. 가난한 자들은 비둘기로 드려야 했기 때문에 비둘기 장사꾼들도 당연히 있을 수밖에 없었다.

그런데 예수님은 이것들을 다 엎어 버리셨다.[1] 일명 성전 정화 사건이다. 예수님은 이 행동을 하시면서, 두 개의 구약성경을 인용하신다.

> 그들에게 이르시되 기록된바 내 집은 기도하는 집이라 일컬음을 받으리라 하였거늘 너희는 강도의 소굴을 만드는도다 하시니라(마 21:13).

**첫째**, 이사야 56:7이다.

> 내가 곧 그들을 나의 성산으로 인도하여 기도하는 내 집에서 그들을 기쁘게 할 것이며 그들의 번제와 희생은 나의 제단에서 기꺼이 받게 되리니 이는 내 집은 만민이 기도하는 집이라 일컬음이 될 것임이라(사 56:7).

이사야 선지자는 성전을 만민이 기도하는 집이라고 선언한다. 이사야 56:1 이하에 등장하는 대표적인 두 부류는 고자들과 이방인이다. 이 부류는 부정한 자들로 성전에 들어올 수 없었다. 하지만 그들도 하나님의 안식일을 지키며 언약을 굳게 붙잡고 여호와와 연합한다면 그들도 성전에 들어올 수 있으며, 그들의 제사를 기쁘게 받으실 것이라고 하신다.

예수님은 이사야 선지자를 통해 예언한 말씀을 성취하신다. 이것은 성전을 건축하고 드린 솔로몬의 기도에도 나타난 내용이다.

---

1  R. Stein, 『BECNT 마가복음』 배용덕 역 (부흥과개혁사, 2014, 11), 727-729.

> 또 주의 백성 이스라엘에 속하지 아니한 자 곧 주의 이름을 위하여 먼 지방에서 온 이방인이라도 그들이 주의 크신 이름과 주의 능한 손과 주의 펴신 팔의 소문을 듣고 와서 이 성전을 향해 기도하거든 주는 계신 곳 하늘에서 들으시고 이방인이 주께 부르짖는 대로 이루사 땅의 만민이 주의 이름을 알고 주의 백성 이스라엘처럼 경외하게 하시오며 또 내가 건축한 이 성전을 주의 이름으로 일컫는 줄을 알게 하옵소서 (왕상 18:41-43).

예수님이 뒤집어엎은 것은 성전을 자신들의 전유물로 여기는 이스라엘의 성전 국수주의였다. 성전을 통해 만민이 여호와의 이름을 알고 경외하게 하는 것이 이스라엘의 제사장 사명이지만, 그들은 성전을 유대인과 이방인을 구별하는 경계로 만들고 그 범주 안에 있는 자와 밖에 있는 자를 차별하였던 것이다. 예수님의 이 상징 행동은 바로 성전이 건축될 때의 본질을 다시 회복하는 것이며, 이사야 선지자를 통해 장차 세워질 성전에서 이루어질 예언을 성취하기 위하여 예수님은 먼저 이 옛 성전을 뒤집어 엎어버리신 것이다.

**둘째**, 예레미야 7:11-12의 말씀이다.

> 내 이름으로 일컬음을 받는 이 집이 너희 눈에는 도둑의 소굴로 보이느냐 보라 나 곧 내가 그것을 보았노라 여호와의 말씀이니라. 너희는 내가 처음으로 내 이름을 둔 처소 실로에 가서 내 백성 이스라엘의 악에 대해 내가 어떻게 행하였는지를 보라 (렘 7:11-12).

예레미야 7장은 성전 설교로 알려진 대표적인 본문이다. 예레미야는 성전의 운명이 실로 같이 될 것이라고 선언한다. 실로는 가나안 입성 후에 성막을 모신 곳으로 이스라엘의 영적 중심지 역할을 감당한다. 그런데 사사인 엘리 대제사장 때 블레셋과의 전쟁에서 실로에 있는 언약궤를 빼앗기게 되고, 그 후 앗수르에 이스라엘이 멸망당하면서 실로는 종교적인 기능 자체가 없어진 폐허 도시가 된다. 예레미야는 지금 이 예루살렘 성전이 실로와 같이 심판을 받게 될 것이라고 예언하고 있다.

그렇다면, 이 성전이 왜 심판을 당하는가?

예레미야는 유다를 향해 질문한다.

"성전이 도둑의 소굴이냐?"

이 말은 성전에 와서는 하나님의 백성이니 우리를 구원해주시기를 구하면서, 성전 밖에서는 하나님이 없는 자처럼 온갖 부정한 일을 자행하는 이 율배반적인 신앙으로 심판을 받을 것임을 경고한다. 이는 하나님을 성전 안에 가두고, 하나님은 성전 안에 머물면서 우리가 성전에 오면 죄를 용서해 주시고, 구하는 바를 이루어 주시면 된다는 식의 하나님은 자신들을 위한 우상 그 이상도 그 이하도 아닌 존재로 여기고 있는 타락한 이스라엘을 향한 심판 선언이다.

이것은 솔로몬이 성전을 건축하면서 드린 기도와는 배치된다.

> 하나님이 참으로 땅에 거하시리이까 하늘과 하늘들의 하늘이라도 주를 용납하지 못하겠거든 하물며 내가 건축한 이 성전이오리이까(왕상 8:27).

비록 이 성전을 예루살렘에 세워 하나님이 계시는 처소로 마련했지만, 하늘과 하늘들의 하늘도 여호와 하나님을 감당하지 못하는데, 감히 이 성전이 하나님을 감당할 수 있겠는가 라는 솔로몬의 고백이다. 하지만 이스라엘은 성전 자체를 절대시하며 더 이상 하나님을 하나님으로 여기지 않는 돌이킬 수 없는 타락의 길로 들어선 것이다.

그러므로 예수님의 성전 정화 사건은 단순히 성전을 깨끗하게 청소하려는 그런 의도가 아니라 지금 우상화되어 있고, 본질이 훼손되어 있는 성전 자체를 심판하고 계신 것이다.[2]

---

2  성전 정화 사건에 대한 견해는 네 가지로 정리된다. 1) 예언자적 개혁 행위(J. Roloff, J. Jeremias, O. Cullmann, H. D. Betz, C. A. Evans) 2) 혁명가적 행위(S. G. F. Brandon, A. Nolan, R. A. Horsley, G. Theissen) 3) 종말론적 메시야 행위(E. Lohmeyer, G. Bornkamm, W. G. Kummel, R. H. Hiers, L. Gaston, J. Gnilka) 4) 파괴와 심판의 상징적 행위(E. P.

## 3. 새 성전

그렇다면 성전은 이제 사라지는가?
요한복음 2장에서 성전을 심판하시면서(요 2:13-16) 결정적인 말씀을 하신다.

> 예수께서 대답하여 이르시되 너희가 이 성전을 헐라 내가 사흘 동안에 일으키리라 유대인들이 이르되 이 성전은 사십육 년 동안에 지었거늘 네가 삼 일 동안에 일으키겠느냐 하더라. 그러나 예수는 성전 된 자기 육체를 가리켜 말씀하신 것이라(요 2:19-21).

예수님은 성전 파괴를 선언하시면서, 이제 성전은 자신이라고 규정하신다. 예수님은 성전 정화 사건을 통해 성전을 예수님 자신으로 대체하신다. 그리고 십자가에서 성전 되신 자신이 단 번에 속죄의 희생제물이 되시고 3일 만에 부활하셔서 새 성전의 시대를 여셨다. 이제 옛 성전을 통해 하나님에게 나아오고, 하나님을 만나는 것이 아니라 이제는 새 성전이신 예수로 말미암아 하나님에게 나아가 예배할 수 있다.[3]

예수님은 공생애 동안 자신의 이름으로 모이는 교회를 세우겠다고 하신 약속대로 승천하시면서 위로부터 성령이 임할 때까지 예루살렘을 떠나지

---

Sanders, J. Neusner, D. Juel, W. H. Kelber, 김세윤). 마가복음에는 성전 정화 사건 전후로 무화과나무 저주 사건이 등장하는 샌드위치 구조를 띤다. 이스라엘을 상징하는 무화과나무가 뿌리째 말라버린 것은 이 구조의 중심에 있는 성전 정화 사건이 단순한 행위가 아니라 성전의 폐기 선언과 심판의 상징 행위임을 보여 준다.

[3] 요한복음 2장의 성전에 대한 예수의 파괴 선언은 역설적으로 예수의 육체의 파괴로 성취되고, 새로운 성전 건축은 예수의 부활로 말미암아 이루어진다. 이는 성전이 예수의 오심과 특히 그의 죽음에 거대한 닝잉을 받게 됨을 보여 준다. 따라서 요한복음 2장의 성전 정화 사건은 예수의 십자가와 육체적 부활이라는 내부적인 의미를 암시하는 표적으로서 이를 통해 예수가 성전의 상징적 의미로 대체되었음을 드러낸다. A. J. Köstenberger, "The Destruction of the Second Temple and the Composition of the Fourth Gospel," (ed.), J. Lierman, *Challenging Perspectives on the Gospel of John* (Tübingen: Mohr Siebeck, 2006), 101.

말고 기다리라고 말씀하신다.

> 볼지어다 내가 내 아버지께서 약속하신 것을 너희에게 보내리니 너희는 위로부터 능력으로 입혀질 때까지 이 성에 머물라 하시니라 예수께서 그들을 데리고 베다니 앞까지 나가사 손을 들어 그들에게 축복하시더니 축복하실 때에 그들을 떠나 하늘로 올려지시니 그들이 그에게 경배하고 큰 기쁨으로 예루살렘에 돌아가 늘 성전에서 하나님을 찬송하니라 (눅 24:49-53).

히브리인들이 출애굽하여 50일 째 되던 날 시내산에 도착하여 하나님과 언약을 맺는다.[4] 하나님의 언약 백성으로서의 이스라엘이 탄생하는 날이다. 이제 그 오순절에 약속하신 성령이 임하여 새 이스라엘인 교회가 탄생하였다. 이제는 성전이 아니라 예수 이름으로 모인 교회 공동체가 출범하게 된 것이다.

## 4. 예수 이름으로

사도행전 3장은 이 사실을 단적으로 보여 준다. 베드로와 요한이 성전에 기도하러 올라간다.
여기에 나오는 성전은 유대교의 예루살렘 성전이다.
그 성전에 누가 있는가?

---

[4] 주후 70년 이후에 이 절기가 시내산에서 율법을 받은 것을 기념하는 절기로 재해석되는데, 이것은 랍비들이 출애굽기 19:1을 해석하면서 이스라엘 백성이 시내산에 다다른 것이 애굽을 나온 후 50일이 되는 날이었다고 생각하게 된 데서 비롯된다. 요세푸스는 오순절을 유월절 다음날부터 50일째 되는 날로 계산했는데, 이것이 그 이후로 오순절을 계산하는 표준적인 방법이 되었다. 박응천,『세계를 향한 복음: 사도행전 연구』(한국성서학연구소, 1997, 8), 57-62.

나면서부터 앉은뱅이가 된 사람이 있다. 이 앉은뱅이는 사람들이 메고 와서 아침부터 저녁까지 구걸하면서 살아간다. 앉은뱅이가 구걸한 장소는 놀랍게도 성전의 미문(beautiful gate)이었다. 가장 아름다워야 할 성전이 가장 아름답지 못한 모습과 대비가 된다. 눈에 보이는 건물인 성전은 앉은뱅이에게 구걸하는 동전 몇 푼을 주는 장소에 불과하다. 더 이상 그에게 생명을 주고, 온전하게 하시는 하나님의 능력은 없다.

베드로와 요한이 성전에서 이 사람과 마주친다. 구걸하는 그를 향해 베드로는 이렇게 말한다.

> 은과 금은 내게 없거니와 내게 있는 이것을 네게 주노니 나사렛 예수 그리스도의 이름으로 일어나 걸으라(행 3:6).

그 사람이 벌떡 일어나 걷고 뛰고, 춤추며 하나님을 찬송하는 기적이 일어난다. 성전의 시대는 지나가고 새 성전인 예수의 시대가 도래 한 것이다. 성전에 앉아 있던 절망에 빠진 영혼을 향해 예수 그리스도의 이름을 선포했을 때, 그는 일어났고, 생명 구원을 얻게 되었다.

예수의 이름이 성전을 대체한 것이다. 성전은 하나님이 계신 곳이다. 그곳에서 예수 이름으로 드려지는 예배를 통해 하나님을 만난다. 예배에서 속죄가 일어나고, 회복과 치유가 일어나고 삶의 예배자로서 살아갈 능력을 받는다. 옛 성전의 시대가 가고 새 성전의 시대가 도래 하였다.

성전 정화 사건은 비록 하나님이 계획하시고, 명하셔서 세우신 곳이지만 본질을 잃고 기능을 수행하지 못할 때 심판을 당한다는 사실을 보여 준다. 친히 성전이 되셔서 십자가 위에서 허물어지시고, 새 성전으로 부활하셨다. 이제 예수로 인하여 하나님 앞에 나아갈 수 있게 되었고, 예수 이름으로 예배드릴 수 있게 되었다. 예수 이름으로 모인 공동체인 교회를 세우시고, 성전의 참 본질을 회복하게 하셨다.

예수 이름으로 교회는 하나님에게 예배한다. 교회는 예배함에 있어 차별이 있어서는 안 된다. 만민이 기도할 수 있는 집이 되어야 하고, 만민을 위하여 기도하는 집이 되어야 한다. 예수 이름으로 드리는 예배는 경계를 허물고, 장벽을 넘어 모든 이들이 하나 되어 하나님에게 나아가야 한다(갈 3:28). 예수 이름으로 드리는 예배는 하나님을 교회라는 공동체 안에 가두어서는 안 된다.

다시 말하면 예수의 이름이 땅 끝까지 울려 퍼져야 하며, 공동체 안에서 드리는 예배가 공동체 밖에서도 이어져야 한다. 예수 이름으로 드리는 예배는 삶이 곧 예배요, 예배가 삶이어야 한다.

## 5. 요약

(1) 새 언약의 시대의 예배는 새 성전이신 예수 이름으로 드린다.
(2) 예수 이름으로 모인 교회는 차별의 경계를 철폐하고, 만민이 하나 되어 하나님을 예배 하는 공동체이다.
(3) 예수 이름으로 드리는 예배는 삶이 곧 예배요, 예배가 곧 삶이다.

## 제19장

# 영과 진리로

　요한복음은 두 부분으로 구분된다. 먼저 표적의 책이라고 불리는 1-12장을 보면, 서론(1장)을 제외하고 각 장마다 유대교의 절기와 제도가 배경으로 나타난다. 2장은 정결 예식과 성전, 3장은 율법이, 4장은 성전 예배, 5장은 안식일, 6장은 유월절, 7-9장은 초막절, 10장은 수전절이 그것이다. 예수님의 표적을 유대교의 제도와 절기와 연관시킴으로 한편으로는 유대교의 불완전함을 드러내며, 다른 한편으로는 그 불완전함을 완성시키시는 예수 그리스도를 드러낸다.

　요한복음 4장은 유대에서 갈릴리로 가시는 길에 사마리아를 통과하시면서 발생한 한 사건을 다룬다. 4장의 절정은 예배이다. 예수 만남으로 시작하여 하나님이 찾으시는 예배자로 서기까지의 과정을 보여 주는 내러티브다.

　이 과정에서 성전 예배의 불완전함을 드러내고, 예수의 이름으로 드리는 예배는 영과 진리로 드리는 예배임을 증거 한다. 요한복음 4장은 회복해야 할 예배의 본질은 무엇이며, 본질로부터 퍼져 나가는 다양한 예배의 스펙트럼을 발견할 수 있다.

## 1. 예배(Gottesdienst)

　예수님이 유대를 떠나서 갈릴리로 가신다(요 4:3). 유대와 갈릴리 사이에는 사마리아가 위치해 있다. 사마리아를 거쳐 가는 것이 유대에서 갈릴리로 가는 빠른 코스이지만 당시 유대인은 갈릴리로 갈 때에 사마리아를 통과하지 않고 먼 지역으로 우회하였다. 유대인은 사마리아와 상종을 하지 않았기 때문이다(요 4:9).[1]

　그런데 예수님은 사마리아를 통과해 가고자 하신다(요 4:4). 반드시 통과하겠다는 의지가 강하다(must). 거리가 가까워서가 아니라 분명한 의도를 갖고 있었다. 사마리아는 소외된 곳이다. 이스라엘의 뿌리가 있지만, 오랜 역사적인 아픔을 겪으면서 정통성을 인정받지 못하고, 유대인에 의해 이방인보다 열등하게 취급 받는 족속이었다. 소외되고 배척을 받은 이곳에 예수가 먼저 찾아가신다.

　'수가'라 하는 동네에 이르러, 피곤하여 야곱의 우물 곁에 앉아 있었다. 그 때가 여섯 시(낮 12시)쯤 이었는데, 그 시각에 물을 길러 오는 한 여인이 있었다(요 4:5-6). 대부분 낮에는 덥기 때문에 저녁이 되어야 물을 길러 오는데, 이 여인에게는 사람들의 눈을 피해야만 하는 어떤 사정이 있었다.

　그도 그럴 것이 이 여인은 전에 남편 다섯이 있었고, 지금 여섯 번째 남자와 동거하는데, 그는 남편이 아닌 자다. 사람들의 눈을 피해 이 시간에 물을 길러 온 이유를 짐작할 만하다. 이 우물가에서 이 여인은 주님과 대면을 한다. 주님이 사마리아를 통과하신 그 의도는 바로 이 천대받는 여인, 소외된 사마리아인을 만나기 위함이었던 것이다. 이 예수님의 발걸음은 항상 먼저 우리를 찾아오시는 하나님을 보여 준다.

---

1　D. A. Carson, 『PNTC 요한복음』, 박문재 역 (솔로몬, 2017. 8), 386-387.

> 사랑은 여기 있으니 우리가 하나님을 사랑한 것이 아니요 하나님이 우리를 사랑하사 우리 죄를 속하기 위하여 화목제물로 그 아들을 보내셨음이라(요일 4:10).

타종교에서는 인간이 먼저 신에게 나아간다. 선행으로, 율법을 지키므로, 자기 수행하여서 신의 경지에 도달하기 위해 노력한다. 하지만 복음은 정반대이다. 먼저 그분이 찾아오신다. 버림받은 사마리아인을 먼저 찾아오시듯 항상 주님이 먼저 우리를 찾아오신다.

예배도 마찬가지다. 독일어로 예배를 '하나님의 섬김'(Gottesdienst)라고 한다. 이 단어는 두 가지로 번역이 가능하다. 하나는 주격적 소유격으로 '하나님이 섬긴다'이며, 다른 하나는 목적격적 소유적으로 '하나님을 섬긴다'이다. 일반적으로 예배는 우리가 하나님을 섬긴다고 말한다.

하지만 하나님이 먼저 우리를 섬긴다. 이것이 'Gottesdienst'의 의미이다. 예배는 내가 하나님을 찾아가는 구도자의 길이 아니다. 예배는 하나님이 나를 만나기 위해, 나를 살리기 위해 먼저 나를 찾아오신 사건이다. 나를 찾아오신 하나님의 그 감당할 수 없는 은혜에 내가 반응하는 것뿐이다.[2]

예배는 우리가 하나님에게 찬양을 드리고, 기도를 드리고, 물질을 드리고, 모든 것을 온전히 바친다. 그런데 우리 자신을 하나님에게 드리기 전에 먼저 예수님이 우리를 찾아오셨고, 자기의 모든 것을 주셨다.

> 볼지어다 내가 문밖에 서서 두드리노니 누구든지 내 음성을 듣고 문을 열면 내가 그에게로 들어가 그와 더불어 먹고, 그는 나로 더불어 먹으리라(계 3:20).

---

2   학문적, 역사적 배경을 갖춘 학자들의 예배에 대한 정의는 두 가지 공통점이 있다. 1) 예수 그리스도 안에서 하나님의 계시와 사랑과 은혜가 나타난다는 것이다. 2) 예배란 예수 그리스도 안에서 자신을 보여 주신 하나님의 계시와 사랑과 은총에 대한 인간의 응답이다. 이 두 가지가 예배의 기둥이다. 주승중, 『다시 예배를 꿈꾸다』(두란노, 2014, 5), 40-42.

이 구절을 배경으로 그린 성화를 보면, 바깥 문고리가 없다는 것이다. 주님이 두드리는데, 열 수 없다. 참으로 귀한 진리가 담겨 있는 성화이다. 예배는 주님이 먼저 우리를 찾아오시며, 문을 두드리는 주님의 음성을 듣고, 문을 열고 맞이하는 것이다.

그러므로 예배한다는 것은 그분이 두드림이 먼저 있었기에 가능한 것이다. 내가 예배 가운데 나아가는 것은 주님의 부르심이 먼저 있었고, 거기에 내가 반응한 것이다.

## 2. '샘'에서 '우물'로

예수님이 사마리아 여인을 만나는 계기가 된 것이 바로 우물이다. 주목할 것은 여인과 예수님을 만나게 한 장소인 우물의 의미가 바뀌고 있다는 사실이다. 예수님이 여인과 만나는 곳은 야곱의 '우물'(헬. 페게)이다. '페게'는 '샘'이란 뜻이다(요 4:6). 단순한 우물이 아니라 물 긷는 그릇이 필요 없는 '솟아나는 샘'(spring)이다.

> 내가 주는 물을 마시는 자는 영원히 목마르지 아니하리니 내가 주는 물은 그 속에서 영생하도록 솟아나는 샘물(헬. 페게)이 되리라(요 4:14).

이 우물이라는 단어가 11절과 12절에 나온다.

> 여자가 이르되 주여 물 길을 그릇도 없고 이 우물(헬. 프에르)은 깊은데 어디서 당신이 그 생수를 얻겠사옵나이까 우리 조상 야곱이 이 우물(헬. 프에르)을 우리에게 주셨고 또 여기서 자기와 자기 아들들과 짐승이 다 마셨는데 당신이 야곱보다 더 크니이까(요 4:11-12).

이 '프에르'는 일반적인 자연 '우물'로서 일종의 물 저장소를 의미한다. 구약에 '브엘세바'(맹세의 우물)이 여기에 해당한다.

그렇다면, 우물은 원래 6절에서 '솟아나는 샘물'(spring)을, 뜻하였는데, 왜 11절과 12절에서는 '일반 우물'(well)로 바뀌었을까?

그 이유는 바로 10절에 있다.

> 예수께서 대답하여 이르시되 네가 만일 하나님의 선물과 또 네게 물 좀 달라하는 이가 누구인 줄 알았더라면 네가 그에게 구하였을 것이요 그가 생수를 네게 주었으리라(요 4:10).

예수님이 '생수'를 언급한 이후에 그 다음 구절에 나오는 '우물'이란 단어가 변한다. '솟아나는 샘물'(6절)을 가리키는 '페게'가 '일반 물 저장소'(11, 12절)인 '프에르'로 바뀌고 있는 이유는 바로 '솟아나는 샘물' 즉, 진정한 생수는 예수 그리스도뿐이기 때문이다. 다시 말하면, 생수이신 예수 그리스도 앞에서는 이 세상에서 절대적인 가치가 상대화 되어 버린다.

본문의 여인은 한 여인을 의미할 수 있지만, 그 여인은 바로 사마리아를 대표하는 상징적 인물이다. 이 여인이 변화되기 전의 모습은 바로 사마리아를 가리킨다. 하나님을 섬기면서 다른 것들이 상대화되지 못하고 하나님과 혼합되어 버린 우상숭배의 전형이 사마리아인이다.

이 여인이 다섯 남자를 바꾸었다는 것은 사마리아의 역사를 통해 그들의 정체성이 어떠한지 적나라하게 보여 준다. 지금의 남편도 네 남편이 아니라는 것은 너희들이 섬기는 하나님도 여호와 하나님이 아니라는 것이다. 철저히 혼합되어 버린 우상으로 전락한 하나님을 섬기고 있다는 뜻이다.

오늘날 우리가 드리는 예배에서 이런 현상은 소리 없이 침투해 들어오고 있다. 이 시대의 문화 코드에서 가장 핵심적인 가치는 오락(entertainment)이다. 오락은 말 그대로 '재미'이다. 이러한 문화적 흐름들이 예배에 반영이 될 수 있지만, 예배가 우리의 귀를 즐겁게 하고, 눈을 즐겁게 하는, '재미'가 있어야 하고, 자기의 만족을 충족시키는 예배는 경계해야 할 우상이다.

영어 단어에 muse(생각하다, 묵상하다)라는 단어가 있다. 여기에 a만 붙이면, amuse(즐겁게 하다, 오락을 즐기다)는 뜻이다. a는 라틴어로 ~없는, 부정의 뜻이다. 그렇다면 amuse는 어원적으로 '생각이 없다, 머리가 비어 있다'는 말이다. 오락과 재미는 중요지만 이러한 요소들이 예배 가운데 들어와도 생각 없는 자가 되어서는 안 된다.

예배의 모든 요소도 예수 그리스도 앞에 철저히 상대화될 때 예배의 의미는 살아난다. 만일 예수 그리스도를 향해 온전한 헌신과 전심으로 반응하지 못하고, 예배가 나의 영을 채우는 것이요, 나를 만족시키는 것이고, 재미를 추구하는 것이 된다면, 우리의 예배는 사마리아인의 예배요, 무서운 혼합주의의 우상에 빠지게 될 것이다.

사마리아 여인에게 있어 생명수는 야곱의 우물이었다. 야곱의 우물은 오랫동안 그녀를 지탱해 준 전통이었다. 그녀를 지금까지 살아오게 하는 절대적인 가치였다. 그런 그녀 앞에 예수님이 나타났다. 예수를 만나고 그녀는 변하기 시작한다.

어떤 변화인가?

예수를 만나고 나니 이전에 내가 가지고 있었던 것, 내가 알고 있었던 전통과 지식, 경험, 물질, 내가 가장 소중하게 여겼던 절대적인 의미들이 예수 앞에서 과감하게 상대화되어 버린다. 예수만이 유일한 생명수가 되시고, 영원히 목마르지 않는 영생의 샘물이기 때문이다. 예수를 발견하고, 예수를 믿는 자들은 예수가 그의 전부가 된다.

> 그러나 무엇이든지 내게 유익하던 것을 내가 그리스도를 위하여 다 해로 여길뿐더러 또한 모든 것을 해로 여김은 내 주 그리스도 예수를 아는 지식이 가장 고상하기 때문이라 내가 그를 위하여 모든 것을 잃어버리고 배설물로 여김은 그리스도를 얻고 그 안에서 발견되려 함이니 내가 가진 의는 율법에서 난 것이 아니요 오직 그리스도를 믿음으로 말미암은 것이니 곧 믿음으로 하나님에게로부터 난 의라(빌 3:7-9).

주 예수 보다 더 귀한 것은 없네, 이 세상 부귀와 바꿀 수 없네, 이 세상 명예와 바꿀 수 없네, 이 세상 행복과 바꿀 수 없네, 세상 즐거움 다 버리고 세상 자랑 다 버렸네, 주 예수 보다 더 귀한 것은 없네, 예수 밖에는 없네 (찬송가 94장).

이전에는 전부라고 생각했는데, 예수를 발견하고, 예수를 믿고, 예수를 알아갈수록 내 안에서 생명수 같았던 '야곱의 우물'이 이제는 물 저장소로 바뀌게 된다. 이는 예수가 나의 진정한 생명수가 되었다는 증거가 된다. 이것이 그리스도인들이 발견하고 회복해야 할 예배의 가치이다.

## 3. 나의 아픔까지도

예수님이 영원한 샘물을 말씀하시자 여인은 자신의 목마름을 해결할 그 물을 달라고 요청한다(요 4:15). 여인이 예수를 처음 만났을 때, 그의 관심은 온통 현상적이고 육신적이었지만, 이제 영적인 시각이 열려 이제 영원히 마르지 않는 샘물을 갈망한다.

이 때 주님은 네 남편을 데려오라고 말한다(요 4:16). 이 예수님의 말씀은 이 여인의 가장 아픈 부분을 건드리는 것이었다. 여인이 물을 길러 온 시각이 여섯 시쯤 되었다고 하는 기록은 여인의 삶이 정상이 아니라는 것을 암시한다. 이 주님의 말씀에 충격을 받은 여인은 방어적으로 남편이 없다고 대답한다(요 4:17).

> 네가 남편이 없다 하는 말이 옳도다. 너에게 남편 다섯이 있었고 지금 있는 지도 네 남편이 아니니 네 말이 참되도다(요 4:18).

이 말을 들은 여인은 예수님을 향해 선지자로 고백한다(요 4:19).

여인에게 있어 예수는 처음에 한 유대인 남자에 불과했다. 예수님과 대화를 하면서 영원한 샘물이란 말을 듣자, 야곱보다 더 크신 분이라고 묻는다.

이제 남편을 데려오라는 대화로 인하여 선지자로 고백한다. 점점 더 주님을 깊이 알아가고 있다. 예수를 만나고, 예배하면서 점점 더 신앙이 자라간다.[3] 지금까지 내게 좋은 말씀, 생수와 같이 내 심령의 갈함을 해결해 주는 그런 은혜의 말씀만 들렸고, 그런 말씀만 사모하고 그런 말씀만 듣기를 원했다.

그런데 어느 순간 "네 남편을 데려오라"는 말씀이 들린다. 노출하고 싶지 않는, 인정하고 싶지 않은 음성이 심령에 부딪혀 온다. 대수롭지 않았던 부분들이 크게 다가온다. 그리스도인으로서 별로 의식하지 않고 지나갔던 부분들이 자꾸 거슬린다.

그럴 때, "이것은 하나님의 음성이 아닐 거야. 이것은 내게 해당되는 말씀이 아니야"라며 방어하고 회피하기 위해 몸부림을 칠 때가 있다. 그러나 주님은 한 걸음도 물러서지 않고, 밀고 들어오신다.

"네가 남편이 없다 하는 말이 옳다. 너에게 남편 다섯이 있었지. 지금 있는 자도 네 남편이 아니지."

이게 무슨 말인가?

나를 정죄하시는 것처럼 들린다. 하지만 이는 주님이 가장 가까이서 나의 모든 형편과 처지를 깊이 알고 있다는 것이다. 이제까지 주님이 나와 멀리 떨어져 있는 분으로 생각했다.

주님이 나의 아픔과 상처와 분함과 억울함을 알고 계시는가?

의구심을 갖고 있었다. 그런데 주님은 내 가장 깊은 내막까지 다 알고 계신다. 이 말씀은 나를 정죄하고, 나의 죄를 판단하려는 것이 아니라 "내가 너를 잘 알고 있다. 내가 너의 아픔을 다 헤아리고 있어. 내가 너의

---

[3] 조석민, 『요한복음의 새 관점』 (솔로몬, 2008, 12), 198-204.

원통함을 다 보고 있다"라는 위로의 음성이다. 내 한계와 연약함 그리고 나의 아픔과 상처를 다 알고 계시고, 그 앞에서 내가 피할 수 없다는 것을 고백하는 자리가 바로 예배의 자리이다.

> 내가 주의 영을 떠나 어디로 가며 주의 앞에서 어디로 피하리이까 내가 하늘에 올라갈지라도 거기 계시며 스올에 내 자리를 펼지라도 거기 계시니이다. 내가 새벽 날개를 치며 바다 끝에 가서 거주할지라도 거기서도 주의 손이 나를 인도하시며 주의 오른손이 나를 붙드시리이다. 내가 혹시 말하기를 흑암이 반드시 나를 덮고 나를 두른 빛은 밤이 되리라 할지라도 주에게서는 흑암이 숨기지 못하며 밤이 낮과 같이 비추이나니 주에게는 흑암과 빛이 같음이니이다(시 139:7-9).

이 시편의 고백이 사마리아 여인의 주님 만난 고백이 아닐까?

예배는 주님과 만남이다. 그 만남이 때로는 내 한계를 드러내고, 내 약함을 드러내는 것 같지만, 그 속에 나를 향한 주님의 사랑과 긍휼히 여기는 마음이 담겨 있다는 것을 깨닫는 것이다. 더 나아가 내 심령 깊은 곳까지 통찰하시는 주님이 내 연약함도 보고 계시고, 상처와 원통함도 다 헤아리고 계심을 실존적으로 경험하는 자리가 예배다.

## 4. 진리로 드리는 예배

이제 이 여인은 단도직입적으로 예배와 관련하여 하나님에게 묻는다. 바로 이 우물이 주님을 만나는 예배의 자리였음을 보여 준다. 주님을 만나고 나니 반응하지 않을 수 없다. 예배는 주님을 만나고, 나도 하나님에게 반응하는 인격적인 교감이다.

> 우리 조상들은 이 산에서 예배하였는데 당신들의 말은 예배할 곳이 예루살렘에 있다 하더이다. 여자여 내 말을 믿으라 이 산에서도 말고 예루살렘에서도 말고 너희가 아버지께 예배할 때가 이르리라 (요 4:20-21).

사마리아 사람들은 그리심산에 성전을 지어 놓고, 예배하였고 유대인들은 예루살렘에 성전을 세워 놓고 그곳에서 예배하였다. 여인의 말 속에는 성전 중심의 예배가 당시에 보편적인 가치였음을 보여 준다. 예수님은 성전 중심의 예배는 지나간다고 말씀하신다.

그들은 성전에서 누구를 예배하는가?

하나님이시다. 그런데 주님은 이렇게 말씀하신다.

> 이 산에서도 말고 예루살렘에서도 말고 너희가 아버지께 예배할 때가 이르리라 (요 4:21).

아버지께 예배드리는 것은 변함없는 진리이지만 하나님 아버지께 예배함에 있어서 더 이상 장소가 중요하지 않음을 드러내신다.

그렇다면, 아버지 하나님에게 참되게 예배하는 것이 어떤 것인가?

> 너희는 알지 못하는 것을 예배하고 우리는 아는 것을 예배하노니 이는 구원이 유대인에게서 남이라 (요 4:22).

'너희'는 바로 사마리아 사람들이다. 그들의 예배는 참 대상을 알지 못한 채 예배드리고 있었다. 사마리아인들은 사마리아 오경을 경전으로 사용하며, 그것만이 진정한 하나님 말씀으로 받아들인다.

반면에 유대인들은 모세오경과 역사서와 시가서와 예언서를 경전으로 받아들인다. 예수님은 유대인의 입장에 서서 "우리는 아는 것을 예배한다"라고 말씀하신다. 예배의 대상이 하나님이신데, 오경만을 가지고서는 하나님을 온전히 아는 데는 한계가 있을 수밖에 없다. 구원에 대한 모든 계시를 충분히 알지 못한다. 하나님을 아는 지식이 없으므로 그들의 예배는 혼합주의가 될 수밖에 없다.

　반면에 사마리아 사람들의 예배는 열정적이다. 그 마음과 자세는 중요하지만, 이것이 참된 예배라고 할 수 없다. 우상을 숭배하는 가나안 족속들이나, 이방 종교들이 훨씬 더 열정적으로 그들의 신을 예배한다. 예배에 있어서 열정은 중요하지만, 하나님을 알지 못하고 드리는 예배는 왜곡될 수밖에 없다.

　그러므로 참된 예배는 예배의 대상이신 하나님을 아는 것이 중요하다. 그렇지 못할 때는 사마리아인들처럼 열정적으로 드리는 것 같지만 공허감에 빠질 수 있다.

　예배를 드리는 대상이신 하나님이 어떤 분인지 알지 못하고 예배한들 무슨 의미가 있겠는가?

　그러므로 온전한 예배는 하나님의 말씀을 통해 하나님을 아는 지식과 함께 간다.

## 5. 영으로 드리는 예배

　유대인들은 사마리아인과는 달리 오경만이 아닌 구약 전체를 받아들였기 때문에 하나님을 아는 것만큼은 사마리아인들과 비교가 되지 않는다. 하나님을 아는 지식이 그들보다는 충만할 수밖에 없다.

　그렇다고 그들이 참된 예배를 드리고 있었는가?

　그렇지 않다.

> 아버지께 예배하는 자들은 영과 진리로 예배할 때가 오나니 곧 이 때라 아버지께서는 자기에게 이렇게 예배하는 자들을 찾으시느니라(요 4:23).

온전한 성경을 가지고 있어서 사마리아인들보다는 하나님을 알 수 있는 통로가 충분히 확보되었다.

그런데 그들의 예배 현주소는 어떠한가?

냉담하고 형식적이고, 껍데기와 같은 가식적인 예배를 드리고 있었다. 진리는 소유했다고 자부했지만, 영은 메말라 있었던 것이다. 성경을 많이 안다고, 성경적인 지식이 풍부하다고 온전한 예배자가 되는 것은 아니다. 순서에 따라 기계처럼 드리는 예배, 삶의 현장에서 전혀 예배의 감격이 남아 있지 않는 예배는 마치 예배당을 나가는 순간 성경을 가방에 담는 것처럼 예배의 감격과 은혜를 그 가방 속에 담아 버리는 것과 같다.

여기에서 두 가지의 극단의 예배 형태를 보게 된다. 하나는 그리심산에서 드리던 열광적인 사마리아인들의 예배와 또 하나는 껍데기만 남아 있어서, 그 속에 생명력이 없는 메마른 유대인들의 예배이다. 예수님은 이 두 극단의 예배를 동시에 비판하신다. 그리고 균형 잡힌 예배를 강조하신다. 사마리아와 같은 예배의 열정이 살아 있어야 하며, 유대인과 같은 하나님을 아는 지식으로 충만해야 한다. 이것이 영과 진리의 예배이다.

> 하나님은 영이시니 예배하는 자가 영과 진리로 예배할지니라(요 4:24).

## 6. 영적 교통으로서의 묵상

요한복음 4장에서 강조하는 예배는 그리심산이나 예루살렘과 같은 어떤 장소 중심의 예배가 아니다. 더 나아가서 제도화된 예배의 틀 속에서 드려지는 그런 예배도 아니다. 예수님이 계시하시는 예배는 분명한 신앙고백을 가지고 개인적으로 하나님과 깊이 있고 지속적으로 교제하는 그런 차원의 예배이다.[4] 따라서 요한복음 4장을 통해 강조하는 예배는 먼저 말씀이 중요하다. 다음으로 하나님은 영이시기 때문에 영적으로 교통해야 한다(요 4:24).

영이신 하나님과 어떻게 교통이 이루어지는가?

엑스타시스와 같은 신비체험인가?

대부분 이런 것들은 이방종교의 전통에서 생겨나 기독교에 접목된 것이다. 요한복음에서 영적 교통은 바로 진리 즉, 하나님의 말씀을 통해 일어난다. 말씀을 통해 하나님과 만나고, 하나님의 음성을 듣고, 영적인 깊은 교제로 나아가는 것이다.

이를 가능하게 한 분이 누구인가?

바로 보혜사 성령이다. 보혜사는 하나님의 영이면서 진리의 영이시다.

> 그러나 진리의 성령이 오시면 그가 너희를 모든 진리 가운데로 인도하시리니 그가 스스로 말하지 않고 오직 들은 것을 말하며 장래 일을 너희에게 알리시리라. 그가 내 영광을 나타내리니 내 것을 가지고 너희에게 알리시겠음이라(요 16:13-14).

말씀을 대할 때, 진리의 영이신 성령이 역사하셔서 우리를 하나님과 영적으로 교통하게 하신다. 이로 인하여 우리의 영은 충만하고, 하나님을 더 깊이 보고, 깨닫는다.

> 너희가 내 안에 내 말이 너희 안에 거하면 무엇이든지 구하라 그대로 이루리라(요 15:7).

---

4  이와 관련하여 보쿰(R. Bauckham)은 요한복음의 개인주의를 강조한다. "만일 개인주의가 공동체의 예배나 단체 생활의 중요한 역할을 회피하는 일이라면, 개인적 친밀감이 반드시 '개인주의적'일 필요는 없겠지만, 요한복음이 강조하는 개인주의는 단체적인 것이라고 할 수 없는 사적인 경험을 뜻한다. 신약성경 중 요한복음은 예수와의 관계라는 사적인 경험을 가장 분명하고도 빈번하게 환기시킨다. R. Bauckham, "개인주의", *Gospel of Glory: Major Themes in Johannine Theology*, 『요한복음 새롭게 보기』, 문우일 역 (새물결플러스: 2016, 9), 27-56.

포도나무와 가지의 비유는 그리스도인이 열매를 맺는 공식을 말한다. 포도나무이신 주님이 가지인 내 안에, 내가 주님 안에 거하는 것이다. 그럴 때에 풍성한 열매를 맺게 되고, 열매를 많이 맺으면 아버지께서 영광을 받으시고, 너희는 나의 제자가 될 것이라고 예수님이 말씀하신다(요 15:8). 그렇다면, 주님이 내 안에, 내가 주님 안에 거하는, 영적인 교제는 다름이 아니라 주님의 말씀이 내 안에 거하고, 내가 주님의 말씀 안에 거하는 것이다. 이는 하나님의 말씀이 묵상을 통해 나의 말씀이 될 때 그 말씀은 내 삶에 능력으로 나타난다는 것이다.

더 나아가 영적 교통은 특정한 장소에서 특정한 시간이 아니라 일상에서도 이루어질 수 있으며, 공동체가 아니라 개인적으로도 가능하다.

> 이 율법 책을 네 입에서 떠나지 말게 하며 주야로 그것을 묵상하여 그 안에 기록된 대로 다 지켜 행하라 그리하면 네 길이 평탄하게 될 것이며 네가 형통하리라(수 1:8).

이스라엘이 이제 가나안 땅을 정복하고 난 후에 그들은 각 지파별로 흩어져야 한다. 출애굽 후 가나안 정복까지 이스라엘은 하나의 공동체로 뭉쳐 있었는데, 가나안 정복 후에 지파별로 제비를 뽑아 땅을 분배받게 되고, 스스로 이제 분배 받은 땅에서 개척해야 한다. 삶의 현장에서 네 길이 평탄하고 형통하기 위해 하나님은 이스라엘에게 비결을 주신다. 바로 이 율법의 말씀을 주야로 묵상하라. 그것이 홀로서기의 비결이요, 성공의 법칙이다.

말씀을 통해 일상에서 개인적으로 하나님과 영적인 교통을 하는 것을 '묵상'이라고 정의할 수 있다. 따라서 요한복음 4장은 묵상을 예배로 승화시키는 또 하나의 스펙트럼을 보여 준다.

## 7. 요약

(1) 예배는 우리가 먼저 하나님에게 나아가는 것이 아니라 하나님이 먼저 찾아오시는 사건이다. 즉 주님의 부르심에 우리가 반응하는 것이다.

(2) 예배는 절대적인 가치를 부여하는 것들에 예수 앞에서 과감하게 상대화시키는 것이다.

(3) 예배는 하나님을 깊이 알아갈수록 그분의 긍휼과 자비를 경험하는 자리이다.

(4) 예배는 종교적 의식을 집행하는 장소가 중요한 것이 아니라 예배자 한 사람이 하나님을 아는 진리와 열정과 감격이 충만한 영으로 드리는 것이다.

(5) 묵상은 하나님을 아는 지식의 말씀으로 성령의 도우심을 받아 개인의 삶에서도 지속적으로 교통하는 개인 예배이다.

## 제20장

# 찬송

하나님의 임재를 생생하게 경험한 때가 있었다. 신학교 시절 지방 소도시의 교회에서 찬양 인도를 할 때였다. 당시 찬양팀장과 함께 예배 인도자 세미나에 참석한 적이 있다. 마지막 저녁 집회에 찬양을 하는 가운데 충만한 기쁨과 함께 강력한 기도가 있었다. 예정된 시간보다 늦어지는 바람에 심야 버스를 타고 여섯 시간을 타고 다시 내려와야 했다. 차에 올라가서 의자를 뒤로 재치고 누워서 잠을 잘 준비를 하였다. 갑자기 몸이 공중 부양을 하는 것 같았다. 눈을 감았는데, 예배 세미나에서 울려 퍼진 찬양이 다시 파노라마처럼 스쳐 지나가면서 제 눈에서는 감격의 눈물이 터졌다. 그 감동은 거의 도착할 때까지 계속되었고, 그 여섯 시간은 거의 황홀경 상태였다. 그 여파는 한동안 식지 않았다. 그 후에 근처 기도원에서 자주 올라가 산상 기도를 드렸다. 오후에 들어가서 산 속에서 기도를 하는데, 눈을 뜨면 해가 져 있었다. 몇 시간이 몇 분처럼 여겨지면서 계속 찬양이 입술에서 떠나지 않았고, 지속되는 임재 속에 감당할 수 없는 벅찬 가슴은 잊을 수 없는 기억이다. 그 파급이 찬양 단원들에게도 흘러가기 시작했고, 연합 집회를 앞두고 찬양팀원들이 새벽에 일어나 그 지역의 땅을 밟으며 기도하는 일들이 일어났다.

그 후로 서울로 상경하여 찬양 세미나를 주최했던 단체에서 이 년간 매주 토요일 훈련을 받으면서 교회학교에서 사역을 하였다. 아동부 여름성경학교 저녁 집회를 인도한 적이 있는데, 설교 후에 다음 찬양을 아이들과

한 시간을 부르며 기도했다.

"나 주님의 기쁨 되기 원하네."

놀라운 것은 그 찬양 가운데 아이들은 연쇄적으로 눈물 바다를 이루었고, 통성으로 기도하며 회개하는 역사가 일어났다. 의구심을 가졌던 교사들이 놀라서 모두 얼싸안고 울며 놀라운 하나님의 임재를 또 다시 경험하였다. 하나님의 임재가 찬양을 통해 심지어 어린이에게까지 흘러가는 것을 목도하면서, 찬양 가운데 임재하시는 하나님의 능력을 확신하게 되었다.

## 1. 임재

> 이스라엘의 찬송 중에 계시는 주여 주는 거룩하시니이다(시 22:3).

하나님이 어디에 임재 하시는가?

하나님의 백성들의 찬양 가운데 임재 하신다. 찬양은 하나님의 임재 가운데 우리를 들어가게 하고, 하나님의 임재가 찬양 가운데로 들어오는 것이다. 그런 면에서 예배 가운데 찬양을 인도하는 자나 찬양팀의 역할이 얼마나 중요한지 모른다. 찬양은 그 자체로 능력이 있다.

중요한 것은 공교한 연주는 최고의 찬양을 드리고자 하는 자세이지, 그것이 하나님의 임재를 보장하지는 않는다. 예배를 인도하는 자와 찬양팀이 하나님의 임재 가운데 머물러 있음과 예배를 참여하는 이들 가운데 하나님의 임재를 갈망하는 마음, 찬양을 통해 하나님이 임재 하신다는 확신이 훨씬 더 중요하다.

## 2. 성령 충만

술 취하지 말라 이는 방탕한 것이니 오직 성령의 충만함을 받으라. 시와 찬송과 신령한 노래들로 서로 화답하며 너희의 마음으로 주께 노래하며 찬송하며 범사에 우리 주 예수 그리스도의 이름으로 항상 아버지 하나님께 감사하며 그리스도를 경외함으로 피차 복종하라(엡 5:18-19).

술에 취하면 술이 나를 지배한다. 내 정신을 지배하고 내 행동을 지배한다. 마찬가지로, 성령으로 취하면 성령이 나를 지배한다. 성령이 내 영을, 내 정신을 지배한다.

그러면 어떻게 되느냐?

시와 찬송과 신령한 노래가 나온다. 성령으로 충만하면, 감사와 순종이 나온다. '충만'이란 '가득 찼다'는 상태를 나타내는 말이 아니고, 차서 흘러 넘치고 있는 동작을 나타내는 말이다. 그래서 성령 충만하면, 찬양이 자연스럽게 입에서 흘러나온다. 흘러넘치기 때문에 그냥 모든 것이 감사의 조건이 된다. 순종이 자연스럽게 이루어진다. 따라서 찬양이 살아있다는 것은 성령 충만의 증거이다.

## 3. 마귀가 위조할 수 없는 것

그들이 사도의 가르침을 받아 서로 교제하고 떡을 떼며 오로지 기도하기를 힘쓰니라(행 2:42).

날마다 마음을 같이하여 성전에 모이기를 힘쓰고 집에서 떡을 떼며 기쁨과 순전한 마음으로 음식을 먹고 하나님을 찬미하며 또 온 백성에게 칭송을 받으니 주께서 구원 받는 사람을 날마다 더하게 하시니라(행 2:46-47).

사도행전 2장은 초대 교회 성도들의 신앙생활을 보여 준다. 그들은 날마다 성전에 모이기를 힘썼다. 그들이 모여서 사도들의 가르침을 받았다. 떡을 떼며 서로 믿는 자들끼리 교제하였고 기도하기에 힘을 썼다.

또 무엇을 했느냐?

하나님을 찬양하였다. 마틴 로이드 존스 목사님이 쓰신 『진정한 기독교』에 보면, 이렇게 묻는 것이라고 하였다.[1]

"내가 진정한 그리스도인인지 아닌지를 알아보는 가장 좋은 방법은 내가 하나님을 찬양하는가?"

이어서 우리가 신앙생활이라고 여기는 것 중 많은 것을 마귀가 위조할 수 있다는 것이다. 다시 말하면, 초대 교회 성도들이 행한 사도들과 말씀으로 지속적으로 교제하고, 성도들과 친교를 나누는 것이 그리스도인이라는 것을 증명해 주지는 않는다. 이런 것들을 비롯하여 많은 일을 마귀가 위조할 수 있기 때문이다.

정기적인 예배를 드린다고 해서, 성찬식에 참석한다고 해서 이런 것들이 자신과 하나님과의 관계를 바르게 해준다고 생각하는 사람들이 있다. 그러나 그것은 착각일 수 있다. 예배를 드려도, 성찬에 참여해도 그것이 의미하는 바를 알지 못하고, 중심으로 깨닫지 못하고 형식적으로 참여하는 경우가 있기 때문이다. 기도도 마찬가지다. 기도도 얼마든지 마귀가 위조할 수 있다. 얼마든지 바리새인과 같은 위선적 기도로 빠질 수 있기 때문이다. 그런 기도는 응답을 받지 못한다.

그러므로 기도한다는 것이 내가 그리스도인이라는 것을 100퍼센트 증명해 주지 못한다. 마귀는 기쁨도 위조할 수 있다. 이단들도 때로는 사람들을 행복하게 해 주는 것처럼 위조할 수 있다. 마귀는 술과 마약을 통해도 위조된 기쁨을 우리에게 줄 수 있다.

---

1 M. J. Lloyd-Jones, *Authentic Christianity*, 전의우 역, 『진정한 기독교: 사도행전 강해 1』 (복있는사람: 2003, 4), 332-335.

우리가 신앙 가운데 기뻐하는 것이 얼마나 중요한가?

그러나 그 기쁨마저도 내가 그리스도인이라는 것을 증명해 주지는 못한다. 심지어 그리스도를 믿는 믿음도 마찬가지다.

> 네가 하나님은 한 분이신 줄을 믿느냐 잘하는도다 귀신들도 믿고 떠느니라(약 2:19).

귀신들도 하나님을 믿고, 두려워 떤다고 말한다. 더 나아가 마귀는 사람들을 설득하여 하나님을 믿게 할 수도 있다. 마귀는 자신의 목적에 부합하기만 하면, 빛의 천사로 가장해서 하나님을 믿고 신앙이 깊어지도록 사람들을 독려할 수도 있다.

얼마나 충격적인가?

그런데 마귀가 위조할 수 없는 것 한 가지가 있다. 바로 하나님을 찬양하는 것이다. 마귀는 절대로 하나님을 찬양하지 않는다. 마귀는 어느 누구도 하나님을 찬양하도록 만들지 않는다. 그래서 하나님을 찬양하는 것, 내 입술에서 하나님의 이름을 높이는 고백이 나오는 것은 내가 영적으로 하나님에게 속해 있다는 증거요, 내가 영적으로 살아 있다는 증거이다.

이단들도 찬양이 있다. 그들이 찬양하는 것은 이단 교주들이 대상이다. 모든 이단들이 찬양을 하는 것 같지만, 그것은 하나님을 찬양하는 것이 아니다. 마귀는 어떤 일이 있어도 삼위일체 되신 하나님을 찬양하도록 하지 않는다. 그러므로 마귀가 위조할 수 없는 것 한 가지. 바로 하나님을 찬양하는 것이다.

하나님을 찬양하는가?

예배 가운데 찬양이 살아나기를 바란다. 신앙이라는 이름으로 되어 있는 모든 것을 마귀가 위조할 수 있지만, 오직 하나님을 찬양하는 것만큼은 절대로 마귀가 위조할 수 없기에, 하나님을 찬양하는 것, 그분을 내 입술과 마음으로 높이는 것은 마귀를 향해 영적 승리를 선포하는 것이다. 그러므로 찬양이 내 삶에 끊임없는 생수처럼 솟아나기를 바란다.

## 4. 찬양은 교회의 존재 이유

교회란 어떤 시스템이나 제도를 말하는 것이 아니다. 화려한 의식과 예전이 중심이라는 의미도 아니다.

그렇다면 무엇인가?

하나님을 높이는 것이다. 다른 어떤 사명보다도 중요하다. 다른 어떤 사명보다도 우선적으로 회복하고, 지켜나가야 할 교회의 본질이 바로 예배이며, 그 예배의 중심에는 하나님을 찬양하는 것과 경배하는 것이 있다. 궁극적으로 교회가 존재하는 이유다.

찬양은 하나님이 우리를 지으신 이유라고 선포하지 않는가?(사 43:21).

어떤 경우에도 하나님이 다른 우상에게 빼앗기지 않을 것은 바로 '찬송'이다(사 42:8). 교회가 부흥이 일어날 때, 첫 번째로 나타난 현상 중에 하나가 찬양이 살아났다. 우리가 엄숙하고, 슬픔에 잠겨 있는 것은 이방 종교의 전통이다. 적어도 우리가 예수 그리스도의 부활을 기념하여 주일에 예배한다면, 부활은 환희요 기쁨이다. 그러므로 주일 예배는 찬양과 감사와 기쁨과 자유 함으로 나타나야 한다.

신앙인의 고정 관념 중 하나가 찬양을 항상 예배를 준비하는 것으로 여긴다는 것이다. 찬양을 본 게임을 준비하기 위한 오픈 게임 정도로 생각한다. 그래서 찬양을 오래하고도, 기도를 하지 않으면, 뭔가 허전함을 느낀다. 잘못된 생각이다. 찬양 자체가 예배요, 찬양이 중심이다.

찬양이 얼마나 큰 축복인가?

기도는 영적으로 매우 민감한 활동이기 때문에 집중력이 필요하고, 그에 따른 공간도 필요하다. 반면에 찬양은 아무데서나 할 수 있고, 쉽게 할 수 있고 제약이 많지 않다. 쉽게 할 수 있기에 내수롭게 생각해시는 안 된다.

## 5. 능력 찬양

찬양이 능력이다. 그러므로 찬양을 자주 불러라. 찬양을 하는 순간 내 안에 있는 영적으로 묶인 것들이 떨어져 나간다. 찬양이 있는 곳에 더러운 마귀 권세가 함께 거할 수가 없다. 찬양은 하나님에게는 최고의 기쁨을 드리는 것이지만, 마귀에게는 가장 강력한 칼이 되어서 마귀를 괴롭히는 강력한 영적 전쟁의 무기이다.

먼저, 찬양을 많이 하라. 하나님은 교회 안에서 그 어떤 봉사보다도, 섬김보다도, 구제보다도, 기도보다도, 능력 행함보다도, 찬양을 가장 기뻐하신다.

> 내가 노래로 하나님의 이름을 찬송하며 감사함으로 하나님을 위대하시다 하리니 이것이 소 곧 뿔과 굽이 있는 황소를 드림보다 여호와를 더욱 기쁘시게 함이 될 것이라(시 69:30-31).

예배 가운데, 삶 가운데 찬양이 살아나기를 바란다. 이 찬양의 비밀을 깨닫는 자가 능력 있는 그리스도인이요, 이 찬양의 비밀을 깨닫는 교회가 능력 있는 교회이다.

## 6. 요약

(1) 예배는 하나님의 임재를 경험하는 것이다. 하나님은 찬양 가운데 임재 하신다.
(2) 찬양은 마귀가 결코 위조할 수 없다. 찬양은 마귀를 괴롭히는 영적 전쟁의 가장 강력한 무기이다.
(3) 성령이 충만하면 찬양이 흘러나온다. 성령은 예배를 주관하시고 인도하신다. 그러므로 예배 가운데 찬양이 살아나야 한다. 교회가 존재하는 이유가 예배라면 찬양은 예배의 중심이다.

## 제21장

# 기적

몇 년 전 한 부부가 새벽기도에 나오기 시작했다. 몇 주 후 특별 새벽기도회 기간 성도들을 위한 축복 기도하는 순서가 있었다. 그 시간에 이분들이 앞으로 나왔다. 기도 제목을 물어보니, 갑자기 울기 시작한다. 그러면서 말씀하시기를, 사랑하는 딸이 하늘나라로 간 지 50일이 되었다는 것이다. 가슴이 아팠다. 하나님의 말씀으로 위로하고 치유가 있기를 간절히 기도했다. 얼마 후에 그 부부가 식사에 초대를 하셔서 함께 교제하는 시간을 가졌다. 그분에 의하면 따님을 잃고 어려운 중 그 슬픔을 견딜 수가 없어서 택한 것이 바로 100일 새벽작정기도였다.

그런데 다니던 교회가 전원 지역으로 옮기는 바람에 가까운 교회에서 새벽예배를 드리기로 했다는 것이다. 100일을 마치고 지금은 잘 회복하여 남편은 장로님이 되고, 가끔 서로 안부를 묻는 사이로 지내고 있다.

그분들이 그 어두운 터널을 통과하면서 드린 100일의 예배를 하나님은 어떻게 받으셨을까?

인생의 한밤중에, 절망의 나락으로 빠질 수밖에 없는 그 순간에 도리어 하나님을 예배하기로 결단한 그 가정을 하나님이 기쁘게 받으셨다.

## 1. 한밤중의 예배

바울과 실라가 2차 선교 여행 중 아시아에서 유럽으로 건너가라는 하나님의 말씀에 순종하여 그들이 들어간 첫 번째 성이 빌립보다. 안식일이 되어 기도할 처소를 찾다가 한적한 강가에서 여인들을 발견한다. 그들과 대화를 하다가 그 중에 '루디아'라고 하는 옷감 장사를 하는 여인에게 복음을 전한다. 하나님에게서 그녀의 마음을 열어 바울의 말을 따르게 하여 그녀의 온 집안이 다 세례를 받고, 그 집은 빌립보 교회의 모태가 되었다 (행 16:15).

이에 바울 선교팀은 하나님의 인도하심에 확신을 갖고 더욱 복음을 전하는데, 귀신 들린 한 여자아이가 며칠을 뒤따라 다니면서 바울 일행을 괴롭힌다. 결국, 바울은 예수 이름으로 그 아이에게서 귀신을 쫓아낸다.

그런데 문제가 발생하였다. 이 귀신 들린 여자 아이는 주인이 있는 노예였다. 주인은 그 귀신 들린 아이를 이용하여 돈을 벌었는데, 그 아이가 온전한 정신으로 돌아오게 되었으니 그럴 수 없게 되었다. 이에 화가 난 주인이 바울과 실라를 붙잡아서 관리들에게 이렇게 거짓으로 고발한다.

"이 사람들이 우리가 알지 못하는 이상한 풍습을 퍼뜨린다."

그 말을 듣자 사람들이 일제히 달려들어 바울을 붙잡고, 바울과 실라의 옷을 찢어서 벗겨, 매를 때리고 감옥에 가둔다(행 16:23). 발에 차꼬가 채워진 채로 깊은 감옥으로 들어간다.

그때 이들의 심정은 어떠했을까?

하나님이 예비하신 그 길을 따라왔고, 복음의 역사를 이루었는데 순식간에 이런 비참한 꼴이 되었으니, 그들은 크게 상심했을 것이다. 그날 밤은 점점 깊어간다. 한밤중에 감옥 깊은 곳에서 기도 소리가 새어나온다. 기도 소리는 찬송으로 이어지고, 간수와 죄수들이 다 들릴 정도로 그 소리는 감옥 전체에 울려 퍼진다. 감옥에서 한밤중에 드리는 바울과 실라의 예배였다. 이 예배는 감사와 환희에 찬 은혜 가운데 드려지는 예배가 아니다. 가장 어두운 인생의 한복판에서, 아무도 없는 광야의 어두움 가운데 드려지는 한밤중의 예배였다.

## 2. 슬픈 마음 그대로

> 한밤중에 바울과 실라가 기도하고 하나님을 찬송하매 죄수들이 듣더라(행 16:25).

바울과 실라의 예배를 "기도하고 하나님을 찬송하매"로 표현한다. 기도가 왜 먼저였을까?

기록된 순서 그대로 그들은 기도를 먼저 했을 것이다.

그렇다면 어떤 기도를 드렸을까?

본문의 상황에 최대한 감정 이입을 시켜보았다. 그 상황에서 찬송하기는 쉽지 않았을 것이다. 아무리 훌륭한 신앙인이고, 선교사라고 하더라도, 이론적으로는 '그리 아니하실지라도'의 믿음을 알고 있다고 하더라도, 그들은 먼저 기도할 수밖에 없었다. 오랜 시간 동안 울며 상하고 억울한 마음, 매를 맞고 통증으로 시달린 아픈 육신, 이 상황에 대한 이해할 수 없어 주체할 수 없는 감정을 있는 그대로 토로했을 것이다.

느헤미야 1장에 보면, 느헤미야가 먼 이국땅에서 고국의 소식을 듣는다. 자기 고국 예루살렘 성이 다 무너지고, 성전의 문도 다 훼파되었다는 소식이었다. 그 소식을 듣고 느헤미야의 첫 번째 반응은 수일 동안 울며 슬퍼하였다. 이것이 가장 자연스런 반응이다. 이 슬픔을 안고 느헤미야는 이후에 금식과 기도로 영적 반응을 시작한다.

욥도 갑작스런 비극적인 소식을 늘었을 때 그가 첫 번째로 보인 반응은 겉옷을 찢는 것이었다. 바울과 실라도 이 상황에서 기도하였다. 그들의 솔직한 마음을 하나님에게 올려드렸다. 슬픔과 아픔을 하나님의 이름을 부르며 아뢰는 것, 솔직한 감정을 숨김없이 주님 앞에 올려드리는 것, 하나님 앞에 있는 모습 그대로 나아가는 것이 예배로 나아가는 것이다.

## 3. 탄식을 찬송으로

바울과 실라가 기도하고 하나님을 찬양한다. 그 기도와 찬양 사이에 무엇이 있었을 것이다. 그 기도를 들으시고 울부짖는 당신의 자녀를 안으시고, 상처를 싸매어 주시고, 하나님의 위로의 음성이 있었을 것이다.

하나님이 과연 어떤 음성을 들려주셨기에, 어떤 마음에 감동을 주었기에 이들의 탄식의 기도가 감사의 찬송으로 바뀌었을까?

본문과 유사한 사도행전 5장에 보면, 본문의 바울과 실라처럼 사도들이 복음을 힘 있게 전한다. 많은 사람이 주께 돌아오는 역사가 일어난다. 유대인들이 사도들을 협박하기 시작하고, 사도들은 이에 굴하지 않고 기도하고 더 힘써 복음을 전한다. 급기야 사도들을 잡아 옥에 가둔다.

그러자 주의 천사가 밤중에 옥문을 열어 사도들이 나간다. 그 시각이 새벽이었다. 그들은 곧바로 성전으로 향하고 그곳에서 다시 복음을 전하고 가르친다. 유대인들이 다시 경고하자 사도들은 복음을 위한 이 사명에 순종할 수밖에 없다고 당당하게 외친다. 살해의 협박 속에 하나님이 가말리엘을 통해 피할 길을 내신다.

> 이르되 우리가 이 이름으로 사람을 가르치지 말라고 엄금하였으되 너희가 너희 가르침을 예루살렘에 가득하게 하니 이 사람의 피를 우리에게로 돌리고자 함이로다. 베드로와 사도들이 대답하여 이르되 사람보다 하나님에게 순종하는 것이 마땅하니라(행 5:28-29).

사도들이 채찍질을 받고(5:40) 풀려날 때, 사도들의 모습을 이렇게 기록한다.

> 사도들은 그 이름을 위하여 능욕 받는 일에 합당한 자로 여기심을 기뻐하면서 공회 앞을 떠나지니라. 그들이 날마다 성전에 있든지 집에 있든지 예수는 그리스도라고 가르치기와 전도하기를 그치지 아니하니라(행 5:41-42).

사도들은 그들이 감옥에 갇히고, 두들겨 맞는 것은 예수의 이름을 위하여 당연한 것으로 여겼다. 이 능욕과 핍박이 예수를 위한 흔적이라고 생각했다. 예수를 위한 흔적이 있다는 것이 나를 위해 십자가에 달려 손에 못 자국과 발에 대못 자국과 옆구리에 창 자국을 지닌 예수님을 닮는 것이라는 성령의 감동에 그들은 감격한 것이다.

바울과 실라도 이와 똑같은 상황에 처해 있다. 그 당한 모욕과 억울함을 갖고 울부짖으며 탄식했다. 그런데 잠시 후에 그들의 탄식이 찬송으로 바뀐다. 기도 가운데 그들에게 어떤 감동이 있었을까?

그들이 맞은 채찍 자국과 찢긴 옷 그리고 상처는 바로 예수를 위한 흔적이었던 것이다. 그러자 탄식이 바뀌어 찬송이 되고, 슬픔이 바뀌어 기쁨이 되고, 상함이 바뀌어 감사가 되었다. 이것이 예배의 기적이다. 예배는 지금 이 순간에도 이런 기적을 낳는다.

제가 섬기던 교회에서 전도왕 권사님이 간증을 하였다. 전도를 하러 아파트로 들어가서 벨을 눌렀다. 젊은이가 또 예수쟁이들 오셨다고 하면서, 할 일 없는 사람들이라고 면박을 주었다. 복음을 전하면서 전도지를 전하려고 하는데, 이 젊은이가 권사님에게 침을 뱉어 버린 것이다. 억울하기도 하고 창피하기도 하여 아파트 계단에 앉아 서럽게 울다가 돌아왔다.

이 일로 인해 전도를 그만 두려고 몇 주 동안 전도를 하지 않고 상심한 상태로 있었다. 그러다가 고난 주간 특별 예배에 참석하였다. 예배 중 예수님이 십자가에 달린 영상을 보다가 예수님이 군중들과 병사들에게 말로 할 수 없는 모욕과 침 뱉음을 당한 모습을 보면서 주체할 수 없는 눈물이 흘러내렸다.

"세상에, 하나님의 아들이 사람도 감당하지 못할 저런 모욕을 당하셨구나!"

그분의 간증의 내용을 인용한다.

> 예수님이 마땅히 면류관을 받아야 하는데, 조롱받으며 가시 면류관을 쓰시고, 수많은 기적을 일으키시며, 한 마디만 하면, 모든 상황을 평정하실 수 있는 분인데, 사랑하는 제자들 앞에서 저주의 상징인 십자가를 지고, 병정들에게 침 뱉음을 당하고 얼마나 부끄러우셨을까?
> 어떻게 그것을 참으셨을까?
> 자신을 따르는 여인들 앞에서 발가벗겨 져서 속옷까지 제비를 뽑아 가진다고 하는 병정들의 비웃음 소리에 얼마나 고통스러우셨을까?
> 네가 구원자면, 네 스스로를 구원해보라. 제 스스로도 구원 못한 게 무슨 구원자라고 하면서 비웃는 무리들의 조롱을 어떻게 참으셨을까?

자신이 복음 전하다가 침 한번 뱉음을 당한 것이 도리어 그 영상을 보면서 주님 앞에서 부끄러워 한동안 얼굴을 들지 못했다는 것이다.

"이것은 아무것도 아니구나!
더 많은 조롱을 받고, 더 많은 비웃음을 당하고 더 많이 무시당해야 주님의 십자가를 흉내라도 낼 수 있구나!"

결단하면서, 그런 각오로 복음을 다시 전하기 시작했다. 그분은 지금까지 이천 명 이상을 전도했고, 은퇴 후에 전도 후계자를 양성하셨고, 그 후계자도 천 명 이상을 전도하였다. 그 교회 본당으로 내려가는 계단 중앙에 그분의 발이 동판으로 새겨져 전시되어 있다.

무엇이 이들을 바꾸어 놓았는가?

이것이 예배의 능력이요, 예배를 통해 역사하시는 하나님의 기적이다. 하나님 앞에 나와 고통과 아픔과 상처, 그 있는 모습 그대로 하나님 앞에서 토로할 때, 그 기도를 받으시며 안아주시는 하나님의 손길이 그 심령에 닿을 때, 탄식은 찬송으로 바뀌는 것이다. 이것이 한밤중에 드린 바울과 실라의 예배이다.

## 4. 역전의 기적

사무엘상 1장에 한나라는 여인이 등장한다. 그 여인은 아이를 낳지 못하는 불임 여성이다. 남편에게 사랑을 받지만, 그녀의 경쟁자인 브닌나로 인하여 큰 상처를 받는다. 남편도 어느 누구도 위로해 줄 수 없었다.

> 한나가 마음이 괴로워서 여호와께 기도하고 통곡하며 서원하여 이르되 만군의 여호와여 만일 주의 여종의 고통을 돌보시고 나를 기억하사 주의 여종을 잊지 아니하시고 주의 여종에게 아들을 주시면 내가 그의 평생에 그를 여호와께 드리고 삭도를 그의 머리에 대지 아니하겠나이다(삼상 1:10-11).

하나님이 고통 속에 부르짖는 한 여인의 기도를 들으시고 그의 태의 문을 여셨다. 그래서 태어난 아이가 바로 사무엘이다. 하나님은 영적인 어두운 시기에 구별된 경건한 자를 한나를 통해 나오게 하셨고, 이를 위해 한나를 연단시키시고, 너무나도 어려운 선택이지만, 아들을 하나님에게 드린다. 하나님에게 드린 사무엘은 위대한 하나님의 도구로 쓰임을 받았고, 그 헌신을 받으시사 한나에게 하나님이 세 아들과 두 딸을 낳게 하셔서 완전 인생 역전을 이루게 하셨다.

> 여호와는 가난하게도 하시고 부하게도 하시며 낮추기도 하시고 높이기도 하시는 도다. 가난한 자를 진토에서 일으키시며 빈궁한 자를 거름더미에서 올리사 귀족들과 함께 앉게 하시며 영광의 자리를 차지하게 하시는 도다(삼상 1:7-8).

한나가 무엇을 노래하고 있는가?
인생의 역전을 이루시는 하나님을 찬양한다.
한나에게 일어난 이 역전의 역사가 어디에서 시작되었는가?

여호와의 성소로 올라가 괴로운 마음을 하나님에게 올려드리는 기도와 통곡에서부터 시작되었다. 하나님이 한나의 마음을 살피시고, 그 부르짖음을 들으셨다. 그리고 대제사장을 통해 응답의 약속을 주셨다. 그가 예배의 자리에서 떠나갈 때 대제사장이 이렇게 말한다.

> 딸아 평안히 가라. 네가 기도하여 구한 것을 하나님이 허락하시기를 원하노라(삼상 1:17).

예배 가운데 말씀과 성령을 통해 이 마음의 감동을 주신다.
그러자 어떤 변화가 일어나는가?

> 한나가 가서 먹고 얼굴에 다시는 근심 빛이 없더라(삼상 1:18).

사도행전 16장 바울과 실라가 겪는 것과 놀라울 정도로 일치한다. 바울과 실라에게도 기도하자 먼저 그들의 심령에 역전이 일어난다. 탄식의 기도가 찬양으로 바뀐다. 울부짖음이 환희로 변한다. 억울함과 모욕이 감사로 바뀐다. 한밤중 예배는 그들의 내면의 변화만이 아니라 실제로 그들이 처한 상황을 바꾸어 놓은 기적으로 이어진다. 바울과 실라가 하나님에게 기도하며 찬양하는 현장 가운데 즉시로 일어난 기적이다.

> 이에 갑자기 큰 지진이 나서 옥터가 움직이고 문이 곧 다 열리며 모든 사람의 매인 것이 다 벗어진지라(행 16:26).

하나님에게 기도할 때 "하늘의 하나님, 크신 하나님"이란 표현이 자주 등장한다.

> 너는 그들을 두려워하지 말라 너희의 하나님 여호와 곧 크고 두려운 하나님이 너희 중에 계심이니라(신 7:21).

> 이르되 하늘의 하나님 여호와 크고 두려우신 하나님이여 주를 사랑하고 주의 계명을 지키는 자에게 언약을 지키시며 긍휼을 베푸시는 주여 간구하나이다(느 1:5).

> 여호와는 크신 하나님이시요 모든 신들보다 크신 왕이시기 때문이로다(시 95:3).

"크신 하나님"은 이스라엘의 체험에서 우러나오는 고백이다. 그들이 처한 상황이 절망적이고 도저히 넘을 수 없는 장벽 앞에서 하나님이 그 모든 상황을 해결하여 주심을 체험했을 때, 이스라엘은 "내 앞에 놓인 문제가 너무 크지만, 내가 믿는 하나님은 그보다 더 크시다"는 의미로 이 고백을 했다.

근대 선교의 아버지라고 부르는 윌리엄 캐리는 "하나님으로부터 위대한 일들을 기대하라. 하나님을 위해 위대한 일들을 시도하라"고 했다. 이 말 속에 윌리엄 캐리의 삶과 선교 사역의 모든 내용이 다 들어 있다. 우리가 예배하는 대상은 크신 하나님이시다. 그러므로 예배의 자리에 나올 때마다 이런 기대감을 가지고 나오는 자가 믿음의 사람이다.

> 믿음이 없이는 하나님을 기쁘시게 하지 못하나니 하나님에게 나아가는 자는 반드시 그가 계신 것과 또한 그가 자기를 찾는 자들에게 상주시는 이심을 믿어야 할지니라(히 11:6).

> 너희 중에 누가 아들이 떡을 달라 하는데 돌을 주며, 생선을 달라 하는데 뱀을 줄 사람이 있겠느냐 너희가 악한 자라도 좋은 것으로 자식에게 줄 줄 알거든 하물며 하늘에 계신 너희 아버지께서 구하는 자에게 좋은 것으로 주시지 않겠느냐(마 7:9-11).

우리를 향하신 하나님 아버지의 마음이다. 그 하나님은 우리를 예배의 자리로 부르셔서 치유와 구원의 은혜와 역전의 역사와 기적을 주시기를 원하신다. 내가 처한 문제보다 내가 믿는 하나님이 더 크신 분임을 나타내 보이시기를 원하신다. 예배는 크신 하나님을 만나는 장이기에 크신 하나님의 기적을 체험할 수 있다.

상황을 바라보는 관점을 바꾸시는 기적도 이루시고, 상황을 바꾸시는 역전의 역사도 이루시는 하나님을 찬양하라!

> 내 앞에 바다가 갈라지지 않으면 나로 바다 위 걷게 하리. 나는 믿네. 주의 능력으로 내 삶 새롭게 되리. 나는 믿네. 주의 능력으로 담대히 나아가리라. 주와 함께 싸워 승리하리라. 날마다 믿음으로 나 살아가리!

## 5. 복음의 기적

예배는 나 자신을 변화시키고, 내가 처한 상황을 변화시키고, 더 나아가 다른 사람을 변화시키는 기적을 낳는다. 본문은 간수가 옥 터가 흔들리는 움직임에 깨어 일어나 옥문이 열린 것을 보았다. 죄수들이 다 도망한 줄로 생각하고 스스로 목숨을 끊으려고 할 때(행 16:27), 바울의 만류로 간수는 무서워 떨며 바울과 실라 앞에 엎드려 이렇게 말한다.

> 간수가 등불을 달라고 하며 뛰어 들어가 무서워 떨며 바울과 실라 앞에 엎드리고 그들을 데리고 나가 이르되 선생들이여 내가 어떻게 하여야 구원을 받으리이까 하거늘(행 16:28).

간수가 왜 바울에게 달려와 무릎을 꿇었으며, 바울에게 어떻게 하여야 구원을 얻을 수 있냐는 이런 질문을 할까?

그 이유는 분명하다. 한밤중에 바울과 실라가 기도하고 하나님을 찬송할 때 죄수들이 들었다.

죄수만 들었을까?

죄수를 지키고 있는 병사들과 간수도 들었을 것이다.

"도대체 저들은 누구이기에 저렇게 고통스러운 상황에서도 기도하고, 찬양할까? 도대체 저들이 믿는 예수는 누구일까?"

이렇게 생각했을 것이다. 바울과 실라가 기도하고 찬송한 것은 다른 사람 들으라고 한 것이 아니다. 오직 하나님에게 예배했을 뿐이다. 그런데 결정적인 위기의 순간에 간수가 그들에게 엎드리게 되었다.

"위기 속에서 흔들리지 않고 예배하는 저들이라면 내가 살 수 있는 무엇인가가 있겠구나!"

"고통 중에 낙심하지 않고 예배할 때 일어난 기적을 경험하면서, 저들이 믿는 예수라면 나를 맡겨도 되겠구나!"

이런 생각을 한 것이다.

바울과 실라 앞에 예수를 모르는 간수가 왜 찾아와서 무릎을 꿇고, 구원을 물어본 것은 바울과 실라의 모습과 자기와는 큰 차이가 있다는 것을 발견했기 때문이다. 간수는 자기에게 어려움이 닥쳤을 때, 자살이 유일한 길이라고 선택했지만, 바울과 실라는 어려움에 닥쳤을 때 하나님에게 기도하고 예배드리고 있었다는 점이다.

세상 어려움 중, 한숨 쉬고, 쉽게 절망하는 사람이 아니라 하나님에게 부르짖고 하나님을 예배하는 가운데 주님이 주신 힘으로 흔들리지 않는 그 사람을 주목하고, 그 사람이 있는 교회를 주목할 것이다. 바울과 실라가 예배하는 곳은 교회당이 아니라 감옥이었다. 예배는 교회당에서만 아니라 삶의 현장에서 드리는 것이다. 세상을 변화시킬 수 있고, 세상이 예수 앞에 나오게 하는 기적은 바로 삶의 현장에서 드리는 삶의 예배로 인하여 일어난다.

요한 웨슬리는 옥스퍼드대학교를 다닐 때 소그룹인 홀리 클럽(Holy Club)을 통해 회심을 경험한다. 철저한 성경 연구와 말씀대로 살기 위해 규칙을 만들고, 그대로 살려고 노력하였다. 옥스퍼드 시절을 마감하고 미국 인디언에게 복음을 전하기 위해 선교사로 떠난다. 그가 배를 타고 대서양을 건너는데, 큰 파도를 만나 배는 아수라장이 되었다. 여기저기서 비명 소리가 들려오고 살기 위해 분주한 가운데, 어디에선가 찬양 소리가 들려왔다. 모라비안 교도들이 그 위기의 순간 속에서 내적인 평안을 유지하면서 예배하고 있었다. 그 때를 웨슬리는 나중에 이렇게 기록한다.

"그 날은 내 일생 중 가장 복된 날이었다."

미국 인디언 선교는 그가 원하는 대로 되지 않았다. 결국, 삼 년 만에 선교를 접고 영국으로 돌아온다. 그리고 그는 모라비안 교도들을 찾아가고 그곳에서 일명 올더스게이트 회심을 경험한다. 신학적인 지식과 이론에 근거한 믿음이 아니라 가슴이 뜨거워지는 성령 체험이었다.

이 회심은 웨슬리의 인생을 바꾸어 놓았고, 전 세계를 자신의 교구로 삼는 비전을 이루어 감리교를 세우게 된다. 풍파 속에서도 내적인 평안을 잃지 않고 하나님을 찬양했던 모라비안 교도들의 예배가 한 사람의 삶을 변화시키고, 그 인생을 위대한 삶으로 바꾸어 놓았다. 지금도 예배를 통해 하나님의 기적은 계속 일어나고 있다.

## 6. 요약

(1) 인생의 한밤중에 드리는 예배는 힘든 마음 그대로를 솔직하게 토로하는 기도로부터 시작된다.
(2) 예배는 탄식이 찬송으로, 슬픔이 기쁨으로, 상함이 감사로 역전하는 기적의 장이다.
(3) 한밤중에 드리는 예배는 자신을 변화시키고, 상황을 변화시키고, 다른 사람을 변화시키는 기적을 낳는다.

## 제22장

# 산 제물

로마서는 성경 전체의 보물과도 같다. 로마교회에 보낸 서신인데도 그리스도인에게 있어 그 정체성과 사명을 교리와 권면으로 명확하게 제시하고 있다. 1장에서 11장은 그리스도인의 신분, 즉 정체성을 규정하고, 12장에서 16장까지는 그리스도인의 윤리 즉, 어떻게 살아야 할 것인지를 권면한다.

인간은 사명적 존재다. 사명은 정체성에서 나온다. 아버지는 총각처럼 살아서는 안 된다. 아버지는 아버지로서의 신분과 위치가 그의 삶의 자세와 방식을 결정한다. 이와 마찬가지로 그리스도인은 예수에게 속해 있다. 이런 분명한 소속과 신분을 가졌기에 그에 걸맞은 역할을 수행하는 것이고 비 그리스도인과는 다른 삶의 가치와 방식으로 살아가는 것이다.

로마서를 접한 사람들은 복음의 능력으로 변화되었고, 변화된 그들을 통해 역사를 바꾸게 했다. 로마서를 접한 루터로 인해 종교개혁이 일어났고, 로마서 13장은 방탕아 어거스틴을 회심하게 했고, 기독교 신학의 초석을 세우게 하였다. 로마서는 '나'란 존재가 누구인지를 밝혀 주며, 그리스도인이라는 정체성을 세운 자의 이후의 삶을 '예배'로 규정한다.

## 1. 정체성

로마서는 하나님의 진노로부터 시작한다. 모든 사람이 죄 아래 팔려 진노 아래서 헤어 나올 수 없는 인간의 비참함과 죄악의 참혹함을 적나라하게 폭로한다.

> 하나님의 진노가 불의로 진리를 막는 사람들의 모든 경건하지 않음과 불의에 대해 하늘로부터 나타나나니(롬 1:18).

> 모든 사람이 죄를 범하였으매 하나님의 영광에 이르지 못하더니(롬 3:23).

그런데 복음이 있다. 예수로 말미암아 죄인인 우리가 의롭게 되었다고 선언한다. 인간의 죄를 속량하고 하나님과의 막힌 담을 허물기 위해 예수가 친히 십자가에서 화목제물이 되셨다고 증언한다.

> 그리스도 예수 안에 있는 속량으로 말미암아 하나님의 은혜로 값없이 의롭다 하심을 얻은 자 되었느니라. 이 예수를 하나님이 그의 피로써 믿음으로 말미암는 화목제물로 세우셨으니(롬 3:24-25).

예수로 말미암아 이루어진 이 구원은 오직 예수 그리스도를 믿음으로 각자에게 적용이 된다. 구원을 이루신 예수 그리스도를 믿음으로 말미암아 그리스도로 옷 입게 되어, 우리를 의롭다고 인정해 주신다. 믿음으로 의롭게 된 이들은 사망으로부터, 죄로부터, 율법으로부터 해방이 되어, 마귀로부터 정죄를 당하지 않고 성령 안에서 자유함을 누리게 된다.

> 그러므로 이제 그리스도 예수 안에 있는 자에게는 결코 정죄함이 없나니, 이는 그리스도 예수 안에 있는 생명의 성령의 법이 죄와 사망의 법에서 너를 해방하였음이라(롬 8:1-2).

## 2. 그러므로

> 그러므로 형제들아 내가 하나님의 모든 자비하심으로 너희를 권하노니 너희 몸을 하나님이 기뻐하시는 거룩한 산 제물로 드리라 이는 너희가 드릴 영적 예배니라(롬 12:1).

바울은 이러한 사실을 본문에서 '그러므로'로 결론짓고 있다. 다시 말하면, '그러므로'는 1-11장의 결론으로서 죄와 율법과 죽음의 지배로부터 벗어나 완전히 의롭게 되어 자유자가 되었다는 말이다.

이 일이 어떻게 가능한가?

"하나님의 모든 자비하심으로" 이루어졌다. '자비하심'은 오직 인간을 불쌍히 여기시는 하나님의 긍휼로 이루어진 일이며, 이를 계획하신 분도 하나님이시고 행하신 분도 하나님이시며 구원을 위한 모든 주권이 하나님에게 있다는 것이다. 다시 말하면, 이 모든 구원의 역사들 가운데 인간의 공로나 행위가 끼어들 틈이 없으며, 예수 그리스도로 말미암아 값없이 주시는 하나님의 선물인 것이다.

그렇다면 우리는 어떻게 살아야 하는가?

예수 그리스도의 사건으로 내 신분과 정체성이 분명해졌다면, 나의 역할과 사명이 뒤따라 나온다.

즉, 내가 하나님의 은혜로, 자비하심으로 의롭게 되었다면, 내가 어떻게 살아야 할 것인가?

그 답은 우리 삶 전체를 하나님이 기뻐하는 거룩한 산 제물로 드리는 것이다. 한 마디로 '예배'로 규정한다. 예배는 구원 받은 그리스도인이 마땅히 드려야 할 것이다. 당연한 것이고 합당한 것이다.

"너희가 드릴 영적 예배다."

여기 영적(로기코스)란 말은 두 가지 의미로 요약할 수 있다.[1]

---

1  배경과 문맥을 고려할 때 여기에서 쓰인 '로기코스'의 의미는 네 가지이다. (1) '내면적'

**첫째**, 말 그대로 '내면적'이란 의미이다.

예배를 구약의 제사를 통해 설명하는데, 구약의 제사는 문자적으로 이해한다. 하지만, 본문은 단순히 몸짓으로만 드리는 것일 뿐인 예배와 반대가 되는 생각과 마음이 포함되는 의미가 담겨 있다는 말이다.

**둘째**, 합당한, 마땅한 그런 의미이다.

따라서 이 말은 우리가 은혜로 값없이 의롭게 된 자들이라면, 우리의 삶을 통해 하나님에게 예배하는 것은 너무도 당연하고, 마땅하다는 말이다. 의인이 된 자들이 하나님 앞에 드려야 할 자연스런 반응이 곧 예배다.

따라서 본문은 마음의 예배, 즉 구원 받은 자의 내면적인 태도가 열납되는 예배의 기본이며, 예배가 모든 것의 가장 우선순위가 되어야 함을 보여 준다.

또한, 예배의 용어로 선택한 '라트레이아'는 제의적 용어이지만, 그리스도인에게는 어떤 문자적 의미에서도 더 이상 '제의' 또는 '희생제사'가 없다. 그렇다고 바울은 예배를 결코 영성화하지 않는다.

오히려 그 제의(예배)의 범위를 삶의 모든 차원으로 확장한다. 그리스도인은 한 장소나 한 때에 국한되는 것이 아니라 모든 장소와 모든 때를 포함하는 예배를 드리도록 부름을 받았다. 따라서 예배는 전 존재(몸)를 드리는 것인데, 이는 삶의 모든 영역과 차원에서 중심(마음)으로 하나님을 의식하며, 그의 뜻을 분별하는 것을 우선하는 것이다.

---

이라는 의미로서 이는 생각과 마음이 포함되는 예배이다. (2) '하나님의 이성적이고 신령한 피조물로서의 인간에게 적합한' 의미로서 죄의 권세 아래 있는 인간들이 드리는 부패한 예배와 반대로 하나님이 진정 원하시는 것을 드리는 것으로 하나님을 영화롭게 하는 예배를 가리킨다. (3) '인간의 이성으로 납득되는' 이라는 의미로서 하나님에게 짐승을 바치는 것으로 드리는 '불합리한' 예배에 반대되는 '상식에 맞는'(합리적인) 예배를 가리킨다. (4) '경우에 맞는'이라는 의미로 '분별 있는' 또는 '논리적인'으로 그리스도 안에서 계시된 진리를 참으로 이해한 사람들에게 합당한 예배를 가리킨다. D. J. Moo, *NICNT: The Romans*, 손주철 역, 『NICNT 로마서』(솔로몬, 2012, 8), 1011-1012.

그렇다면 구원 받은 그리스도인이 드리는 예배는 12-16장까지 이어지는 모든 권면을 의미한다. 그것은 그리스도인의 삶의 방식이며, 가치이다. 모든 다양한 권면들을 요약하는 진술인 12:1-2절을 분석하면서 예배의 의미들을 조명해보자.

## 3. 몸을 드려라

'몸'은 영과 육을 포함하는 전인적인 존재로서의 인간을 가리킨다. 그러므로 몸으로 드림은 바로 내 생활, 곧 삶 전체를 예배로 드리는 것이다. 그러므로 예배는 곧 삶이다. 예배는 의식이라는 차원, 즉 주일 예배, 수요예배, 새벽 기도회를 드리는 차원을 넘어서서 삶이 곧 예배다.

그러면 몸이 어떻게 제물이 될 수 있다는 것인가?

> 눈으로 일체 악한 것을 보지 않게 하라. 그러면 눈이 제물이 될 것이다. 혀로 일체 불결한 것을 말하지 않게 하라. 그러면 혀가 제물이 될 것이다. 손으로 일체 불법한 행위를 하지 않게 하라. 그러면 손은 온전히 드리는 번제가 될 것이다(Chrysostom).[2]

> 하나님을 월요일에 예배할 수 없다면, 주일에도 예배한 것이 아닙니다. 하나님을 토요일에 예배하지 않는다면, 주일에 하나님을 예배할 준비를 다하지 못한 것입니다. 생활 전체와 유리된 예배는 예배가 아닙니다 (A. W. 토저).

---

2   D. J. Moo, 위의 책, 1014.

## 4. 제물로 드리라

예배를 구약의 제사 개념인 '제물'로 표현한다. 그리스도 안에서 구약의 제사를 새롭게 재해석하면서 예배의 의미를 증거 한다.

### 1) 흠이 없어야 한다

흠이 없다는 것은 온전해야 한다는 의미이다. 구약에서 하나님에게 제물로 드리는 짐승은 흠 없는 수컷으로 드려야 했다. 하지만 신약 시대에는 예배 드리는 자신이 이제 제물이다.

제물인 우리가 온전할 수 있느냐?

결코 온전할 수 없다. 그러나 우리를 대신해서 속죄와 희생의 화목제물이 되신 예수님은 온전하신 분이다. 따라서 흠이 없어야 한다는 것은 우리를 정결케 하시고, 깨끗하게 하시기 위해 십자가에 흘린 제물 되신 예수님의 보혈을 의지해야 한다.

따라서, 하나님에게 드리는 흠이 없는 온전한 예배는 예수 그리스도의 보혈로 가능하다. 회중들이 함께 드리는 공적인 예배, 의식을 따라 드리는 공동체의 예배 가운데서도 예수 그리스도의 보혈을 의지하며, 보혈로 인해 열어 놓으신 길을 찬양하는 것이다.

더 나아가 우리의 삶으로 드리는 예배 가운데서도 예배자의 정체성을 드러내는 흰 옷도 어린양의 보혈로 씻긴 것임을 기억하며 보혈을 의지하며 회개하는 삶의 중요성을 의미한다.

그리스도인의 삶의 중심은 공동체로 드리는 예배의 자리다. 특히, 주일 예배는 한 주간의 삶을 하나님에게 올려 드리는 자리요, 새로운 한 주간을 출발하는 현장이다. 그러므로 주일 예배는 예배자에게나, 예배자의 삶에 있어서나 기본이요 출발이다.

> 공부가 인생의 전부는 아니다. 그렇다면, 인생의 일부분 밖에 되지 않는 공부 하나 정복하지 못하고 어떻게 인생을 정복할 수 있겠는가?(『하버드 대학의 공부벌레들』 중에서)

의미심장한 말이다. 이 말을 예배에 적용해도 무리는 없다. 주일 예배가 예배의 전부라고 할 수는 없지만, 예배의 기본인 주일 예배를 온전히 드리지 못한다면, 어떻게 삶의 예배를 온전히 드릴 수 있다는 말인가?
따라서 예배자에게 있어 주일 예배가 절대적인 것은 아니지만, 예수님의 보혈로 흠뻑 적셔 삶으로 이어지는 출발점이라는 것은 부인할 수 없다.

### 2) 죽여야 한다

'제물'을 드린다는 것은 살아 있는 짐승을 죽여야 한다. 이미 죽어 있는 것을 드리는 것이 아니라 반드시 살아 있는 것을 죽여서 드리는 것이다. 레위기에서 제물로 드리기 위한 절차를 보면, 죽이고, 피를 받고, 껍질을 벗기고, 각을 뜨는 과정을 거쳐야 한다. 상상해 보라. 끔찍한 경험이다. 비록 짐승이지만, 헌제자는 자기를 죽이는 체험을 하는 것이다. '제물'에 해당하는 헬라어는 '뒤시아'이다. 이는 레위기의 제사 중 소제를 가리킨다. 소제는 곡물을 드리는 제사로서 드리는 제물은 '고운 가루'다. 헌제자 자신은 더 이상 없다. 오직 여호와께서 받으실 향기가 될 뿐이다.
나를 죽이는 예배, 자기를 부인하는 예배자의 삶을 의미한다. 예배할 때 자신은 없고 갈고 또 갈아 고운 가루 되어, 오직 하나님에게 드릴 향기 되리라는 마음으로 찬양을 드리며, 기도를 드리며, 예물을 드리고 있는가!
예배하면서도 내 자신이 서슬 퍼렇게 살아 있고, 예배를 통해 하나님으로부터 오는 것만을 기대하고, 그것이 채워지지 않았을 때 내 속에 드는 마음들을 돌이켜 보라. 삶 속에서도 자기를 부인하지 못하고, 하나님을 자신의 뜻대로 끊임없이 조종하려는, 오직 나의 욕망을 채우고, 또 다시 쌓고 쌓는 우리의 모습들을 돌아보라.

내가 지금 그리스도인으로서 존재하는 이유는 무엇인가?

하나님이신 그분이 인간의 몸을 입고, 자기를 죽기까지 복종하시는 자기부인의 결과로 내가 이 자리에 서 있지 않은가?

제물 되어 모든 것을 희생하신 그분을 기억하며, 이 예배 정신을 기억해야 한다.

### 3) 살아 있는 제물로 드려라

제물은 분명히 죽었는데, 살아 있는 제물로 드리라고 한다. 이 말은 영적으로 죽고, 육신으로는 산다는 것이다. 구약의 제물은 한 번 죽는 것이지만, 본문은 제물이 우리 몸이기 때문에 우리는 계속 살아 있다. 살아 있는 제물을 가장 잘 표현한 의식이 바로 세례다. 세례는 죄에 대해 죽고, 의에 대해 살았다는 것을 표현한 의식이다. 나의 옛 자아는 예수와 함께 십자가에 못 박아 죽고, 이제 예수의 부활에 함께 참여하여 새롭게 태어나는 것이다.

> 내가 그리스도와 함께 십자가에 못 박혔나니 이제는 내가 산 것이 아니요 오직 내 안에 그리스도께서 사신 것이라. 이제 내가 육체 가운데 사는 것은 나를 사랑하사 자기 몸 버리신 하나님의 아들을 믿는 믿음 안에서 사신 것이다(갈 2:20).

예배는 나를 십자가에 못 박는다. 그리고 예수 안에서, 예수와 함께 다시 사는 것이다. 오늘도 내일도 내 삶의 주님의 모습으로 거듭나는 과정이다.

어거스틴은 청년의 시절에 방탕한 삶을 살았다. 사생아도 낳고, 마니교라는 이단에도 빠져 있었다. 그런데 방황을 접고 거듭나서 훌륭한 그리스도인이 되었다. 한 번은 공교롭게도 자기가 활개치고 놀았던 술집 근처를

지나가게 되었다. 술집 아가씨들과 패거리들이 반색하며 그를 따라온다.,
"어디 갔다. 이제 왔나?"

그때 어거스틴은 인사도 하지 않고 받지도 않고 그대로 묵묵히 자기의 길을 가면서 속으로 이렇게 말한다.

"당신들 사람 잘못 봤소. 옛날의 어거스틴은 이미 죽었소."

옛사람은 죽되 계속 죽고, 그리스도 안에서 그리스도와 함께 계속 살아나는 것이 예배다. 우리가 드리는 예배의 현장이 그 자리가 되기를 바란다. 일상에서도 세속으로 물들어 버린 나의 가치와 습성들이 죽어가고, 하나님 나라의 가치와 거룩한 습성들이 매일매일 살아나는 예배자가 되기를 기도한다.


## 5. 변화를 받아

그렇다면, 예배자로서 살아가라는 권면 앞에 이렇게 질문할 수 있다.

그러면 누가 온전한 예배자로 반응할 수 있는가?

하나님이 기뻐 받으실 만한 예배를 내 삶을 통해 드리기를 원하는데, 내 삶은 전혀 그렇지 못하는데, 어떻게 해야 하느냐?

이 질문은 정체성을 깨닫는 이후에도 여전히 변화하지 못한 자신을 성찰할 때 나온다.

> 너희는 이 세대를 본받지 말고 오직 마음을 새롭게 함으로 변화를 받아 하나님의 선하시고 기뻐하시고 온전하신 뜻이 무엇인지 분별하도록 하라(롬 12:2).

"변화를 받아" 이 말은 변화는 내가 하는 것이 아니고, 변화는 받는 것이다. 변화의 주체는 하나님이시다. 성령이시다. 변화는 내 의지로, 내 능력으로 하는 것이 아니다. 변화는 받는 것이다. 변화는 수동적인 것이다.

## 6. 능동적으로

그렇다면, 수동적이어야만 하는가?
가만히 기다리면 모든 것이 알아서 해결되는가?
바울은 능동적으로 할 수 있는 두 가지를 제시한다. 하나는 세대를 본받지 말라는 것이다. 이 말은 세상의 패턴을, 유행을 흉내 내지 말라. 세상의 가치를 맹목적으로 따라가지 말라는 것이다. 이 세대를 본받지 않기 위해 본받지 말아야 할 가치가 무엇인지를 알아야 한다. 알아야 분별을 할 수 있다.

그 기준이 무엇인가?

그것은 하나님의 뜻이 계시된 말씀이다. 그러므로 그리스도인은 어떤 일이 있어도 말씀을 듣고, 읽고, 묵상하고 배우는 일에 시간을 확보해야 한다. 그럴 때, 하나님의 뜻을 분별하며, 하나님 말씀으로 삶의 분명한 기준을 정하고 살아갈 수 있다.

다음으로, 마음을 새롭게 해야 한다. 말씀을 듣고, 말씀에 감동이 되는 대로, 결단을 해라. 내일 그 결단이 무너진다고 하더라도, 다시 한 번 주님 앞에 마음을 새롭게 해서 그 깨달은 말씀에 실천하겠노라고 결단해라. 네 힘으로 할 수 없다고 미리 겁먹고 포기하지 말라. 변화는 받는 것이다. 변화는 하나님이 하신다. 우리는 자신을 변화시키시는 하나님의 능력을 믿고 다시 한 번 말씀에서 깨달은 대로 결단하고, 그 고백을 주님 앞에 올려 드리는 것이다.

바울은 로마서 12:1-2절에서 창세기로부터 이어오는 예배의 다양한 스펙트럼을 하나로 모은다. 예배란 그리스도 안에서 이루어지는 삶 그 자체이다. 여기에서 예배는 삶이고, 삶이 예배라는 명제가 비로소 성립이 되고, 공동체로 드리는 의식과 개인의 일상이 예배라는 명칭 아래 묶어지고, 삶 속에서 그리스도인이 지향해야 할 다양한 가치들이 '예배'로 통합되어지고 있다.

## 7. 요약

(1) 예배는 단순히 예배하는 행위나 의식을 뛰어넘어 그리스도인의 사명, 더 나아가 삶 전체를 포괄한다. 예배가 삶이고, 삶이 곧 예배다.

(2) 온전한 예배는 온전한 제물 되신 예수 그리스도의 보혈로 씻어지므로 가능하며, 회개가 이루어지는 공적 예배의 자리가 온전한 삶의 출발점이 된다.

(3) 삶의 예배로서의 핵심 가치는 매일 자기를 죽이는 '자기 부인'의 정신이다.

(4) 예배자의 삶은 매일 내가 죽고, 그리스도 안에서 매일 다시 사는 삶을 반복하면서 점점 거듭나는 것이다.

(5) 변화된 예배자로서의 삶은 변화의 주체가 성령임을 깨닫고, 이 세대를 분별하고, 매일 마음을 새롭게 하는 능동적 결단으로 이루어진다.

=== 제23장 ===

# 성찬

　구약의 예배는 성전 예배와 회당 예배의 전통으로 구분된다. 성막으로부터 시작된 성전 예배의 전통은 희생 제사와 같은 의식 중심이었다면, 회당 예배는 바벨론에 의해 성전이 멸망하면서 성전 제사를 더 이상 드릴 수 없는 상황에서 말씀 중심의 전통이라 할 수 있다.
　신약의 초대 교회의 예배도 두 흐름이 있었다. 하나는 성찬 예전으로 이는 구약의 성전 예배 전통과 같은 의식 중심이요, 다른 하나는 말씀 예전으로 이는 회당 예배 전통을 이어받고 있다. 이는 신약의 예배가 성전보다는 구약의 회당예배 전통에서 직접적인 영향을 받았지만, 세례와 성찬은 의식 중심의 전통을 이어받고 있다는 것을 알 수 있다.
　성찬은 세례와 밀접한 관계가 있다. 세례는 그리스도와의 연합이다(롬 6장). 예수님의 십자가 죽음과 부활에 참여해 옛 자아가 죽고 새롭게 태어나는 의식이다. 교회는 세례를 통해 하나님의 자녀로 인침을 받고, 세례를 받은 모든 자는 그리스도 안에서 한 형제가 된다.
　따라서 세례는 수직적인 측면에서 그리스도와 연합의 의미가 있고, 수평적인 측면에서 공동체를 형성하는 의미를 갖는다. 성찬은 세례를 받은 이들이 참여하며, 세례는 1회적이지만, 성찬은 반복적으로 참여하는데 차이가 있다. 성찬은 복음을 담고 있는 그릇으로 예수님이 직접 제정하신 것이다. 예수님이 십자가에 달리시기 전 마지막 유월절 식사에서 자신이 유월절 어린양의 제물임을 선포하심으로 새 유월절(구원)으로서의 성찬이 시작되었다(마 26:26-29; 막 14:22-25; 눅 22:15-22). 바울도 주께서 제정한 성찬의 교훈을 교회에게 전한다고 말한다.

> 내가 너희에게 전한 것은 주께 받은 것이니 곧 주 예수께서 잡히시던 밤에 떡을 가지사 축사하시고 떼어 이르시되 이것은 너희를 위하는 내 몸이니 이것을 행하여 나를 기념하라 하시고(고전 11:23-24).

예배의 한 축을 형성하는 성찬을 고린도전서의 성찬 본문을 통해 그 의미를 살펴보고, 과연 성찬에 담긴 예배 정신이 무엇인지 성찰해 보고자 한다.[1]

## 1. 감사 제사

'축사하시고'(eucharistein)는 '감사하다'란 뜻이다. 성찬은 기본적으로 하나님에게 드리는 감사의 예식이다. 축사한다는 단어는 오병이어의 기적에서도 예수님이 사용하신다.

> 무리를 명하여 잔디 위에 앉히시고 떡 다섯 개와 물고기 두 마리를 가지사 하늘을 우러러 축사하시고 떡을 떼어 제자들에게 주시매 제자들이 무리에게 주니(마 14:19).

하나님이 행하실 놀라운 일들에 대해 미리 감사 기도를 올려드리신다. 성찬은 예수님이 유월절 어린양으로서 십자가에 희생되시므로 죄에서 건지시는 구원을 기념하는 것이기에 하나님이 행하신 구원의 역사에 대한 감사의 의미가 가장 기본이다. 리마문서(BEM)에도 "성만찬은 하나님이 이

---

[1] 정영철, 『성만찬 예배의 회복을 통한 현대목회』(대한기독교서회, 2008, 6), 127-135.

루신 일에 대한 인간들의 감사와 찬양의 행위이다"(성만찬 II, 3-4항)로 정의하고 있다.

## 2. 그리스도에 대한 기념

성찬은 주님을 기억하는 것이다(고전 11:24-25). 떡은 예수님의 몸, 즉 살을 상징한다. 이 떡을 먹을 때는 주님의 몸이 우리들을 위해 찢겨졌다는 것을 기억해야 한다. 식후에도 주님은 잔을 들고 피로 세운 새 언약이라 하시며 이것을 행하여 마실 때마다 기억하라고 하신다. 떡과 잔은 예수 그리스도의 십자가 사건을 가리킨다. '기념'이란 그리스도의 희생의 과거의 사건을 되새기는 것만을 의미하지 않는다. 리마문서는 그리스도의 사건은 1회적이므로 반복될 수 없지만, 이것을 기념할 때에 구원이 현실화되며, 효력을 미치는 것이라고 명시한다(BEM II, 5장).[2]

특히, 신앙의 여정 가운데 여러 가지 일을 겪는다. 좋은 일도 있지만, 힘든 일도 겪는다. 힘든 상황 속에서 넘어지기 쉽고 믿음이 흔들릴 때도 있다. 그럴 때 성찬에 참여하면서, 예수님이 너를 위해 십자가에 달려 온 몸이 다 찢겼다는 것을 기억할 때 주님의 사랑이 우리를 다시 일으킨다. 더 나아가 성찬에 참여함으로 임하신 성령의 역사는 현실적인 구원을 이루셔서 절망 속에서도 다시 일어나게 하는 능력으로 역사하는 것이다.

---

[2] WCC, Baptism, Eucharist and Ministry, 이형기 역, 『BEM 문서』 (한국장로교출판사, 1993), 36.

## 3. 언약 갱신

성찬은 언약을 갱신하는 자리이다.

> 식후에 또한 그와 같이 잔을 가지시고 이르시되 이 잔은 내 피로 세운 새 언약이니 이것을 행하여 마실 때마다 나를 기념하라 하셨으니(고전 11:25).

떡을 주시고 난 다음에 잔을 주셨다. 이 잔에 담긴 것은 포도즙이지만, 이것은 바로 하나님에게서 우리를 위해 흘린 피다. 주님이 흘린 피로 우리는 하나님과 언약을 맺었다. 예수의 피로 맺었으므로 이 언약은 변치 않는 영원한 효력이 있다(막 14:24). 이 피(속죄)의 효력은 이(성찬)를 행해 마실 때마다 갱신이 된다.

리마문서는 예수 그리스도의 성만찬 제정의 말씀과 그 말씀이 지금 여기에 현재함을 가능케 하는 효력으로서 성령을 강조한다(성만찬 II, 14항).[3]

내가 죄 때문에 넘어져 자격 없는 자가 되었지만, 하나님은 이 성찬을 통해 나의 죄를 덮는 예수의 피를 통해 다시 나를 받아주신다. 나의 행위를 보면, 언약이 깨질 수 있지만, 나의 행위가 아니라, 예수의 피가 보증이 되기에 다시 나를 받아주시고, 언약을 새롭게 하신다. 그것이 바로 성찬의 자리다.

---

[3] 성령은 십자가에 달려 죽으시고 부활하신 그리스도가 성만찬 때 우리에게 실제로 임재하시도록 하시며 성만찬 제정 때 하신 말씀에 담긴 약속을 성취하신다. WCC, 위의 책, 38.

## 4. 천국의 선취

> 너희가 이 떡을 먹으며 이 잔을 마실 때마다 주의 죽으심을 그가 오실 때까지 전하는 것이니라(고전 11:26).

예수님은 공생애 동안 죄인들과 식사하며 어울리면서 율법의 경계와 차별(여인, 종, 이방인)을 깨뜨렸다. 이 하나님 나라의 복음을 십자가를 통해 성취하셨다. 그리고 예수님은 유월절 만찬에서 성찬을 제정하시고 나서 이렇게 말씀하신다.

> 너희로 내 나라에 있어 내 상에서 먹고 마시며 또는 보좌에 앉아 이스라엘 열두 지파를 다스리게 하려 하노라(눅 22:30).

장차 다가올 하나님의 나라에서 내 상에 둘러앉아 먹고 마실 것을 말씀하신다. 요한계시록 19장의 어린양의 보좌 앞에서 우리가 주님의 신부로 참여하게 될 천국 혼인 잔치를 연상시킨다. 그렇다면, 성찬은 이 말씀이 이루어지는 그 날에 앞서 이 땅 가운데서 맛보는 하나님 나라의 식탁이다.[4]

따라서 주님 오실 때까지 교회가 성찬을 지속적으로 거행한다는 것은 신자들만의 은혜의 나눔을 넘어서 세상을 향한 천국의 초대가 되어야 하며, 특히 버림받은 자들과의 연대, 차별과 경계를 깨는 화해의 복음을 선포하는 것을 의미한다.

---

4  성만찬은 하나님의 통치에 대한 비전을 열어 주며 또 그 통치를 미리 맛보는 것이다 (BEM, 성만찬 II, 22항), 위의 책, 42-43.

## 5. 공동체적 교제[5]

> 그러므로 누구든지 주의 떡이나 잔을 합당하지 않게 먹고 마시는 자는 주의 몸과 피에 대해 죄를 짓는 것이니라(고전 11:27).

성찬은 말 그대로 절대적인 하나님의 은혜와 축복의 자리다. 그런데 성찬은 양면성을 가지고 있다 즉, 은혜요 축복인 동시에 합당하게 참여하지 않으면 죄를 지은 지을 수 있고, 하나님의 심판을 받을 수도 있다.

> 사람이 자기를 살피고 그 후에야 이 떡을 먹고 이 잔을 마실지니 주의 몸을 분별하지 못하고 먹고 마시는 자는 자기의 죄를 먹고 마시는 것이니라(고전 11:28-29).

"자기를 살피고, 분별하지 못하고"의 구절이 의미하는 바는 무엇인가? 성찬을 함부로 대하거나 참여하면 하나님 앞에서 큰 죄가 될 수 있다는 것을 강력하게 경고하는 것이다. 성찬을 '주의 몸'으로 표현함은 이것이 교회의 공동체성과 깊은 연관이 있음을 암시한다.

> 그러므로 너희 중에 약한 자와 병든 자가 많고 잠자는 자도 적지 아니하니 우리가 우리를 살폈으면 판단을 받지 아니하려니와 우리가 판단을 받는 것은 주께 징계를 받는 것이니 이는 우리로 세상과 함께 정죄함을 받지 않게 하려 하심이라(고전 11:30-32).

고린도 교회 현재의 실태를 단적으로 보여 주는 구절이다. 고린도 교회는 현재 약한 자, 병든 자 심지어 죽은 자들이 많다. 이는 하나님에게 징계

---

[5] 주어진 어떤 장소에서 하나의 떡과 공동의 잔을 함께 나눔으로써 어느 때, 어느 곳에서라도 거기에 동참하는 자들이 그리스도와 또 다른 동참자들과 하나가 된다는 것이 입증되며 또 그것이 가능하게 된다. 하나님의 백성의 공동체가 충분히 드러나게 되는 것은 바로 이 성만찬을 통해이다(BEM, 성만찬 II, 19-21항), 위의 책, 40.

를 받은 것이라는 다소 충격적인 메시지다. 이 징계의 성격에 대해 "세상과 함께 정죄함을 받지 않기 위함이라"고 한다. 최후의 심판을 면하기 위한 현재적 심판이며, 이것은 회개를 위한 하나님의 사랑의 채찍이다.

그렇다면 왜 고린도 교회는 이런 징계를 받고 있는가?

> 그런즉 내 형제들아 먹으러 모일 때에 서로 기다리라. 만일 누구든지 시장하거든 집에서 먹을지니 이는 너희의 모임이 판단 받는 모임이 되지 않게 하려 함이라(고전 11:33-34).

이 구절의 배경은 고린도전서 11:17-22이다.

> 내가 명하는 이 일에 너희를 칭찬하지 아니하나니 이는 너희의 모임이 유익이 못되고 도리어 해로움이라(고전 11:17).

교회가 모이는 이유는 예배하기 위함이다. 그런데 고귀한 예배를 위한 모임이 유익이 되지 않고 도리어 해가 된다고 말한다. 그 교회에는 파당이 형성되어 있어 서로 분쟁하고 있었다. 고린도전서 1장에 나오는 신앙적 칼라가 다른 네 개의 분파가 있었고, 계층 간의 갈등, 즉 부자와 가난한 자 사이의 갈등도 상당했다. 이런 상황에서 성찬식을 거행하게 된 것이 본문의 배경이다.

성찬식은 주로 저녁에 이루어졌다.

> 이는 먹을 때에 각각 자기의 만찬을 먼저 다 먹으므로 어떤 사람은 시장하고 어떤 사람은 취함이라(고전 11:21).

여기에서 주의 만찬은 성찬을 가리키고, 자기의 만찬[6]은 애찬이라고도 한다. 성찬을 하기 전에 먼저 애찬을 하였던 것 같다. 애찬은 주로 부자들이 준비하였고, 일찍 예배 장소에 도착했다.

그런데 가난한 자들은 주로 노예와 소작인 그리고 노동자였기에 먹을 것을 가져오지 못했고, 일을 끝내고 오기 때문에 늦게 모임에 도착하였다. 따라서 애찬은 일종의 식탁 공동체였다.[7] 가진 자들이 베풀고, 없는 자들과 함께 공유하는 아름다운 천국 잔치였다. 문제는 가진 자들이 기다리지 않고 먼저 먹어 버린 것이다. 어떤 사람은 포도주를 마시고 취한 자들도 있었다. 늦게 온 가난한 자들은 마음이 상할 수밖에 없다. 먹지 못해서가 아니라 자기들을 무시한다고 느끼기 때문이다.

이런 상황에서 성찬식을 거행한다. 성찬을 하면서, "우리는 그리스도 안에서 한 몸입니다"라고 선언하면서 떡과 잔에 참여한다. 성찬에 참여하는 가난한 자들은 눈물을 머금고 상한 마음을 가눌 수 없었을 것이다.

> 너희가 먹고 마실 집이 없느냐 너희가 하나님의 교회를 업신여기고 빈궁한 자들을 부끄럽게 하느냐(고전 11:22).

이는 33절처럼 "너희들이 진정 애찬을 하려면, 가난한 자들을 끝까지 기다려라. 그리고 같이 먹어라" 하지만 고린도 교회는 그렇지 못했다. 애찬에서 드러난 이러한 자세로 성찬을 대한다면 성찬(주의 몸)을 합당하지

---

[6] '자기의 만찬'은 주께서 제정하신 '주의 만찬'과는 별개로 개인이 베푸는 만찬을 가리킨다. 김지철, 『고린도전서』 (대한기독교서회: 1999. 9), 442-443.

[7] 애찬은 아가페 식사(Agape Meal)라고 하는데, 초대 교회에서 부활하신 그리스도를 따르는 자로서 공동 식사에 함께 모임으로 시작됐다. 주의 만찬에서 행한 것과 같이 떡을 나누고 잔을 함께 했다. 추측컨대 초대 교회 시대는 애찬과 주의 만찬을 함께 행했던 것 같다(고전 11장 참조). 하지만 시간이 지남에 따라 애찬과 주의 만찬은 구별되기 시작했다. 애찬은 공동체 안에서의 교제로, 주의 만찬은 그리스도의 죽음과 부활을 회상하는 예전으로 자리를 잡았다. 이와 관련하 자세한 사항은 정장복 외, "아가페식사, 애찬," 『예배학 사전』 (예배와 아카데미, 2000, 8), 462-467을 참조하라.

않게 먹고 마시는 것이며, 그것은 너희의 죄를 먹고 마시는 것이다. 은혜와 축복의 자리가 되어야 할 성찬이 도리어 하나님의 징계를 받는 자리가 되고 있었던 것이다.

> 그런즉 너희가 함께 모여서 주의 만찬을 먹을 수 없으니(고전 11:20).

성찬은 주님의 살과 피를 기념하는 자리이다. 하나님에게서 살이 찢기고 피를 흘렸다. 서로 화해시키고, 하나 되게 하기 위해다. 하나 됨을 위해 주님이 희생하셨는데, 주님이 하나 되게 하신 것을 다시 찢고 있었다.

분파로, 부자와 가난한 자의 갈등으로 그리스도의 한몸 됨을 찢어 놓으면서 하나 됨을 위한 성찬식을 거행하고 있는 이율배반적인 모습을 보이고 있었다. 하나님이 볼 때 얼마나 가증스러운 일인가?

차라리 참여하지 않으면 더 좋을 뻔 했다.[8]

『하나님은 월요일에 무슨 일을 하실까?』[9] 이 책에 이런 대목이 나온다. 한 소그룹에서 일어난 실화를 다룬다. 그 날 본문이 "너희가 짐을 서로 지라 그리하여 그리스도의 법을 성취하라"(갈 6:2)였다.

교회에 나온 지 얼마 되지 않는 새 가족이 이 본문과 관련하여 자신의 고민을 털어놓았다. 직업상 출장을 가게 되는데, 직장 상사가 자꾸 함께 잘 것을 요청한다는 것이다. 이럴 때 어떻게 해야 하는지를 조언을 구했다. 갑자기 소그룹이 순간 얼어붙었다. 서로 눈을 흘기듯이 쳐다보거나 헛기침을 하는 사람도 있었다.

---

8 성만찬을 통해 그리스도의 몸과 교제하는 가운데 생기는 연대성과 기독교인들 상호간에 대한 그리고 이 세상에 대한 책임적 관심은 예전들을 통해 특별하게 표현된다. 즉, 죄를 서로 용납해 줌으로써 평화의 표시나 모든 사람을 위한 중보기도, 함께 먹고 마심, 병든 자들에게 감옥에 갇힌 자들에게 성물을 주거나 그들과 함께 성만찬을 거행함으로써 분명히 표현된다. (BEM, 성만찬 II, 19-21항), 위의 책, 41.

9 Ian Coffey, *Working it out: God, You, and the work you do*, 홍병룡 역, 『하나님은 월요일에 무슨 일을 하실까』(새물결플러스: 2022, 10).

그러자 리더가 이 문제는 집에 가서 고민해 보도록 하자고 하면서 대충 기도하고 모임을 서둘러 마쳐 버렸다. 새신자는 엄청난 모욕감을 느끼게 되었고, 결국 그 다음 주부터 교회에 나오지 않게 되었다.

이제 막 세상의 옷을 벗고 교회에 왔기에 여전히 세상의 가치관을 갖고 사는 사람이 예배드리면서 전과 다르게 양심에 거리끼는 문제로 그 짐을 내려놓고자 나누었던 것인데, 소그룹 조원들은 도덕적 우위에 있다는 것을 표정과 행동을 통해 드러내면서, 무언으로 새신자를 정죄하고 있었던 것이다. 이처럼 교회 안에서의 갈등은 다양한 형태를 띤다.

> 그러므로 예물을 제단에 드리려다가 거기서 네 형제에게 원망들을 만한 일이 있는 것이 생각나거든 예물을 제단 앞에 두고 먼저 가서 형제와 화목하고 그 후에 와서 예물을 드리라(마 5:23-24).

예배에 대한 수직적인 관점과 수평적인 관점 사이의 균형 잡히지 못한 이들을 위한 예수님의 권면이다. 성찬은 세례와 함께 예배의 의식적 전통을 가진 예전이다. 하지만 단순한 의식이 아니라 예배의 정신과 신앙의 내용이 함축되었을 뿐만 아니라 수직과 수평 특히 교회 공동체성과 선교를 아우르는 거룩한 예전이다.

## 6. 요약

(1) 의식으로 드리는 성찬예식은 복음을 담고 있는 그릇이다. 하나님이 행하신 구원에 대한 감사의 예배다.

(2) 성찬은 기념하는 것이지만, 성령의 역사로 구원이 현실화되는 능력의 통로이다.

(3) 무너진 삶의 자리에서 성찬은 언약이 새롭게 갱신되는 은혜의 통로이다.
(4) 성찬은 모두를 하나로 묶어주며, 하나님나라를 이 땅에서 미리 맛보는 자리이다.
(5) 성찬은 수평의 복음, 즉 공동체의 하나 됨과 약한 자들을 위한 선교를 결단하는 거룩한 예전이다.

## 제24장

# 나눔

 예배는 대상과 주체와의 만남이요, 사귐이다. 사귐은 서로에게 영향을 미친다. 오래 사귀면 서로 닮아 간다. 부부 사이와 부모와 자녀는 성품과 습관만이 아니라 얼굴도 닮아 간다. 하나님과 우리도 예배를 통해 만난다. 예배를 통한 만남이 지속되면 '사귐'의 단계로 들어간다. 사람들과 사귐을 가질 때는 어떤 사람이냐에 따라서 좋은 영향을 받을 수도 있고, 나쁜 영향을 받을 수 있지만, 하나님은 선하신 분이기 때문에 사귐을 가질수록 우리는 좋은 영향을 받는다.
 하나님과 예배를 통해 사귐이 깊어질수록 우리는 하나님에게 빠지게 된다. 왜냐하면, 그분의 사랑이 얼마나 위대하고 대단하다는 것을 깨닫기 때문이다. 나를 향하신 하나님의 사랑을 깨닫게 되면, 이제 그분께 사랑으로 보답하고 싶어진다.
 우리가 하나님을 사랑한다는 것을 어떻게 보답할까?

 **첫째**, 입술의 고백한다.
 표현되지 않는 사랑은 사랑이 아니다. 감사의 고백과 찬송을 부르는 것이다. 히브리서 13:15-16을 보면, 제사라는 말이 나온다.

> … 찬송의 제사를 하나님에게 드리자 … 하나님은 이 같은 제사를 기뻐하시느니라 (히 13:15-16).

**둘째**, 행동으로 보여 준다.
어떻게 하는가?
선을 행하고 서로 나누어 주는 것이다.

## 1. 찬미의 제사

> 그러므로 우리는 예수로 말미암아 항상 찬송의 제사를 하나님에게 드리자 이는 그 이름을 증언하는 입술의 열매니라 (히 13:15).

본문은 예배하는 이유를 '예수로 말미암아'라고 한다. 예수로 말미암지 않고는 하나님을 예배할 수 없기 때문이다.

> 그러므로 예수도 자기 피로써 백성을 거룩하게 하려고 성문 밖에서 고난을 받으셨느니라 (히 13:12).

피는 제사와 관련이 있다. 구약 시대에 하나님에게 제사 드리기 위해 동물을 죽여서 그 피를 뿌렸듯이, 예수님이 친히 제물 되어 피를 흘린 것이다. 그 피로 말미암아 우리는 하나님을 만족시키는 제사를 드릴 수 있다. 그 피를 흘리기 위해 성문 밖 즉, 골고다 언덕에서 생명을 희생해야 했다. 히브리서는 우리가 이런 놀라운 사랑을 받았는데, 그 사랑에 우리가 이제 보답해야 한다고 권면한다.

> 그런즉 우리도 그의 치욕을 짊어지고 영문 밖으로 그에게 나아가자 (히 13:13).

치욕을 짊어지란 말은 예수님과 같이 우리도 십자가를 지라는 말이며, '영문 밖으로 나가자'에서는 '영문'은 요새(camp)라는 말로, 요새 안에 머물지 말고, 이제 전쟁터로 나가자 그런 의미이다. 예루살렘 성안에는 십자가가 없는 곳으로 보다 쉽고, 평안하고 세상이 알아주는 그런 곳이지만 영문 밖은 십자가가 있는 곳으로 멸시와 천대와 고난이 있는 곳이다.

우리가 주님의 사랑을 받았다면, 마땅히 영문 밖으로 나가야 하지 않겠는가!

> 우리가 여기에는 영구한 도성이 없으므로 장차 올 것을 찾나니(히 13:14).

"영구한 도성이 없다"라는 것은 예루살렘 성문 안에는 쉽고, 평안하고, 안주할만한 곳이지만, 일시적이기에 우리는 잠시 잠깐의 평안한 삶을 위해 이곳에 머물러 있지 않는다. 우리는 영원한 것을 찾는다. 그것을 위해 지금의 잠시 잠깐 고통스럽고 힘든 길이지만, 과감히 영문 밖으로 나간다는 고백이다.

그렇다면, 영문 밖으로 나가는 그런 삶이 무엇일까?

먼저는, 찬송과 감사를 입술로 고백하는 것이고, 다음으로는 선을 행하고, 서로 나누어 주고 베푸는 삶을 사는 것이다(히 13:15-16). 특히, 찬송의 제사는 항상 드려야 한다(13:15). 히브리서 신앙 공동체의 예배에서 더 이상 희생 제물을 드리는 제사가 없다. 그들이 드리는 '찬송'[1]이 곧 '제물'이다. 그것은 예수의 이름으로써 찬양하는 입술의 열매이다.[2]

예배 시간만이 아니라 집에 있을 때, 길을 걸어갈 때, 설거지를 할 때, 또한 기쁠 때, 슬플 때, 시·공간을 상관하지 않고, 항상 범사에 쉬지 않고 드리라는 말씀이다.

어떻게 항상 찬송할 수 있는가?

어떻게 항상 감사할 수 있는가?

---

1 '찬송'(아이네시스)은 신약성경에서 오직 이 구절에서만 등장하는 히브리서의 전문술어이다. J. B. Smith, *Greek-English Concordance to the NT*, (Herald Press, 1955), 7.

2 장흥길, 『예수를 바라보자: 설교를 위한 히브리서 연구』(한국성서학연구소, 2019, 10), 266-267.

그런데 성경은 그렇게 하라고 말한다. 항상 감사하고, 항상 찬송의 제사를 드리라는 말씀은 조건이나 상황 때문에 드리라는 것이 아니다. 항상 감사하고, 항상 찬양할 조건은 이미 갖추어졌다. 그것이 '예수로 말미암아'이다. 예수가 우리를 위해 영문 밖에서 피 흘려 죽으심으로 우리가 거룩한 백성이 되었다는 것은 우리가 영원토록 감사와 찬송을 드릴 충분한 조건이 된다.

한국 교회의 믿음의 선배 중 순교자 손양원 목사님이 계신다. 여수에 애양원이란 곳에 가면 그분을 기념하는 교회가 세워져 있다. 목사님은 나병환자들을 위해 헌신하신 분이었고, 6.25전쟁 중 자기 두 아들을 죽인 원수를 용서하고 자신의 양아들로 삼은 분이다.

그분의 글 중에 '아홉 가지 감사'라는 제목의 글이 있다. 그 중에 몇 가지만 소개하면 다음과 같다.

(1) 나 같은 죄인의 혈통에서 순교의 자식을 나게 하시니 감사합니다.
(2) 삼남삼녀 중에서 가장 귀여운 맏아들과 둘째 아들을 바치게 하시니 감사합니다.
(3) 한 아들의 순교도 귀하거늘 하물며 두 아들이 함께 순교했으니 더욱 감사합니다.
(4) 미국 가려고 준비하던 아들이 미국보다 더 좋은 천국 갔으니 내 마음이 안심되어 감사합니다.
(5) 내 아들을 죽인 원수를 회개시켜 아들을 삼고자 하는 사랑의 마음을 주신 하나님에게 감사합니다.
(6) 역경 속에서도 하나님의 사랑을 깨닫게 하시고 이길 수 있는 믿음을 주신 하나님에게 감사합니다.

어느 누구에게 물어도 하나님을 찬송하고 감사할 수 있는 조건이라고 대답할 사람은 없다. 어떻게 이런 찬송과 감사가 나올 수 있을까? 예수로 말미암아 우리가 하나님의 자녀가 되었기 때문이다. 예수의 십자가로 인하여 구원 받은 그 놀라운 사랑, 이 놀라운 은혜를 알기 때문이다. 목사님은 평생 내가 항상 쉬지 않고 찬송을 불러도, 감사를 드려도 다 갚을 수 없는 은혜를 우리가 이미 받은 자인 것을 증언 하고 계신다.

항상, 입술의 고백으로 찬송을 드리는 것이 그 이름을 증언하는 입술의 열매이다. 그리스도인에게 있어서 최고의 사명은 예수의 이름을 증거 하는 사명인데, 항상 찬송하고, 항상 감사하는 입술이 이 사명을 감당하는 것이다.

## 2. 행함의 제사

> 오직 선을 행함과 서로 나누어 주기를 잊지 말라 하나님은 이 같은 제사를 기뻐하시느니라(히 13:16).

예배는 입술로 드리는 고백이요, 행함으로 드리는 고백이다. 하나님이 기뻐하시는 예배는 선을 행하고[3] 서로 나누는 삶이다. 이 예배 정신은 구약의 화목제로부터 왔다. 화목제는 바친 제물 중에 일부를 제외하고 바치는 사람인 헌제자가 다시 돌려받는 유일한 제사다.

화목 제사를 하나님이 받으셨는지를 판가름하는 기준은 돌려받은 제물을 당일 날 혹은 그 다음날까지 처리하느냐 못하느냐에 달려 있다. 처리하기 위한 유일한 방법은 마을 사람들을 조정해서 산지를 벌이는 것이나. 이

---

[3] 선을 행함(유포이이아)는 신약성경에서 오직 이 구절에서만 등장하는 히브리서의 전문 술어이다. J. B, Smith, 위의 책, 158.

웃들과 나누고 사랑으로 교제하는 삶 이것이 화목제의 예배 정신이었다.

이 화목제의 정신을 예수 그리스도의 보혈로 인한 새 언약의 기초 위에서 당시 강조하고 있다. 예배는 결코 교회 안에서 드려지는 예배 의식으로 한정할 수 없다. 예배는 결국 우리의 삶이어야 한다. 삶 속에서 항상 하나님에게 감사와 찬양의 고백을 입술로 올려드리고그리고 선한 행동으로, 나누고 베푸는 삶으로 올려드리는 것이 예배이다.

선을 행하고 서로 나누어 주는 삶은 구체적으로 무엇을 가리키는가?

**첫째**, "형제 사랑하기를 계속하라"(히 13:1).

형제는 교회 안에서 함께 신앙 생활을 하는 성도이다. 교회 안에 있는 형제들을 소중히 여기고 그들을 사랑하는 것이 선행 곧 행동으로서의 예배이다.

요한일서에 보면 교회 안에 영적인 엘리트 의식에 빠져 있는 그룹들이 있었다. 그들은 사도들의 증언인 하나님의 말씀으로는 부족하기 때문에 자기들만의 특별한 방법으로 하나님과 교통하였다. 신비한 체험과 황홀경 상태에 빠지는 어떤 방법 등으로 하나님과 교통한다고 주장한다.

그러면서 교회 안에서 자기 그룹에 속하지 않는 사람을 무시하면서, 자기들이 특별한 위치에 있는 사람인 것처럼 우쭐대었다. 요한은 그들을 이렇게 책망한다.

> 너희들이 하나님과 사귐을 갖는다고 하면서, 하나님의 계명은 지키지 않는구나. 그 계명이 무엇인가? '서로 사랑하라'이다. 하나님과 교통하는 사람은 하나님의 뜻과 마음을 헤아린다. 하나님의 뜻은 눈에 보이는 형제를 사랑하고, 소중히 여기는 것인데 너희들은 영적으로 하나님과 교통한다고 하면서, 하나님의 말씀도 무시하고, 형제들을 영적으로 깔보고 무시하니 너희들이 하나님과 사귄다고 하는 것은 다 거짓말이다.

하나님이 기뻐하시는 예배인 선행과 나눔은 형제 사랑하기를 계속하는 것이다.

**둘째**, "손님 대접하기를 잊지 말라 이로써 부지중에 천사들을 대접한 이들이 있느니라"(13:2).

구약성경에 보면, 손님을 잘 대접했는데, 창세기에 아브라함, 아브라함의 조카 롯도 그랬고, 사사기에 기드온과 삼손의 아버지 마노아가 그런 경우이다. 이는 평소의 삶 속에서 만나는 모든 사람에게 내가 어떻게 대하느냐의 문제와 연결되어 있다.

톨스토이의 작품 중에 『사랑이 있는 곳에 하나님이 계신다』는 제목의 단편이 있다.

주인공은 마틴이란 구두 수선공이다. 성실한 그리스도인인 그는 갑자기 아내가 죽게 되고 마치 욥처럼 어린 자식마저도 죽는 불행이 닥친다. 크게 낙심하던 차에 그의 집을 방문한 한 수도자와 마음에 담긴 대화를 통해 자기 삶 속에 하나님의 주권을 깨닫게 되고, 매일 저녁마다 성경을 읽는다.

그러던 어느 날 저녁 잠자리에 들려고 하는데, 하나님의 음성을 듣는다. 하나님이 내일 그의 집을 방문하겠다는 것이다. 그 다음 날 기대감을 갖고 주님을 기다린다. 그러는 중 한 늙고 병든 노인이 길거리에 쌓인 눈을 치우는 것을 보고, 그 노인에 따뜻한 차를 대접하면서 대화를 나눈다. 노인을 보내고 난 뒤에 조금 뒤에 낯선 여자가 우는 아이를 달래며 추위에 떨고 있을 때, 마틴은 그녀를 집으로 데려와 빵과 스프를 대접하고 전당잡힌 외투를 찾도록 얼마의 돈을 쥐어 준다.

여인이 떠나고 난 후 하루가 점점 저물어갈 때 밖에서 소란이 벌어졌다. 사과를 훔친 소년을 주인이 혼내고 있었다. 마틴은 노인을 잘 설득하고, 꼬마와 화해시키고 나서 그들이 사이좋게 걸어가는 뒷모습을 흐뭇하게 바라본다.

하루가 저물었고, 보람찬 하루였지만, 주님이 나타나지 않았음에 실망하던 차에 다시 주님의 음성이 들려왔다.

"마틴, 오늘 나를 잘 맞아주어서 너무나 고맙다."
마틴은 깜짝 놀랐다.
"언제 주님이 오늘 저에게 오셨습니까?
하루 종일 기다렸는데, 주님은 저에게 오지 않았습니다."
주님이 말씀하신다.

> 아니다! 오늘 나는 너에게 세 번을 찾아갔다. 한번은 힘없는 늙은 노인의 모습으로 그리고 추위에 떨고 있는 여인의 모습으로 그리고 꼬마와 노인의 모습으로 말이다.

마태복음 25장에서 마지막 심판대에서 예수님이 이렇게 말씀하신다.

> 너희는 내가 주릴 때에 먹을 것을 주었고, 목마를 때에 마시게 하였고, 나그네 되었을 때에 영접하였고, 내가 헐벗었을 때에 입혔고, 병들었을 때에 돌보았고, 옥에 갇혔을 때에 와서 보았느니라(마 25:35-36).

그 때 사람들이 이렇게 말합니다.
"주님이 언제 그러하셨습니까?
언제 주리셨고, 목말랐고, 헐벗었습니까?"
그 때 예수님이 말씀하신다.

> 너희가 여기 내 형제 중에서 지극히 작은 자 하나에게 한 것이 곧 내게 한 것이니라 (마 25:40).

어떤 것이 하나님이 기뻐하는 예배인가?
그것은 손님 대접하기를 잊지 않는 것이라고 말한다. 왜냐하면, 주님은 손님의 모습으로 너에게 다가가기 때문이다.

**셋째**, "학대 받는 자를 생각하라"(히 13:3)이다.

> 너희도 함께 갇힌 것 같이 갇힌 자를 생각하고 너희도 몸을 가졌은즉 학대 받는 자를 생각하라(히 13:3).

히브리서의 말씀을 받는 사람들은 신앙을 지키기가 어려워서 배교하는 상황이다. 공인 종교로 인정받고 있었던 유대교의 우산 아래로 다시 돌아가는 상황이다. 그런데 어떤 사람들은 끝까지 신앙을 지키기 위해 때로는 감옥에 갇히고, 경제적으로 궁핍함을 각오하고 힘들게 살아가는 자들도 있었다. 이 말씀은 신자 중 경제적으로나 여러 가지 면에서 고통을 받고 있는 사람들을 결코 외면하지 말라는 것이다.

너희들도 그럴 때가 있지 않았냐?

그러므로 신앙을 지키기 위해 몸부림치는 가운데 정말 어렵게 사는 너희 형제자매들을 외면하지 말고 그들을 도와주라. 그들에게 너의 사랑을 나누어주라는 말씀이다.

어떤 청년이 한 목사님에게 이런 질문을 던졌다.

"하나님은 왜 이렇게 불공평하십니까?
하나님은 왜 이 세상에 부자와 가난한 사람들이 있는 것을 허락하십니까?
하나님이 살아 계신다면, 모두가 물질적으로 어렵지 않도록 평등하게 해 주셔야 하는 것 아닙니까?"

지금처럼 점점 양극화가 심해지고 있는 이때에 의미심장한 질문이 아닌가 싶다.

그때 목사님이 잠시 생각한 후에 이렇게 대답했다.

만일 네가 바라는 것처럼 모든 사람이 다 잘 산다면, 나눔은 없어지겠지. 하나님이 모든 사람이 다 잘 사는 식의 평등한 사회를 직접 만드시는 것보다, 사람들 스스로 자신의 것을 조금씩 베푸는 나눔을 통해 평등한 사회를 이루기를 원하신단다. 그것이 천국의 모습이거든.

하나님 나라의 소중한 가치는 나눔임을 잘 보여 주는 말씀이다. 주위에 어려운 이들을 외면하지 말고 더 많은 배려와 사랑을 베풀기 위한 거룩한 욕심을 내보자.

**넷째**, 가정을 소중히 여기는 것이다(히 13:4).

> 모든 사람은 결혼을 귀히 여기고 침소를 더럽히지 않게 하라. 음행하는 자들과 간음하는 자들을 하나님이 심판하시리라(히 13:4)

가정을 지키고, 가정을 소중히 여기는 것을 강조하면서, 음행을 행하는 자들을 하나님이 심판하신다는 엄중한 경고를 한다. 타락은 세상이 시작될 때부터 지금까지 있어왔다. 어제오늘의 일이 아니다.

하나님의 심판이 역사 속에 어느 때 있었느냐?

하나님의 백성들이 그 세상의 타락한 문화에 동화될 때가 심판의 시점이었다(벧전 4:17). 그러므로 그리스도인들은 이 땅을 지탱하고 있다는 책임감을 가지고 하나님 말씀 앞에 가정을 더 세워가며, 세상의 타락에 흔들리지 말아야 한다.

**다섯째**, 돈을 사랑하지 말고 자족하는 것이다(히 13:5).

이 말씀은 결론과도 같다. 선을 행한다는 것, 자기 것을 나누어서 베푼다는 것은 돈을 사랑하면 불가능하다. 자기에게 있는 것을 족한 줄로 여기지 않으면 나눔은 불가능하다. 부자라고 나누는 것이 아니고, 가난하다고 인색한 것도 아니다.

돈을 사랑하는 이유가 무엇인가?

> 돈을 사랑하지 말고 있는 바를 족한 줄로 알라 그가 친히 말씀하시기를 내가 결코 너희를 버리지 아니하고 너희를 떠나지 아니하리라 하셨느니라. 그러므로 우리가 담대히 말하되 주는 나를 돕는 이시니 내가 무서워하지 아니하겠노라 사람이 내게 어찌하리요 하노라 (히 13:5-6).

하나님이 나를 돌보시고, 나를 지키시고 있다는 사실을 믿지 못하기 때문에 돈을 사랑하는 것이다. 하나님의 약속을 믿지 못하기 때문에 불안과 염려 속에서 돈에 대해 집착하게 되고 돈을 사랑한다. 바꾸어 말하면, 돈을 사랑하지 않는 비결은 하나님이 나를 지키시고, 인도하신다는 확신이 있을 때 가능하고, 그럴 때만이 베풀고 나눌 수 있다.

하나님이 기뻐하시는 제사는 먼저는 입술의 고백 즉, 찬송의 제사를 드리는 것이요, 다음은 행동으로 표현하는 것 즉, 선을 행함과 나눔에 있다. 찬송도 제사요, 나눔도 제사다. 예배는 공동체로 모여 의식으로 드리는 것만이 아니라 삶으로 드리는 예배. 이같은 제사를 하나님이 기뻐하신다.

## 3. 요약

(1) "예수로 말미암아" 즉, 우리를 위해 영문 밖으로 걸어가신 것으로 인해 입술로 드리는 찬양이 곧 예배다. 이는 그 이름을 증거 하는 사명까지 감당한다.
(2) 선을 행하고, 나눔의 삶이 곧 예배다. 형제를 사랑하고, 손님을 대접하고, 사회적인 약자를 돌아보고, 가정을 지키고, 돈을 사랑하지 않는 것이 예배자의 모습이다.
(3) 입술로 드리는 찬양과 행동으로 드리는 선과 나눔은 일상에서 삶으로 드리는 예배다.

## 제25장

# 새 예루살렘

어느 고명한 철학자가 나룻배를 타고 강을 건너면서 사공에게 묻는다.
"사공 양반!
당신은 철학이 무엇인지 아오?"
"철학이라뇨?
저는 처음 들어 보는 말입니다"
"허허, 당신은 인생의 3분의 1은 헛살았구먼!"
사공은 열심히 노만 젓고 있는데, 철학자는 또 묻는다.
"그러면 문학이 무엇인지는 아시겠지?"
"그런 말도 처음 들어 봅니다."
"쯧쯧, 당신은 인생의 3분의 2는 헛살았소이다!"
건너편에 거의 닿을 무렵, 배 밑창에 갑자기 구멍이 뚫려 물이 콸콸 들어오면서 배가 가라앉기 시작했다. 사공은 필사적으로 노를 저었지만 역부족이었다. 사공은 포기하고 강물에 뛰어 들어가면서 철학자에게 급히 물었다.
"철학자님, 헤엄을 치실 줄 아십니까?"
"헤엄이라니?
나는 그런 것 할 줄 모르는데 …."
얼굴이 하얗게 질린 철학자에게 사공이 말한다.
"당신은 인생 전부를 헛사셨습니다."

사람들은 가치 있게 여기는 목표를 향해 열심히 준비하여 실력을 쌓아 나간다. 그 속에서 나름대로 생의 의미를 찾는다.

그러나 인생의 결정적인 순간에서 자신이 준비한 것이 전혀 도움이 되지 못한다면 어떨까?
혹시 정작 준비해야 할 것이 우선순위에서 밀려나 있는 것은 아닐까?
인생의 궁극적인 목적지(종착역)에 도달하기 위해 지금 우리는 무엇을 준비하고 있는가?

## 1. 두 도성 이야기

요한계시록은 두 도성의 이야기다. 그 한 도성은 바벨론이고, 다른 하나는 새 예루살렘이다. 요한계시록 17-18장에 등장하는 바벨론은 세상의 권력과 향락을 다 누렸다. 경제적인 부요함과 풍요를 누릴 수만 있다면, 온갖 수단 방법을 가리지 않았다. 그리고 자기들의 특권을 누리는데 있어 방해되는 것들은 무자비하게 핍박하였다.

그러나 그들의 마지막은 어떠하였는가?

영원한 불 못에 들어갔다. 이 땅에서 모든 것을 다 누렸지만, 인생의 진정한 목적지 혹은 종착역을 위해 아무 것도 준비하지 않았다.

지금도 많은 사람이 걸어가고 있는 삶의 모습이 아닌가?

다른 하나의 도성은 새 예루살렘이다. 21장에 나오는 새 예루살렘은 이 땅에서 살아가는 여정 가운데 새 하늘과 새 땅이란 종착역을 위해 준비하고 단장하고 있다. 우리는 어쩌면, 바벨론과 새 예루살렘이라는 두 도성 사이에 서 있다. 그 둘 중 하나를 선택하면서 살고 있다. 요한계시록은 새 예루살렘은 이 세상의 모든 것을 다 포기하고라도 반드시 붙들고 참여해야 함을 도전한다. 왜냐하면, 새 예루살렘에 참여하는 것은 영원을 결정짓는 문제이기 때문이다.

창세기부터 시작된 예배의 행진 마지막에 와 있다. 이것은 예배의 종착역일 뿐만 아니라 인생의 종착역인 동시에 하나님나라 완성의 비전이기도 하다.

그렇다면 거대한 하나님 나라 여정의 종착역은 어떤 모습일까?

인생의 종착점을 넘어서서 영원으로 들어가는, 다시 말하면, 새 하늘과 새 땅인 천국의 문 앞에서 이루어지는 모습을 성경은 어떤 모습으로 그리고 있을까?

아주 흥미로운 대목이 아닐 수 없다. 놀랍게도 예배의 장면이 펼쳐진다. 여기에 새 하늘과 새 땅에 참여한 새 예루살렘은 참된 예배자로 완성된 모습 그 자체이다. 요한계시록은 흔히 심판과 종말의 책으로 인식하지만, 실은 예배의 책이다. 요한계시록에서 가장 많이 등장하는 내용은 예배하는 장면이다. 하나님을 찬양하고, 하나님 앞에 올라가는 기도의 향, 신원을 갚아 주기를 위해 기도하는 순교자들, 하나님 앞에 무릎 꿇고 경배하는 장면 그리고 마지막 또한 예배하는 모습으로 마무리한다.

## 2. 두 교회 이야기

요한계시록은 천상의 모습과 지상의 모습이 교차되어 나타난다. 천상의 모습은 하나님을 예배하는 장면이다. 승리자의 관을 쓰고 있다. 반면에 지상의 모습은 전투하는 장면이다. 끊임없이 하나님의 백성과 악한 세력과 치열하게 싸우는 전쟁터이다. 하늘의 모습과 땅의 모습은 교회의 양면성을 보여 준다. 하늘의 모습은 승리한 교회의 모습을, 땅의 모습은 치열한 전투 가운데 있는 교회이다.

그런데 이 둘은 서로 다른 실체가 아니다. 현재와 미래를 의미하지도 않는다. 이것은 동전의 양면과 같다. 하나의 교회라는 실체가 땅에서 치열한 영적 전투를 벌이고 있으며, 힘겹게 믿음의 길을 걸어가는 땅의 교회를 향해 이미 승리한 존재라는 사실을 천상의 비전으로 보여 주고 있다. 교회의 양면성[1]이 일체화되는 광경이 바로 요한계시록 21장의 새 예루살렘의 모습이다.

   천상의 예배 즉, 찬양과 경배를 드리는 것은 승리에 대한 환호성이요, 승리에 대한 선포다. 이것은 땅에서 치열하게 전투를 벌이는 교회에 놀라운 비전을 보여 준다. 그렇다면 예배는 영적 전쟁 가운데 승리의 선포이다. 그 예배 가운데, 찬양가운데 임하신 하나님이 세상에서 승리할 수 있도록 우리를 위로하시고, 힘을 주시는 통로가 예배라는 것을 보여 준다.

   하나님의 백성인 교회는 이미 예수 그리스도를 만났고, 예수 그리스도와는 신랑과 신부의 관계다. 그리고 신랑 되신 예수님의 재림을 기다리며 갈망하는 신부로서의 삶을 살아간다. 그런데 세상과 악한 권세들은 하나님의 백성이 신랑 되신 그리스도를 기다리는 신부로서 살아가지 못하도록 미혹한다.

   그러므로 영적으로 싸운다는 것은 마지막 날 신랑을 맞이하는 신부가 순결하게 단장하는 데 있어 방해하고 미혹하는 권세와 싸운다는 것이다. 치열한 이 땅의 영적 전투일지라도 천상의 승리의 비전을 바라보며, 마지막 날에 신랑 되신 주님이 오시는 그날 그 순결한 신부의 모습으로 새 하늘과 새 땅에 참여하는 것이 교회의 종착역이요, 그 종착역은 또한 예배의 종착역이기도 하다.

---

1   요한계시록은 처음(2-3장, 4-5장)과 끝에서(21-22장) 교회를 말하고 있으며, 또한 그 처음과 끝 사이에 4-5장의 24장로, 7:1-8의 144,000, 7:9-17의 셀 수 없는 무리, 11:1-2의 성전과 도시, 11:3-13의 두 증인, 12장의 여인, 14:1-5의 144,000, 15:1-2의 승리자들 그리고 19:7-8에서 어린양의 신부 등에서 교회에 대한 언급이 상징적인 표현을 통해 매우 다양하게 나타나고 있다. 요한계시록은 묵시 문학의 특징 가운데 공간적, 시간적 초월성을 갖고 교회를 설명하는데, 그것은 교회가 현재 전투하는 교회로서 이 땅에 존재하지만, 동시에 승리한 교회로서 하늘에 존재하며 그 하늘에서 교회는 종말을 경험한다는 것으로 요약할 수 있다. 이와 관련하여 이필찬, "요한계시록에서의 종말론적 교회론과 그 적용"『요한계시록 어떻게 읽을 것인가』(성서유니온선교회, 2000. 11), 279-290을 참조하라.

## 3. 새 하늘과 새 땅

> 또 내가 새 하늘과 새 땅을 보니 처음 하늘과 처음 땅이 없어졌고 바다도 다시 있지 않더라(계 21:1).

'새 하늘과 새 땅'이 '처음 하늘과 처음 땅'과 확연히 구분된다. 처음 하늘과 처음 땅이 없어졌다는 것에 대해 혹자는 천국인 '새 하늘과 새 땅'은 지금 살고 있는 땅과는 완전히 다르며 더 나아가 어떤 새로운 행성이 있을 것이라고 말한다. 하지만 새 하늘과 새 땅은 처음 하늘과 처음 땅과는 다른 차원의 세계임은 분명하지만, 이 땅과 완전히 분리될 수는 없다.

새로운(new)의 헬라어가 신약성경에 두 개의 용례가 있다. 하나는 '나오스'로 물리적인 새로움을 표현한다(막 2:22, 새 포도주는 새 부대에). 다른 하나는 '카이노스'로 질적인 새로움을 의미한다. 본문은 '카이노스'로 질적인 새로움을 의미한다.

또한, "보좌에 앉으신 이가 이르시되 보라 내가 만물을 새롭게 하노라"(계 21:5)는 새 하늘과 새 땅이 물리적인 재창조(recreation)가 아니라 질적인 새로운 창조(renewal)를 가리킨다.[2] 처음의 하늘과 땅을 완전히 새롭게 하셔서 처음 하늘과 처음 땅의 모습이 전혀 없는 것처럼 말이다.

따라서 '새 하늘과 새 땅'은 에덴으로의 회복이다. 타락하기 전 하나님이 보시기에 심히 좋았더라고 했던 그 상태이다. 이것은 하나님의 주권 아래 있지만, 교회에게는 하나님의 창조질서 회복이라는 사명으로 다가온다. 또한, 예배에 있어서도 동일하게 적용된다. 성경의 처음 에덴의 예배와 마지막 새 예루살렘의 예배가 인클루시오(inclusio)를 형성하면서, 성경에서

---

[2] 폴(A. Pohl)은 '카이노스'가 옛 세계에서 새 세계에로의 극단적이고 철저한 변화를 가리키고 있는 반면에 시간이나 근원의 새로움을 의미하는 '네오스'는 '새 술은 새 부대에'(마 9:17) 문구에서 사용되는데, 이는 헌 부대와 헌 술의 완전한 교체를 의미한다. 이필찬, 위의 책, 254-255 참조.

의 예배의 본질이 일치하고 있음을 드러낸다.

"바다도 다시 있지 않더라"에서 '바다'는 파도가 넘실대는 것이 아닌 묵시 문학적인 표현이다. 요한계시록 13:1에 사탄의 대리자인 첫째 짐승이 '바다'에서 올라왔고, 20:13에서 불신자들인 죽은 자들이 '바다'에서 온다. 따라서 '바다'는 지옥을 상징하는 표현으로 새 하늘과 새 땅은 지옥과 지옥의 권세들이 없어진다는 의미다. 바다가 없어지는 것에 대한 구체적인 설명이 4절에 나온다.

> 모든 눈물을 그 눈에서 닦아 주시니 다시는 사망이 없고, 애통하는 것이나 곡하는 것이나 아픈 것이 다시 있지 아니하리니 처음 것들이 다 지나갔음이러라(계 21:4).

하나님이 만드신 처음 에덴에는 눈물, 죽음, 슬픔, 질병 등은 없었다. 인간이 타락한 이후로 죄의 결과로 또한 그 증상으로 들어온 것들로 마귀적이다.

예수님이 이 땅에 오셔서 귀신을 쫓아 내사 정신을 온전하게 하시고, 질병을 치유하시고, 죽은 자를 살려내시고, 슬픈 자를 위로하셔서 소망을 주시는 이 모든 사역은 무엇을 말하는가?

마귀가 지배한 이 땅 가운데 하나님의 나라가 왔음을, 계속해서 오고 있음을 이런 표징을 통해 보여 주신 것이다. 하지만 새 하늘과 새 땅이 임할 때에 이 모든 것이 완전하게 된다.

## 4. 새 예루살렘

그렇다면 '새 하늘과 새 땅'에 누가 늘어가는가?
새 예루살렘이 참여한다.

거룩한 성 새 예루살렘이 하나님에게로부터 하늘에서 내려오니 그 준비한 것이 신부가 남편을 위하여 단장한 것 같더라(계 21:2).

## 거룩한 성 새 예루살렘의 정체는 무엇인가?[3]

이기는 자는 내 하나님 성전에 기둥이 되게 하리니 그가 결코 다시 나가지 아니하리라 내가 하나님의 이름과 하나님의 성 곧 하늘에서 하나님에게로부터 내려오는 새 예루살렘의 이름과 나의 새 이름을 그의 위에 기록하리라(계 3:12).

여기서 '새 예루살렘'을 하늘에서 내려온다고 하고, '하나님의 성'이라고 표현하고, 그 이름을 성전 기둥 위에 기록하리라고 한다.

이 본문에서 새 예루살렘은 누구로 지칭하는가?

'이기는 자'다. 이기는 자는 하나님의 백성인 교회를 가리킨다. 그렇다면, 새 예루살렘은 하나님의 백성, 교회임을 알 수 있다.[4]

내가 들으니 보좌에서 큰 음성이 나서 이르되 보라 하나님의 장막이 사람들과 함께 있으매 하나님이 그들과 함께 계시리니 그들은 하나님의 백성이 되고 하나님은 친히 그들과 함께 계셔서(계 21:3).

1절의 '새 하늘과 새 땅'을 3절에서는 '하나님의 장막'이라고 표현한다. 그리고 그 '새 하늘과 새 땅'에 참여하는 '새 예루살렘'을 하나님의 장막 안에서 하나님과 함께 거하게 될 '하나님의 백성'으로 표현한다.

---

3　보쿰은 새 예루살렘에 대해 1) 장소로서의 새 예루살렘 2) 하나님의 백성으로서의 새 예루살렘, 3) 하나님의 임재로서의 새 예루살렘임을 주장한다. 이와 관련하여 R. Bauckham, "새 예루살렘," 『요한계시록 신학』, 이필찬 역 (한들출판사, 2000, 9), 187-210을 참조하라.

4　G. K. Beale, D. H. Campbell, 김귀탁 역, 『요한계시록 주석』 (복있는사람, 2015, 12), 730-732.

## 5. 연합

그렇다면 '새 예루살렘'의 정체는 무엇인가?

2절에 새 예루살렘을 첫째, 거룩한 성으로, 둘째, 하늘에서 하나님으로부터 내려오는 것으로, 셋째 신부로 묘사한다. 그렇다면, 새 하늘과 새 땅은 천국의 혼인 잔치이며, 새 예루살렘은 신랑 되신 주님과 혼인 예식을 거행하는 신부이다.

신부의 특징은 무엇인가?

그것은 바로 순결이다. 따라서 신부가 하나님으로부터 내려오는 것 같다고 한다. 세상의 때가 전혀 묻지 않는 하나님의 거룩하심을 소유하는 모습을 표현하는 것이다.

혼인 잔치에는 무엇이 필요한가?

신랑·신부가 머물 '신방'이 필요하다. 신방으로 상징되는 표현이 바로 '하나님의 장막'이다. 혼인은 이제 신랑·신부가 신방에서 하나 되는 것이다. 하나 된 신랑·신부는 그곳에서 항상 함께 할 것이다. 신랑과 완전한 연합을 이루므로 세상적인 것들 즉, 신부를 울게 하고, 슬프게 하고, 아프게 한 모든 것이 완전히 극복되고 천국의 모든 것들을 함께 누린다.

> 성 안에서 내가 성전을 보지 못하였으니 이는 주 하나님 곧 전능하신 이와 및 어린양이 그 성전이심이라(계 21:22).

21:9부터 새 예루살렘에 대한 구체적인 묘사가 나온다. 그 정점이 바로 21:22이다. 예루살렘 성안에는 성전이 있다. 예루살렘성은 성전을 둘러싸고 있다. 성의 중심에는 성전이 있다. 새 예루살렘은 하나님의 백성 즉 교회이다. 그 중심에 있는 성전 되신 바로 예수 그리스도가 계신다. 요한이 환상 가운데 새 예루살렘을 본다. 그런데 예루살렘 성에는 성전이 있어야 하는데 성전이 보이지 않는다.

성전이 누구인가?
전능하신 하나님과 어린양 예수 그리스도이다.
왜 성전이 보이지 않는 걸까?
새 예루살렘과 성전은 더 이상 구분되지 않기 때문이다. 다시 말하면, 성과 성전이 완전 일체를 이루었기 때문이다.[5]

신랑 되신 예수 그리스도와 신부인 교회 즉, 하나님의 백성 사이의 완벽한 연합이 이루어짐을 마치 건물인 예루살렘성과 성전으로 설명하고 있다. 신랑·신부의 신방인 하나님의 장막에서 완벽한 연합이 이루어져서 마치 한몸 된 것처럼 말이다.

> 그 성은 해나 달의 비침이 쓸 데 없으니 이는 하나님의 영광이 비치고 어린양이 그 등불이 되심이라(계 21:23).

하나님의 영광이 바로 새 예루살렘 성에 녹아들어 있다. 신랑과 신부가 하나가 되었기에 하나님의 영광이 교회의 영광이요, 교회의 영광이 하나님의 영광이다.

혼인 잔치에 신랑과 신부가 하나 되듯이, 신랑 되신 예수 그리스도와 신부인 교회가 온전히 하나 되는 것이 새 하늘과 새 땅이다. 그곳에서 신랑과 신부의 온전한 연합은 에덴의 예배를 상기시킨다. 하나님과 인간 사이의 친밀한 사귐이 새 하늘과 새 땅에서 회복되고 있다. 타락으로 죄악으로 관영한 바벨론성을 통과해 천국의 혼인 잔치에서 신랑이신 예수 그리스도와 하나 되는 신부가 바로 새 예루살렘이다. 그러므로 장차 우리에게 나타날 이 영광의 예배에 참여한 예배자의 모습은 신부이다.

---

5  이필찬, 위의 책, 268-270.

## 6. 신부

새 예루살렘 예배는 하나님의 백성인 교회가 신랑을 맞이하기 위해 신부로서 단장하는 삶이라고 할 수 있다.

신부로서 단장하는 삶이 어떤 것인가?

**첫째**, 신부를 신부 되게 한 것은 옷 즉, 웨딩드레스이다.

요한계시록에서 신부가 입는 옷은 하나는, 흰 옷이고, 다른 하나는, 세마포 옷이다. 흰 옷은 어린양 되신 예수 그리스도의 보혈로 씻긴 옷이다.

> 장로 중 하나가 응답하여 나에게 이 흰 옷 입은 자들이 누구며 또 어디서 왔느냐 내가 말하기를 내 주여 당신이 아시나이다. 하니 그가 나에게 이르되 이는 큰 환난에서 나오는 자들인데 어린양의 피에 그 옷을 씻어 희게 하였느니라(계 7:13-14).

신부가 입은 흰 옷은 바로 순결을 상징하는 드레스인데, 어린양 되신 예수 그리스도의 보혈로 씻어 희게 된 옷이다. 사도 바울은 여기에 나오는 '흰 옷'을 "그리스도로 입은 옷"이라고 표현한다. 우리는 여전히 죄인이지만, 예수 그리스도의 보혈의 공로 때문에 하나님이 우리에게 의로 옷을 입혀 주셨다. 따라서 하나님 앞에 나아갈 수 있는 것은 우리의 죄인 된 모습이 아니라 죄를 가려주신 예수의 의의 옷을 보시고 받아 주시기 때문이다.

> 누구든지 그리스도와 합하기 위하여 세례를 받은 자는 그리스도로 옷 입었느니라(갈 3:27).

> 오직 주 예수 그리스도로 옷 입고 정욕을 위하여 육신의 일을 도모하지 말라(롬 13:14).

요한계시록은 흰 옷을 '승리'의 상징으로 묘사한다. 순교자들이 제단 아래에서 신원을 하는 기도를 드릴 때 그들에게 흰 옷을 입혀 주신다. 흰 옷은 이미 그들이 승리한 자들임을 인정해 주시고, 위로하시는 것이다.

> 다섯째 인을 떼실 때에 내가 보니 하나님의 말씀과 그들이 가진 증거로 말미암아 죽임을 당한 영혼들이 제단 아래에 있어 큰 소리로 불러 이르되 거룩하고 참되신 대주재여 땅에 거하는 자들을 심판하여 우리 피를 갚아 주지 아니하시기를 어느 때까지 하시려 하나이까 하니 각각 그들에게 흰 두루마기를 주시며 이르시되 아직 잠시 동안 쉬되 그들의 동무 종들과 형제들도 자기처럼 죽임을 당하여 그 수가 차기까지 하라 하시더라(계 6:9-11).

**둘째**, 신부가 입은 세마포 옷[6]은 성도의 옳은 행실을 상징한다.

> 또 내가 들으니 허다한 무리의 음성과도 같고 많은 물소리와도 같고 큰 우렛소리와도 같은 소리로 이르되 할렐루야 주 우리 하나님 곧 전능하신 이가 통치하시도다. 우리가 즐거워하고 크게 기뻐하며 그에게 영광을 돌리세 어린양의 혼인 기약이 이르렀고 그의 아내가 자신을 준비하였으므로 그에게 빛나고 깨끗한 세마포 옷을 입도록 허락하셨으니 이 세마포 옷은 성도들의 옳은 행실이로다 하더라(계 19:7-8).

이 둘을 어떻게 연결시킬 것인가?

예수 그리스도의 보혈의 피로 씻어진 자들은 신부로 인침을 받은 것이기에 신부로서 살아간다. 즉, 신부라는 정체성을 유지하는 삶이 옳은 행실이다. 신부의 흰 옷이 얼룩이 묻고 더러워질 수 있다. 하지만 신부는 더러운 옷을 그대로 두지 않는다. 신부가 더러운 옷을 계속 입고 있다면 그는 더 이상 신부일 수 없다. 신부는 예수 그리스도의 보혈로 죄의 얼룩을 씻는다. 옳은 행실은 완벽한 선행을 말하지 않는다. 하지만 신부의 정체성은 유지한다.

---

6 세마포 옷의 온전한 의미는 하나님의 의로우신 정당화에는 세상이 끝날 때 하나님이 원수를 심판하심이 포함되어 있다는 것이고, 이는 성도들의 믿음과 행위가 내내 옳았다는 것을 증명한다. G. K. Beale, 위의 책 637-638.

부부가 상대방에게 100퍼센트 만족할 수 없다. 하지만 배우자로 인정한다는 것은 최소한 남편과 아내로서의 정체성을 인정한다는 것이다. 마찬가지이다. 신부로서의 옳은 행실은 윤리적으로 100퍼센트 완벽하다는 것이라기보다는 적어도 신부의 정체성을 유지하는 삶이다. 늘 나의 연약함을 겸손하게 하나님에게 고백하며, 그리스도의 보혈을 의지하면서 더러운 내 삶의 얼룩을 지우면서, 신부의 순결을 힘써 지키며 살아가는 것이다.

우리는 이미 예수 그리스도의 십자가로 언약 관계에 있다. 그리스도의 신부로서 살아간다. 마지막 날 신랑과 재회를 할 것이다. 지금 신랑은 오고 있다. 그 기다림 가운데 신랑은 눈에 보이지 않지만, 이미 성령을 통해 우리와 함께하신다. 신랑으로 재림하게 될 때는 모든 사람이 다 보게 된다. 믿는 사람이나 믿지 않는 사람이나, 천국 혼인 잔치에 참여하는 사람이나 지옥에 떨어지는 사람이나 다 볼 것이다.

> 볼지어다 그가 구름을 타고 오시리라 각 사람의 눈이 그를 보겠고 그를 찌른 자들도 볼 것이요 땅에 있는 모든 족속이 그로 말미암아 애곡하리니 그러하리라 아멘(계 1:7).

영으로 오신 예수님을 신부인 우리가 볼 수 있는 것은 믿음의 눈으로만 가능하다. 신앙의 눈을 통해서만 신랑 되신 예수님이 나와 함께 있음을 알 수 있다. 영으로 오신 예수님을 믿음의 눈으로 볼 때 신랑이 나와 항상 함께 함을 의식하며 신부답게 살아간다.

> 또 내게 말씀하시되 이루었도다 나는 알파와 오메가요 처음과 마지막이라 내가 생명수 샘물을 목마른 자에게 값없이 주리니 이기는 자는 이것들을 상속으로 받으리라 나는 그의 하나님이 되고 그는 내 아들이 되리라(계 21:6-7).

신부는 지금 세상 한 복판에 있다. 장래에 임할 천국에 들어갈 환상에만 빠져 있어서는 안 된다. 신부는 이기는 자로 서야 한다. 낙관적인 환상을 경계해야 한다. 신부는 기다리는 신랑을 바라보면서, 이 땅에서 유혹하는 것들과 싸워서 이겨야 하고, 때로는 피해야 한다. 반드시 이겨야 한다. 혼인 잔치에 참여한 신부는 이기는 자이다.

> 그러나 두려워하는 자들과 믿지 아니하는 자들과 흉악한 자들과 살인자들과 음행하는 자들과 점술가들과 우상 숭배자들과 거짓말하는 모든 자들은 불과 유황으로 타는 못에 던져지리니 이것이 둘째 사망이라(계 21:8).

## 7. 신부의 영성

새 예루살렘의 예배는 성경에서 보여 주는 마지막 예배다. 마지막 예배를 통해 우리에게 보여 주는 예배 정신은 신부의 영성이다. 예배는 다른 어떤 영광도 빼앗기지 않겠다는 하나님의 마음을 품고, 그분께만 내 삶을 제물로 올려드리는 것이다. 에덴에서의 친밀한 사귐이 혼인 잔치의 연합으로 회복되듯이, 이 새 예루살렘 예배의 비전을 위해 신부의 영성으로 가득 채워야 한다.

신랑과 신부는 결혼의 관계다.

결혼이란 어떤 의미가 있을까?

결혼은 한 사람을 선택하기 위해 전 세계의 남자와 여자를 다 포기하는 것이다. 결혼 서약을 하는 순간 어떤 일이 있어도 이 남자와 여자만 바라보기로 결단해야 하고, 그렇게 살아가는 삶이 결혼 생활이다. 결혼 후에 내가 원하는 이상향이 나타났어도, 절대로 눈길을 주지 않고, 나의 시선을 30억의 남자와 여자를 포기하고 선택한 그 사람에게만 두는 것이다.

현실 속에서 쉽지 않다. 그래서 성경은 이기는 자가 되라고 한다. 이긴다는 것은 싸움을 전제한다. 치열하게 내 자신과 더 나아가 세속의 가치와 전투하는 각오가 있어야 한다. 때로는 생명을 건 결단이 필요하다는 것이다. 예수님과의 관계도 이와 같다. 이것이 신부의 영성이다.

아내와 남편은 눈으로 보이지만, 예수님은 지금 영으로만 의식할 수밖에 없다. 언제 오실지 약속만 했지 아무도 모른다. 지금 오고 있다는 것만 안다. 그래서 예배가 중요하다. 예배를 통해 눈에 보이지 않지만 영적으로 나와 함께 하시는 예수님과 영적인 교통을 한다. 흰 옷과 세마포 옷을 입은 신부라는 정체성을 예배 가운데 늘 확인한다.

마지막 날 주님이 신랑으로 오실 때 거룩하고 순결한 이 옷을 단장함으로 신랑·신부의 신방인 하나님의 장막에 들어가 그분과 온전하고 완벽한 연합을 이루는 혼인 잔치를 경험하기를 바란다.

## 8. 요약

(1) 성경의 종착역이 보여 주는 새 예루살렘의 예배는 성경의 시작인 에덴 예배의 회복이다.
(2) 새 하늘과 새 땅이 에덴의 회복이듯이, 예배의 알파와 오메가는 온전한 사귐과 연합이다. 그것은 마치 타락이전의 하나님과 아담 사이의 관계이듯 하나님의 나라 완성 때 신랑인 주님과 신부인 그리스도인 사이의 연합을 의미한다.
(3) 지금 여기에서의 예배자의 삶은 신부의 영성으로 정리할 수 있다. 예수의 피를 힘입어 신부의 정체성을 유지하고, 이기는 자로 설 때까지 영적 전쟁을 멈추어서는 안 된다.
(4) 신랑을 기다리는 신부는 지금 여기에서 영으로 신랑과 교통해야 한다. 따라서 새 예루살렘으로서의 신부인 하나님의 백성은 영적 사귐의 자리인 예배를 끝까지 사수해야 한다.

= 결론 =

# 예배 스펙트럼

　성경은 양면성의 특징을 가지고 있다. 저자가 하나님인 동시에 인간이며, 초월적이면서 내재적이고, 내용에 있어서 통일성과 다양성이 공존한다. 그 중에 통일성과 관련해 성경 전체를 관통해 흐르는 주제들이 있다. 예를 들면 하나님 나라, 언약, 구원, 율법, 성전과 같은 것들이다. 이 주제들은 창세기부터 요한계시록까지 멈추지 않고 커다랗게 흘러가는 물줄기이지만, 텍스트의 문맥이나 상황에 따라 때로는 굽이치며 흐르기도 하고, 다양한 지류로 갈라졌다가 다시 합쳐지기도 한다.
　이 책은 성경을 관통하는 주제로 '예배'를 택하였다. 예배는 스펙트럼과 같다. 하나의 빛이 프리즘을 통과할 때 다양한 색깔로 분해되는 것처럼 예배라는 빛이 문맥과 상황이라는 프리즘을 통과할 때, 다양한 의미를 산출하기도 하고, 강조하는 포인트가 달라지기도 한다.
　그렇다면 성경을 관통해 '예배'가 프리즘을 통과하기 이전의 통일성 즉, 본질적인 의미는 무엇일까?
　그것은 '사귐'이다. 창세기의 에덴과 요한계시록의 새 하늘과 새 땅은 성경 전체를 감싸주는 인클루시오(inclusio) 역할을 한다. 다시 말하면, 새 하늘과 새 땅은 바로 에덴의 회복이다. 물리적인 재창조(recreation)이 아니라 질적인 갱신(renewal)이다. 에덴의 예배는 삼중적인 사귐으로 정의할 수 있다. 하나님과의 관계, 사람과의 관계, 피조물과의 삼중적인 완전한 사귐이다. 새 하늘과 새 땅에서는 거룩한 성 새 예루살렘과 성전이신 어린양 예수 그리스도가 신랑과 신부로서 완전한 연합 또는 영원한 사귐이 이루어진다. 사실 '예배'라는 용어는 타락 이전에는 사귐의 의미로, 완성될 하나님 나라에서는 연합 혹은 사귐의 의미로 사용되고, 타락 후에 '제단'이라는 이름으로, 율법 시대에는 '제사'의 명칭으로 이어진다. 따라서 '사귐'은 예배의 알파와 오메가이며, 예배의 통일성이며, 본질적인 의미이다.

'사귐'이라는 예배의 의미가 시대적인 상황(프리즘)을 통과할 때 거기에는 다양한 색깔의 의미(스펙트럼)를 산출한다. 다시 말하면, 족장의 시대에는 제단이라는 프리즘, 출애굽부터 사사 시대까지는 성막, 왕정시대는 성전, 바벨론 포로시대는 회당, 새 언약의 시대에는 예수의 이름이라는 프리즘을 통해 다양한 스펙트럼이 형성된다.

이런 예배에 대한 다양한 의미들은 지금 이 시대 속에서 추구하고 강조해야 할 예배의 신학적인 가치와 정신이 무엇인지를 보여 준다.

 A 에덴의 예배: 삼중적 교제(사귐)
  B 제단, 성막, 성전 예배
   C 예언자의 선포
   C' 예수의 이름으로
  B' 교회 예배
 A' 새 예루살렘의 예배: 온전한 연합(사귐), 신부의 영성

성경 전체를 예배라는 주제로 구조화했을 때, 에덴과 새 예루살렘이 인클루시오(inclusio)를 형성하면서 '사귐'이라는 통일성을 형성한다(A-A').

타락 이후 제단과 성막을 거쳐 성전을 통해 하나님과 만났고, 교제하였다. 여기에서 다양한 예배의 가치(의미)가 산출되었고, 이것들은 일송의 모형이 되어 신약 시대 초대 교회에서부터 서신서에 나오는 초기 교회 예배 가운데 구체화된다. 중요한 것은 신약의 예배는 형식과 제도에 있어 구약과 차이가 있으나, 가치적인 면에서 구약의 예배 전승을 이어받고 있으

며, 이는 예배에 있어 신·구약의 연속성을 확인할 수 있다(B-B').

예배의 분기점은 예수 그리스도의 오심이다. 예수님이 오시기 전 구약 시대에 예배의 변곡점은 바로 예언자의 출현이다. 예언자들은 성전 중심의 예배 한계와 타락을 서슬 퍼렇게 비판하고 심지어 심판을 선포했지만, 역설적으로 그것은 예배의 지평을 확장하는 계기가 되었고, 새로운 대안이 되기도 하였다. 예언자들의 예배에 대한 메시지는 예수 그리스도가 오심으로 성취가 되면서 새로운 예배의 지평이 열어진다(C-C').

이제 성전이 아닌 예수 그리스도의 이름으로 예배를 드리게 되었고, 초대 교회 이후 복음서와 서신서에 나타난 교회들은 구약의 예배들을 예수 그리스도의 관점으로 각 공동체의 상황에 맞게 재해석(적용)하면서 예배의 가치들을 세워 나갔다.

이 책은 예배의 스펙트럼, 즉 성경의 텍스트 분석을 통해 다양한 예배의 가치들을 발견할 수 있었다. 이것을 아래와 같이 40가지로 정리하였다.

(1) 예배의 원형은 에덴이며, 예배의 완성인 새 예루살렘은 에덴의 회복이다(1장, 25장).
(2) 예배의 본질은 '사귐'이며, 하나님과 사람, 피조물의 삼중적 교제다 (1장, 17장, 25장).
(3) 하나님이 원하시는 예배는 나 자신이 제물이 되는 것이다(2장).
(4) 예배는 삶이요, 삶이 곧 예배다(2장, 14장, 16장, 18장, 22장, 24장).
(5) 예배는 변하지 않는 완악한 인간을 위해 하나님이 변하시는 자리이며, 자신을 계시하시는 하나님을 만나고 경험하는 자리다(3장, 17장).
(6) 예배는 깨어진 언약을 갱신하는 회복의 자리요, 하나님의 선행적 은총과 무한한 긍휼을 경험하는 자리다(4장, 19장).
(7) 예배는 이기적인 망령을 끊고, 관계 단절로부터 공동체 정신을 회복하는 자리이다(4장).

(8) 예배자는 온 땅에 충만한 하나님의 영광을 보고, 그곳에서 하나님을 의식하고 선포하는 자다(4장).
(9) 예배는 나를 대신해서 제물 되시고, 하나님 받으실 향기로운 냄새이신 예수 그리스도와 그의 흘리신 보혈을 힘입어 나아가는 것이다(4장).
(10) 하나님의 임재로 나아가기 위해 예배 가운데 말씀과 성령과 기도를 통과해야 한다(5장).
(11) 예배는 예배자가 벌거벗은 모습 그대로 하나님에게 나아가되, 예수의 보혈을 힘입어야 한다(6장).
(12) 예배는 죄의 고발장인 십자가를 통과하는 자리요, 예수 보혈과 그 이름으로 모든 정죄 의식을 깨뜨리는 자리이다(6장).
(13) 하나님이 기뻐하시는 예배는 예배자의 자원함과 적극적인 참여에 있다(7장).
(14) 예배란 하나님에게 받은 구원, 받은 은혜에 대한 합당한 반응이다(8장, 15장).
(15) 예배는 하나님 앞에서 자기를 부인하는 것, 내 자신을 드러내지 않는 것이다(7-8장, 22장).
(16) 예배란 최상의 것으로, 가장 우선적으로, 가장 깊은 것 즉 마음과 뜻과 정성을 드리는 것이다(9장).
(17) 예배는 선을 행함과 이웃과의 나눔과 친교의 장이다(9장, 24장).
(18) 예배는 예수 보혈로 이루어 놓은 속죄의 은총을 믿고 회개하는 자리이다(10장).
(19) 정의의 실현이 예배의 범주이며, 예배자는 채무자의 마음으로, 용서를 구하는 자세로 살아가는 자다(11장, 16장).
(20) 예배는 하나님의 음성을 묵상과 나눔을 통해 듣고, 하나님에게 말하는 사귐의 장이다(12장).
(21) 예배는 양날의 검 즉, 축복의 통로이기도 하고, 심판의 통로가 되기도 한다(13장).

(22) 예배의 실패와 성공은 하나님 경외함에 달려 있다(13장).
(23) 삶의 위기 상황에서 예배(금식, 말씀, 기도, 찬양, 믿음의 선포)하는 자에게는 위기가 기회가 되는 역전을 경험한다(14장, 21장).
(24) 찬송과 감사는 하나님의 임재로 들어가는 문을 열고, 그분의 성품을 높이는 경배는 그분의 음성을 듣고, 느끼게 하고, 영광으로 충만하게 한다(15장).
(25) 예배자는 하나님이 온 땅에 충만하시기에 어느 때나, 어느 곳에서도 신실해야 한다(17장).
(26) 예배는 예수 이름으로 모든 차별의 경계를 타파하고, 만민이 하나 되어 드려야 한다(18장).
(27) 예배는 하나님이 먼저 찾아오셔서 부르신 것에 우리가 반응하는 것이다(19장).
(28) 예배는 절대적인 가치를 부여하는 것들을 예수 앞에서 과감하게 상대화시키는 것이다(19장).
(29) 예배는 장소가 중요한 것이 아니라 예배자 한 사람이 하나님을 아는 지식(진리)와 열정과 감격이 충만함(영)으로 드리는 것이다(19장).
(30) 묵상은 하나님을 아는 지식의 말씀으로 성령의 도우심을 받아 삶에서도 지속적으로 교통하는 개인 예배이다(19장).
(31) 하나님은 찬양 가운데 임재 하시며, 찬양은 영적 전쟁의 가장 강력한 무기이다(20장).
(32) 예배는 탄식이 찬송으로, 슬픔이 기쁨으로, 상함이 감사로 역전하는 기적의 장이다(21장).
(33) 인생의 위기 가운데 드리는 예배는 자기를 변화시키고, 상황을 변화시키고, 다른 사람을 변화시키는 기적을 낳는다(21장).
(34) 온전한 예배는 온전한 제물 되신 예수 그리스도의 보혈로 씻어지므로 가능하며, 회개가 이루어지는 공적 예배의 자리가 온전한 삶을 위한 출발점이다(22장).

(35) 예배자는 매일 죽고, 그리스도 안에서 매일 다시 사는 삶을 반복하면서 점점 거듭나는 자이다(22장).

(36) 성찬은 구원에 대한 감사, 기념, 언약 갱신, 천국 선취의 거룩한 예전이다(23장).

(37) 성찬은 수직과 수평의 복음을 담고 있으며, 공동체의 하나 됨과 약한 자들을 위한 선교를 결단하는 거룩한 예전이다(33장).

(38) 하나님이 기뻐하시는 예배는 입술로 드리는 찬양과 일상에서 행동으로 드리는 선과 나눔이다(24장).

(39) 지금 여기(here & now)에서 예배자의 삶은 신부의 영성이다. 신부는 예수의 피를 힘입어 정체성을 유지하고, 이기는 자로 설 때까지 영적 전쟁을 해야 한다(25장).

(40) 신부는 지금 여기에서 영으로 신랑과 교통하는 자리인 예배를 사수해야 한다(25장).

예배는 종교적 행위로서 성전과 교회당과 같은 특정한 장소에서 드리는 것으로 의식으로 한정되어서는 안되며, 구체적인 삶의 현장으로 이어져, 그곳에서 만나는 관계로 확대되어야 한다. 예배의 대상이신 하나님은 성전 같은 특정한 장소에서만 주님이요, 왕이 아니라 온 땅에 충만하신 분이기에 그분의 주권이 닿는 곳에서 그분을 의식하는 것은 당연한 일이다. 따라서 예배는 삶 자체가 되어야 하며, 삶의 현장에서 하나님과의 만남과 사귐이 이어져야 한다.

또한, 공동체로 드리는 예배만이 아니라 개인적으로 드리는 예배의 중요성을 간과해서는 안 된다. 다시 말하면, 하나님의 백성인 성도는 모이는 교회이면서 흩어지는 교회이기 때문에 개인적으로 묵상과 같은 방법으로 삶의 현장 속에서도 지속적으로 하나님과의 사귐을 이어가야 한다.

이는 결코 공동체 예배를 소홀히 여기라는 의미가 아니다. 도리어 공동체 예배를 우선순위에 두어야 한다. 신앙은 타락의 증상인 이기주의를 극복하는 것이라고 해도 과언은 아니기 때문이다. 이를 극복하고 온전한 조화를 통해 협력하여 하나님의 나라를 이루도록 하기 위해 예수님이 교회를 세우셨다. 교회는 그리스도의 몸이요, 우리는 각 지체다.

  이는 각 개인은 그 자체로 불완전하며, 몸에 연결되어 있을 때 지체는 비로소 의미를 가지며, 서로 조화를 이룰 때 완전함에 이를 수 있다는 의미이다. 그러므로 공동체 예배는 새 하늘과 새 땅에 참여하는 새 예루살렘이 지금 여기에서(here & now) 신부의 정체성을 유지하고, 영적 전투에서 더럽혀진 옷을 예수의 피로 씻기고, 종착역을 향한 여정에서 이기는 자로 설 수 있게 하는 자리이다.

  지금까지 창세기에서부터 요한계시록까지 예배와 관련된 성경 본문 분석을 통해 예배는 성경 전체를 하나로 감싸 주는 인클루시오(inclusio) 역할을 하고 있음을 발견하였다. 즉, 에덴(창1-2장)과 새 예루살렘(계 21-22장)이 성경을 묶어 주는 인클루시오 기능을 하는데, 이 둘의 공통적인 메시지가 예배의 본질적인 가치인 '사귐'이다.

  창세기의 에덴은 하나님과 인간 그리고 피조물까지의 온전한 삼중적 사귐을, 요한계시록의 새 하늘과 새 땅은 예수 그리스도와 신부인 새 예루살렘(하나님의 백성)이 하나님의 장막에서 온전한 연합(사귐)을 이룬다.

  그런 의미에서 성경의 시작인 창세기의 에덴동산은 예배의 원형이며, 성경의 마지막인 요한계시록의 마지막 새 예루살렘은 예배의 완성이다. 따라서 예배는 단순히 종교적 의식으로 한정될 수 없으며, '사귐'의 범주에서 볼 때 그리스도인의 삶 자체라고 할 수 있기에 창세기에서부터 요한계시록에 이르기까지 나타난 성경의 핵심 가치들이 예배의 범주로 엮여 있는 셈이다.

  공동체적이든, 개인적이든, 온 땅에 충만하신 하나님의 주권이 닿는 영역마다 온전한 사귐을 이루는 예배자로 서기를 소망한다.

# 참고문헌

강성열, 『창세기 강해』. 서울: 한국장로교출판사. 1998, 5.
김근주. 『소예언서 어떻게 읽을 것인가 1』. 서울: 성서유니온선교회. 2015, 12.
김중은. 『거룩한 길 다니리』. 서울: 한국성서학연구소. 2001, 3.
김지철. 『고린도전서』. 서울: 대한기독교서회. 1999. 9.
김진호. 『숨겨진 보물 예배』. 서울: 예수전도단. 1989, 10.
김충환. 『예배란 무엇인가』 호남신학대학교 편. 서울: 한국장로교출판사. 2003, 8
김태훈. 『사자의 부르짖음』. 서울: 한국성서학연구소. 2012, 9.
김회권. 『이사야』. 서울: 복 있는 사람. 2020, 6.
박응천. 『세계를 향한 복음: 사도행전 연구』. 서울: 한국성서학연구소. 1997, 8.
박희광. 『속 시원한 예배』. 서울: 예수전도단. 2022, 5.
이종록. 『이 뼈들이 능히 살겠느냐』. 서울: 한국성서학연구소. 2000, 3.
이필찬. 『내가 속히 오리라』. 서울: 이레서원. 2006, 12
_____. 『요한계시록 어떻게 읽을 것인가』. 서울: 성서유니온선교회. 2000. 11.
장흥길. 『예수를 바라보자: 설교를 위한 히브리서 연구』. 서울: 한국성서학연구소. 2019, 10.
전정진. 『레위기 어떻게 읽을 것인가』. 서울: 성서유니온선교회. 2004, 8.
정영철. 『성만찬 예배의 회복을 통한 현대목회』. 서울: 대한기독교서회. 2008, 6.
정장복 외. 『에배학 사전』. 서울: 예배와 아카데미. 2000, 8.
정중호. 『레위기: 만남과 나눔의 장』. 서울: 한들출판사. 1999, 10.
조석민. 『요한복음의 새 관점』. 서울: 솔로몬. 2008, 12.
주승중. 『다시 예배를 꿈꾸다』. 서울: 두란노. 2014, 5.
차준희. 『예언서 바로 읽기』. 서울: 성서유니온선교회. 2013, 6.
_____. 『예레미야서 다시 보기』. 서울: 프리칭아카데미. 2007, 4.
홍성건. 『하나님이 찾으시는 사람』. 서울: 예수전도단. 1998, 8.

Bauckham, R. *Gospel of Glory: Major Themes in Johannine Theology*. 문우일 역. 『요한복음 새롭게 보기』. 서울: 새물결플러스. 2016, 9.

_____. *The Theology of Revelation*. 이필찬 역. 『요한계시록 신학』. 서울: 한들출판사. 2000, 9.

Beale, G. K., Campbell, D. H. *Revelation: A Shorter Commentary*. 김귀탁 역. 『요한계시록 주석』. 서울: 복있는사람. 2015, 12.

Bruckner, J. K. *Exodus*. 김귀탁 역. 『출애굽기』. 서울: 성서유니온선교회. 2015, 1.

Brueggemann, W. *Genesis*. 강성열 역. 『Interpretation(현대성서주석)』. 서울: 한국장로교출판사. 2000, 3.

Carson, D. A. PNTC: *John*. 박문재 역. 『요한복음』. 서울: 솔로몬. 2017. 8.

Coffey Ian. *Working it out: God, You, and the work you do*. 홍병룡 역. 『하나님은 월요일에 무슨 일을 하실까』. 서울: 새물결플러스. 2022, 10.

Köstenberger, A. J. "The Destruction of the Second Temple and the Composition of the Fourth Gospel," (ed.), J. Lierman, *Challenging Perspectives on the Gospel of John*. Tübingen: Mohr Siebeck. 2006.

Lloyd-Jones, M. J. *Authentic Christianity*, 전의우 역. 『진정한 기독교: 사도행전 강해1』. 서울: 복있는사람. 2003, 4.

Moo, D. J. *NICNT: The Romans*. 손주철 역. 『로마서』. 서울: 솔로몬. 2012, 8.

Smith, J. B. *Greek-English Concordance to the NT*. Herald Press. 1955.

Stein, R. BECNT: *Mark*. 배용덕 역. 『마가복음』. 서울: 부흥과개혁사. 2014, 11.

WCC. Baptism, *Eucharist and Ministry*. 이형기 역. 『BEM 문서』. 서울: 한국장로교출판사. 1993.